KB075037

트래픽
설계자

TRAFFIC SECRETS

매출 성장률을 높이는 20가지 트래픽 과학

TRAFFIC SECRETS

트래픽 설계자

100% 터지는 퍼널 광고 비법

러셀 브런슨 지음 | 홍경탁 옮김

윌북

차례

1

꿈의 고객　　꿈의 고객은 누구이고 어디에 모여 있는가?

2

퍼널 채우기   물고기 잡는 법을 터득하라

3

그로스 해킹   여러분 앞에 놓인 현금 다발을 지나치지 말라

추천의 말

"2만 5000달러 나왔습니다. 3만 달러 안 계십니까?"

경매인의 말이 빨라졌고, 금액이 높아질수록 긴장감이 쌓였다.

"있습니다." 내가 말했다.

"앞쪽에 계신 검은 머리 신사분께서 3만 달러 제시하셨습니다."

"4만." 내 뒤에 있는 사람이 말했다.

"뒤쪽에 있는 분이 4만 달러 제시하셨습니다."

"4만 5000." 내가 말했다.

"4만 5000달러 나왔습니다!"

누가 호가를 부르는지 알 수 없었지만, 5만 달러까지 올라간다면 입찰을 포기하기로 했다. 그런데 놀랍게도 내 뒤에 있던 사람이 입찰을 포기했다.

"27번 고객님, 낙찰되셨습니다!"

내가 27번이었다. 내가 이겼다. 나는 상업용 버진아틀랜틱 항공기의 이름을 짓는 경매에 참여하고 있었다. 이 글을 쓰기 약 12년 전 일이다. 나는 리처드 브랜슨의 자선 행사에 참여하고 있었다.

나는 이 자선 행사에 모든 것을 걸기로 했다. 우리의 기부액은 이 돈이 필요한 사람을 돕는 데 쓰일 예정이었다. 내 뒤에 있던 남자 역시 나와 같은 생각이었지만 결국 내가 비행기 이름을 짓는 데 4만 5000달러를 쓰게 되었다. 내가 낙찰을 받자 리처드가 일어나면서 말했다.

"왜 다투고 계십니까? 두 분 모두 5만 달러에 기회를 드리겠습니다! 그 돈 모두 자선기금으로 쓰일 겁니다!"

나와 함께 무대 위로 올라온 사람(나와 입찰 경쟁을 하던 사람)은 실제 나이보다 10년은 젊어 보이는 젊은이였다. 그 젊은이의 이름은 러셀 브런슨이었다.

실제로 그를 만난 것은 그때가 처음이었다. 정말 매력적인 사람이었고, 나와 같은 이유로 도움이 필요한 사람들을 돕고 있었다. 그날 그곳에는 러셀이나 나보다 훨씬 더 유명하고, 훨씬 더 부유하며, 훨씬 더 잘 알려진 사람들이 있었지만 내게 뚜렷한 인상을 남긴 사람은 오직 러셀뿐이었다.

나는 그날로부터 몇 년이 지나서야 러셀과 제대로 알게 되었지만, 알고 난 뒤에는 내가 만났던 누구보다도 겸손하고, 똑똑하고, 야심차고, 활력이 넘치고, 진실한 사람이라는 것을 깨달았다.

내게 가장 큰 인상을 남긴 것은 기업이 더 빠르게 성장하도록 돕는 그의 방법이었다. 러셀은 마치 그 기업의 기업가들이 자신의 아이라도 된다는 듯이 진심으로 이야기했다. 요즘 세상에서는 보기 드문 모습이었다.

러셀은 절대로 얼마나 많은 돈을 벌 것인지, 사업이 얼마나 성장할 것인지 말하지 않았다. 그는 오직 어떻게 하면 사람들이 더 빨리 성장할 수 있을까 고민했다. 러셀은 그런 열정을 가지고 클릭퍼널스라는 회사를 공동 설립했다. 클릭퍼널스는 사람들이 인터넷을 이용하여 아이디어를 제품과 서비스로 바꾸어 판매할 수 있도록 안내했다. 그리고 그 방식을 혁명적으로 변화시켰다. 러셀은 사람들에게 자신의 아이디어를 이용하여 영향력을 키우고 수익을 올릴 수 있는 더 빠른 방법을 제공했다. 사람들이 러셀의 소프트웨어를 이용하여 얻은 어마어마한 성공은 전에 없던 일이다. 하지만 그것만이 이 책을 읽어야 하는 유일한 이유는 아니다.

우리가 제품과 정보를 소비하는 방식은 이미 급격하게 바뀌었고 앞으로도 계속 진화할 것이다. 고객이 찾아오게 하는 퍼널을 만들 기술 혹은 능력이 없는 사람들은 뒤처지고 말 것이다. 겁을 주려고 하는 말이 아니다. 나는 그런 시대가 다가오고 있다는 것을 알 수 있다. 나는 22년이 넘도록 자기계발 업계에서 일하는 축복을 누렸다. 나는 다수의 저서가 뉴욕타임스 베스트셀러에 선정된 작가이며, 10조 달러가 넘는 매출을 올린 13개 기업을 설립하기도 했다. 이러한 기회를 통해 나는 이 세상의 맨 앞에 서 있을 수 있었고 그래서 변화가 오고 있다는 것을 볼 수 있었다.

뒤처진다는 것보다 더 기분 나쁜 일이 있을까? 그 기분을 피할 수 있게 해주려는 러셀 브런슨의 열정이 그가 이 책을 쓴 이유다. 그리고 러셀이 나와 같은 열정을 가지고 있다는 점이 이 서문을 쓰는 이유다.

케빈 코스트너가 나오는 〈꿈의 구장〉이라는 고전 영화가 있다. 이 영화는 외떨어진 곳에 야구장을 짓는 이야기다. 영화는 훌륭하지만 뭔가 지어놓으면 사람들이 그냥 올 것이라는 그릇된 메시지를 전하고 있다. 안타깝게도 사업을 하는 사람 중에도 너무나 많은 사람이 그러한 개념을 문자 그대로 받아들여 사업도 그렇게 운영하고 있다. 그런 사람들은 최고의 제품이나 서비스를 만들면, 혹은 최고의 책을 집필하면 당연히 세상이 그것을 찾아낼 것이라고 생각한다. 최고의 제품이나 서비스를 만들기만 하면 사람들이 알아서 그것을 살 것이라고 생각하는 것이다. 하지만 사람들은 그냥 오지 않는다. 여러분이 무엇을 하는 사람들인지, 왜 여러분을 찾아가야 하는지 설득력 있는 이유를 제공해야 한다. 그러지 않으면 사람들은 여러분을 찾지 않는다. 마케팅을 잘하지 못한다면 여러분의 아이디어는 단지 좋은 아이디어에 그칠 뿐이다. 그러면 안 된다.

러셀의 전문 지식은 방대하다. 그는 이 책에서 자신의 모든 전문 지식을 이용하여 여러분의 제품, 서비스, 아이디어, 회사 등에 적합한 사람들이 찾아갈 수 있도록 '새로운 방식'을 보여준다. 러셀은 여러분에게 누구도 알려주지 않았던 비밀을 이해하기 쉬운 단순한 방식으로 알려준다. 그리고 정확히 어떻게 해야 내가 하는 사업, 제품, 웹사이트에 많은 사람이 방문하게 할 수 있는지 알려준다.

이 책은 제대로 소화하고 적용만 한다면 인생을 뒤바꿀 수 있는 책 중 하나다. 이 책을 다 읽고 나면 왜 어떤 온라인 기업은 번성하는데 어떤 온라인 기업은 어려움을 겪고 있는지 명쾌하게 이해하게 된다. 여러분이 과거에 벌였던 사업이 왜 성과를 올리지 못했는지 이해할 수 있을 것이며, 또한 이미 잘하고 있는 것을 깨닫고 더 잘할 수 있는 법을 배울 수 있을 것이다.

세상이 바뀌었다. 방향을 바꾸는 방법을 모르는 사람들에게는 앞으로 고난의 세월이 펼쳐질지도 모른다. 어쩌면 여러분의 삶은 다음 단계에 오르지 못한 채 잠재력을 발휘할 기회조차 얻지 못하는 삶이 될 수 있다. 러셀 브런슨은 이 책에서 여러분의 잠재력을 모두 발휘하는 데 필요한 전략과 전술을 공유한다. 조금만 견디고 버텨낸다면, 수익을 올리고, 영향력을 행사하고, 오늘날 세계에서 성공하는 기업이란 무엇인지 몸소 느끼게 될 것이다.

딘 그라지오시
세계적 투자가이자 비즈니스 코치,
『백만장자의 아주 작은 성공 습관』 저자

서문

2014년 9월 23일 토드 디커슨과 딜런 존스와 나는 세상을 바꿀 것이라 믿으며 새로운 소프트웨어 회사를 시작했다. 목표는 모든 기업가를 자유롭게 하고, 기업가에게 빠르고 간편하게 시장에 메시지를 전달하는 능력을 주어 고객의 삶을 변화시키는 것이었다. 그 회사의 이름은 클릭퍼널스다.

우리가 클릭퍼널스를 시작한 지 몇 달 되지 않아 나는 거의 10년째 매달리고 있던 책 한 권을 출간했다. 작가로서 첫 작품이었고, 내게는 너무나 흥미로웠지만 대다수에게는 꽤 지루한 '세일즈퍼널sales funnels'에 관한 책이었기 때문에 나는 사람들이 어떤 반응을 보일지 불안했다. 책 제목은 『마케팅 설계자』로, 나는 이 책이 온라인에 세일즈퍼널을 구축하는 방법에 관한 전략서가 될 줄은 꿈에도 생각하지 못했다. 이 책은 우리 회사 초기 성장의 열쇠가 되었다.

『마케팅 설계자』에서 내가 처음으로 밝힌 핵심 개념 몇 가지는 다음과 같다.

- 가치 사다리value ladder의 비밀, 그리고 그것을 이용해서 더 많은 가치를 고객에게 제공하는 방법, 그리고 그 과정에서 모든 고객으로부터 더 많

은 돈을 벌어들이는 방법
- 함께 일하고 싶은 '꿈의 고객'의 마음을 끌고, 함께 일하고 싶지 않은 유형의 고객은 멀리해서 주변에 있으면 좋은 사람들에게만 봉사하는 방법
- 웹사이트와 퍼널의 방문자를 고객으로 전환하고 그 고객들에게 최고 수준으로 봉사할 수 있도록 가치 사다리를 통해 이동시키는 데 사용할 수 있는 정확한 퍼널과 판매 스크립트
- 그 외…

그리고 이 책은 10만 명이 넘는 마케터가 온라인에서 세일즈퍼널을 구축하기 위한 전략서가 되었다.

하지만 클릭퍼널스가 성장하면서 퍼널을 이용하여 돈을 버는 사람들과 퍼널을 만들었지만 돈은 벌지 못한 사람들로 나뉘기 시작했다.

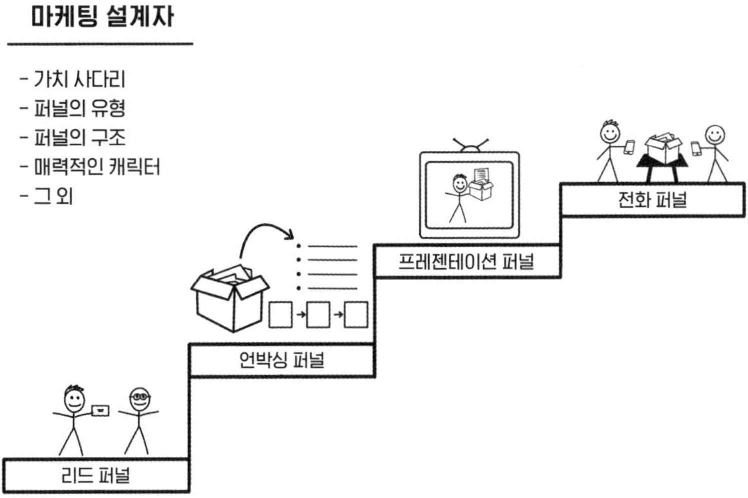

마케팅 설계자

- 가치 사다리
- 퍼널의 유형
- 퍼널의 구조
- 매력적인 캐릭터
- 그 외

도표 0-1 『마케팅 설계자』는 마케터가 온라인에 세일즈퍼널을 구축하는 데 도움을 준다.

『마케팅 설계자』를 읽고 퍼널과 프레임워크의 구조를 터득하게 되었지만 퍼널의 방문자를 고객으로 전환하는 방법에 대한 기본적인 이해가 없어서 돈을 전혀 벌지 못하는 사람들도 있었다. 그들은 설득과 스토리텔링, 집단 구성, 리더가 되는 법, 퍼널에 들어온 사람들과 의사소통하는 법을 이해하지 못했다.

그래서 나는 독자들이 퍼널의 각 단계에서 사람들을 고객으로 전환하는 데 필요한 설득의 비결을 마스터할 수 있도록 도와주는 것을 목표로 두 번째 책을 쓰기 시작했다. 『마케팅 설계자』가 퍼널 구축의 '과학'이었다면, 『브랜드 설계자』는 성공적인 퍼널을 뒷받침하는 '기술'이 되어 사람들이 퍼널을 통해 이동하며 꿈의 고객이 될 수 있게 해준다.

그리고 그다음 시리즈인 『트래픽 설계자』가 탄생하게 된다. 트래픽은 여러분의 퍼널로 들어오는 사람들이며 모든 성공적인 비즈니스의 에너지다. 여러분 앞에 사람들이 많아질수록, 즉 트래픽이 높아질수록 여러분과 여러분의 회사의 영향력은 커지게 되고 결국에는 더 많은 돈

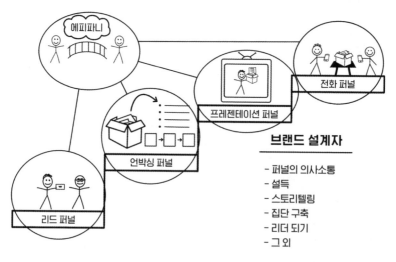

도표 0-2 『브랜드 설계자』는 마케터가 방문객을 꿈의 고객으로 전환하는 기술을 터득하도록 돕는다.

을 벌게 된다.

클릭퍼널스 회원들이 『마케팅 설계자』에 나온 '구조를 이용하는 퍼널'과 『브랜드 설계자』에서 배운 '설득의 기술'을 이용하여 회사를 성장시키고 있을 때, 많은 사람이 여전히 꾸준한 트래픽을 얻지 못하고 사람들을 퍼널에 끌어들이는 방법을 알지 못해서 고전하고 있었다. 반대로 페이스북이나 구글로부터 트래픽을 얻고 있던 사람들은 어느 날 갑자기 방문자가 줄어든다면 하루아침에 회사를 잃을 수도 있다는 불안에 떨었다.

『트래픽 설계자』는 이전에 논의했던 것과는 전혀 다른 방향으로 트래픽에 접근한다. 즉, 일시적이고 비양심적인 운영이 아닌, 여러분의 퍼널을 찾는 사람들이 꾸준히 유입되는 전략적이고 장기적인 모델로 접근한다. 이 책에 나오는 전략은 지구상에서 물건을 팔 사람이 있는 한 언제까지나 변함이 없을 것이다.

'스타트업의 과학' 시리즈는 독립적으로도 읽을 수 있는 전략서다.

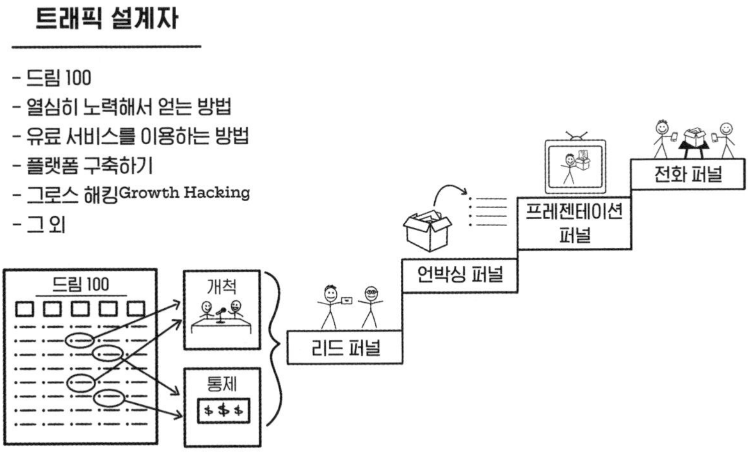

트래픽 설계자
- 드림 100
- 열심히 노력해서 얻는 방법
- 유료 서비스를 이용하는 방법
- 플랫폼 구축하기
- 그로스 해킹Growth Hacking
- 그 외
드림 100
개척
통제
리드 퍼널
언박싱 퍼널
프레젠테이션 퍼널
전화 퍼널

도표 0-3 『트래픽 설계자』는 마케터가 트래픽을 꾸준히 유지하는 방법을 배우도록 돕는다.

하지만 모든 책에 나오는 기법이 회사의 장기적인 성장에 필수적이다. 그래서 각각의 책은 나머지 책에 나오는 중요한 개념을 참조하고 있으며 서로 연관성을 띤다.

바라건대 여러분이 스타트업의 과학 시리즈를 이용하여 고객의 삶을 변화시킬 수 있으면 좋겠다. 이 시리즈에 담긴 모든 것이 변함없을 것이며 어제도 오늘도 내일도 영원히 효과가 있는 개념일 것이다.

서론

2018년 4월 27일은 아이들과 내가 오랫동안 손꼽아 기다리던 날이었다. 바로 〈어벤저스: 인피니티 워〉의 개봉 첫날이었다. 나는 〈아이언맨〉 1편이 개봉한 이후 히어로 영화의 팬이 되었다. 하지만 얼마 지나지 않아 원작 만화를 통해 전체 역사를 알고 나니 영화에서 일어나는 모든 일이 내게는 엄청난 충격으로 다가왔다. 〈어벤저스: 인피니티 워〉는 마블 시네마틱 유니버스에서 벌어지는 19번째 영화였고, 이전의 모든 영화가 타노스와 어벤저스가 대립하는 서사로 귀결되고 있었다.

타노스는 이 영화에서 극악무도한 악당으로 나오는데, 정작 자신은 좋은 일을 한다고 생각한다. 타노스는 우주에 생명체가 너무 많은 것을 걱정한다. 그래서 생명체를 줄여 우주를 구하는 것을 자신의 사명으로 여긴다. 그의 목표는 인피니티 스톤을 모두 모은 다음 건틀릿에 장착해 손가락을 튕겨서 생명체의 절반이 사라지게 하는 것이다. 그렇게 우주의 균형을 회복하려고 한다.

(스포일러 조심!) 타노스가 인피니티 스톤을 모두 모아 손가락을 튕겼을 때, 영화는 충격적인 결말로 끝났다. 우주에 존재하는 생명체 절반이 사라진 것이다. 다음 날 나는 친구이자 동료인 온라인 마케터 펭준과 함께 영화에 대해 이야기를 나누었는데 그의 말을 듣고 아이디어

가 떠올랐다. 그 아이디어는 훗날 하나의 이벤트가 되었고 그 이후 나는 이 책을 쓰게 되었다.

페이스북 창업자에 관해 이야기하면서 펭 준은 말했다. "마크 저커버그가 타노스고, 그가 페이스북에 광고하는 기업인의 절반을 쓸어버리려고 하는 것 같지 않아? 말 그대로 저커버그가 손가락만 튕기면 하루아침에 사업이 망할 수도 있잖아."

그의 말을 듣자 내가 처음으로 구글 광고를 샀던 2003년의 기억이 떠올랐다. 크리스 카펜터가 쓴 『구글 캐시』라는 책을 막 구입했을 때였다. 그 책에서는 구글 광고를 설정해서 자기가 원하는 웹사이트로 손쉽게 유도하는 방법을 설명해주었다. 그것은 간단한 차액 거래였다. 나는 누군가 내 광고를 클릭하는 데 0.25달러를 지불한다. 그러면 사람들이 내 사이트를 방문하고, 나는 (바라건대) 클릭 한 번에 2~3달러의 매출을 올리는 것이다.

처음에는 너무 좋아서 믿기지 않았다. 나는 구글에 감자총 만드는 법에 관한 DVD를 판매하는 첫 번째 광고를 올리기로 했다. 누군가 구글에서 '감자총'을 검색하면 내 광고가 나타난다. 사람들이 내 광고를 클릭하면(0.25달러가 내게 청구된다), 내 웹사이트로 오게 된다. 그 페이지에 온 사람들 가운데 1퍼센트가 내 DVD를 구매하면 나는 순식간에 '1000달러'도 벌 수 있었다. 100만 달러까지는 아니었지만 초창기 같은 분위기가 유지된다면 몇 달 지나지 않아 백만장자도 될 터였다!

하지만 그때 사건이 일어났다. 사람들은 '구글 슬랩Google slap'라고 불렀다. 내게는 온라인에서의 경력에 종지부를 찍는 일처럼 보였다. 광고비가 클릭 한 번에 0.25달러에서 3달러 혹은 그 이상으로 오른 것이다! 나를 포함해 구글에서 광고를 하던 온라인 기업가 중 절반이 하루아침에 일자리를 잃고만 것이다.

당시 구글에서 큰돈을 벌고 있던 내가 아는 사람들 대다수가 첫 번째 구글 슬랩에서 회복하지 못했다. 대부분은 구글이 왜 광고비를 하루아침에 10배 이상 올렸는지 혼란스러워했다. 하지만 얼마 지나지 않아 사태가 정리된 후 이해가 가기 시작했다. 구글은 거대 브랜드, 즉 한 달에 광고비로 100만 달러를 쓰는 기업을 원했던 것이지, 나처럼 한 달에 몇천 달러만 쓰는 작은 기업을 원하지 않았다. 나처럼 작은 기업의 기업인들이 차지하는 매출 비중은 작았고, 반면 골치 아픈 문제를 일으킬 가능성은 높았다. 구글은 우리 같은 사람들보다는 거대한 광고주만 신경 쓰고 있었다. 구글의 창업자들은 우리 같은 소규모 기업인들에게 슬랩을 가하기로 결정했고, 정말로 우리 같은 소규모 기업인은 금세 사라져버리고 말았다.

『마케팅 설계자』에서 나는 퍼널을 이용하여 구글 슬랩을 피해 살아남는 방법을 공유했다. 나는 감자총 광고를 클릭해 내 웹사이트에 들어온 사람에게서 더 많은 돈을 벌 수 있는 퍼널로 바꾸었다. 구글에 들어가는 비용은 내려가지 않았기 때문에 나는 그 비용을 벌 수 있는 다른 방법을 찾았다. 나는 구글이 내게 받고 싶어 하는 클릭 한 번에 3달러를 지출하는 대신, 내 퍼널로 들어오는 사람에게서 5~6달러의 수익을 올려야 했다. 그 전략은 『마케팅 설계자』와 『브랜드 설계자』에서 포괄적으로 다루고 있다.

초기 구글 슬랩 이후 살아남은 기업인들은 자신의 회사를 구할 다른 방법을 모색하기 시작했다. 일부는 이메일 마케팅에, 일부는 다른 블로그나 웹사이트의 유료 광고에 관심을 기울였다. 하지만 대다수 마케터들은 구글 무료 검색엔진 플랫폼에서 상당한 분량의 트래픽을 얻었다. 우리는 과거에 구글에 돈을 지불했던 핵심 키워드 덕분에 상당히 상위권에 올라 있었고, 그래서 무료로 트래픽이 우리 퍼널로 들어오기 시작했다. 이번에도 너무 좋아서 믿을 수가 없었다.

그러던 어느 날, 이전과 마찬가지로 구글은 다시 한번 변화가 필요한 시점이라고 판단했다. 구글 슬랩이 온 것이다. 다음 몇 년 동안 수십 차례 구글 슬랩이 있었고, 이는 무료 검색 결과에서 상위를 차지하던 사람들에게 큰 타격을 주었다.

매일 아침 우리는 우리가 노력해서 얻은 키워드의 랭킹이 그대로 유지되기를 바라고 기도하며 잠에서 깨어난다. 하지만 그것은 구글이 얼마나 자비를 베푸는가에 달려 있다. 우리 미래를 우리 자신이 통제할 수 없었다. 구글 슬랩이 있을 때마다 또 다른 어마어마한 비율의 기업인들이 쫓겨날 것이다. 얼마 지나지 않아 그들은 슬랩에 '판다', '펭귄', '벌새' 등 귀여운 애칭을 붙이기 시작했다. 하지만 새로운 슬랩이 나왔다는 것은 또 다른 기업가들이 하룻밤 사이에 트래픽이 훨씬 줄어든 현실을 마주해야 한다는 사실을 의미했다. 그들은 트래픽을 모두 잃었고, 트래픽은 고객이나 마찬가지이므로, 그들에겐 할 수 있는 일이 없었다.

2000년 초에서 2010년까지 10년 동안 대다수의 기업인이 살아남기 위해 계속해서 싸워야만 했다. 그런데 2007년 마크 저커버그가 새로운 페이스북 광고 플랫폼을 도입하면서 새로운 온라인 광고의 시대가 밝아오기 시작했다. 구글이 자신의 플랫폼을 처음 개발할 때 그랬던 것처럼 페이스북은 기업인들이 간편하게 광고를 구매할 수 있도록 했고, 광고비도 비싸지 않게 만들었다. 비용은 적고 차액 거래는 간단했다. 페이스북의 목표는 최대한 많은(그리고 최대한 빠르게) 사람을 끌어들이는 것이었다. 그리고 정확히 그대로 되었다.

나 같은 사람들에게 그것은 광고비로 0.25달러를 써서 클릭 당 2~3달러를 벌 수 있었던 구글의 잘나가던 시절과 비슷했다. 현재 코칭하고 있는 기업인들 중 다수가 이 시절에 회사를 시작하여 페이스북을 계기로 회사를 빠르게 성장시켰다.

하지만 구글을 비롯한 기타 플랫폼들로 인해 경험할 수 있었던 초창기 대학살을 기억하는 경력 많은 마케터들에게 페이스북의 패턴은 구글이 처음에 보여주었던 것과 거의 일치했다.

1단계 채택: 진입장벽을 낮춰 모든 사람이 들어와서 플랫폼을 이용하게 한다.

2단계 가격 인상: 서서히 가격을 올려 이익을 쥐어짠 다음 퍼널을 사용하는 방법을 이해하지 못하는 기업인들은 모두 퇴출시킨다.

3단계 슬랩: 문제의 90퍼센트를 일으키는 광고주의 절반을 퇴출시킨다.(한 달 광고비가 100만 달러 이하면 소형 광고주로 여긴다. 소형 광고주는 매출에서 차지하는 비중은 작으면서도, 투자수익률보다는 자신의 브랜드를 어디서나 보이게 하는 데만 신경 쓰는 대형 브랜드보다 지원하기가 100배는 더 어렵다.)

영화를 본 날, 펭 준과 나는 저커버그에게 자노스Zanos라는 별명을 붙였고, 구글 슬랩 대신 기업인의 50퍼센트가 하룻밤 사이에 사라지게 되는 저커버그 슬랩을 보게 될 것이라는 농담을 했다.

만약 여러분이 트래픽을 모으는 방법으로 페이스북에만 의지하고 있다면 폭풍우가 오고 있다는 경고다. 여러분은 회사를 지키고 폭풍우가 몰아치는 동안에도 번영할 수 있도록 이 책에서 읽은 모든 것을 실행해야 한다. 반면에 이미 자노스에게 슬랩을 맞아서 어느 날 아침 일어나보니 회사가 망했다면(혹은 빠르게 망해가고 있다면), 이 책은 회사를 구하고 다시 번영할 수 있게 하는 데 대한 해답을 제시해줄 것이다.

내가 이 게임을 했던 지난 15년 동안 수십 차례의 구글 슬랩, 이메일 마케팅의 '사망', 알고리즘의 변화, 무수히 많은 소셜 네트워크의 흥망, 온라인 미디어의 붕괴에도 나는 살아남았다. 다음과 같은 질문에 답을 하고자 한다. '다른 수많은 기업이 실패했을 때 우리는 왜 살아남았을까?'

다른 기업이 실패했을 때 우리가 살아남은 이유 두 가지

· 우리는 퍼널 사용법을 이해하고 있다. 퍼널을 이용하여 우리는 방문객이 광고를 클릭할 때마다 광고비의 5~10배 되는 돈을 벌 수 있기 때문에 우리는 비용이 올라가더라도 살아남아 번성할 수 있었다.

· 우리는 트래픽을 확보하는 전술뿐만 아니라 전략을 마스터했으며, 이러한 전략들은 과거와 현재, 미래의 모든 광고 플랫폼에서 작동한다. 이러한 전략만 마스터한다면 그 누가 아무리 슬랩을 날리고 손가락을 튕겨도 회사의 존폐에는 영향을 미치지 않을 것이다.

머지않아 다른 폭풍우가 올 것이다. 구글이 과거에 그랬듯이 말이다. 이런 일은 반복해서 일어나며 우리는 과거야말로 미래를 가장 정확히 예언하는 것이라는 사실을 알고 있다. 이 폭풍우는 우리를 향하고 있지만, 수천 명의 기업인이 아직 의식하지 못하고 있다.

나는 10만 명이 넘는 클릭퍼널스 커뮤니티 구성원들과 우리를 팔로우하는 100만 명이 넘는 기업인, 그리고 이 폭풍우에 대비하기 위해 귀를 기울이는 모든 사람에게 도덕적 책임감을 느끼고 있다. 이러한 전략을 마스터하는 사람들은 트래픽과 고객, 그리고 대비하지 않은 사람들의 매출까지 모두 가져갈 것이다. 이러한 원칙을 마스터하면 여러분과 여러분의 기업은 번영할 것이다.

언제나 빠르게 변화하는 주제에 관한 변함없는 책

내가 이 책을 쓰기 시작하기로 했을 때 가장 큰 두려움은 어떻게 하면 늘 변함없는 트래픽에 관한 책을 만들 수 있을지 알아내는 것이었다. 무엇보다도 거의 매일 바뀌는 한 주제에 관하여 영원히 지속되는 개념을 어떻게 가르칠 수 있을까? 내가 지난 10년 동안 읽었던 트래픽에 관한 책은 모두 출판이 되고 나서 몇 달 안에 무의미해지는 최신 전술에 초점을 맞추고 있었다. 어쩔 땐 인쇄를 시작하기도 전에 쓸모가 없어지고 마는 책도 있었다.

광고를 클릭하게 하거나 웹사이트를 방문하게 하는 전술은 정말로 매일 바뀐다. 실제로 그 변화를 따라잡기 위해 그 일만 전업으로 하는 사람들이 있다. 만약 이 책에서 요즘 잘 먹히는 최신 전술이나 해킹 기법을 알려준다면, 그 전술은 이 단락을 다 읽을 때쯤에는 완전히 구식이 되어 있을 것이다.

수년 전만 해도 인스타그램이 지금처럼 에너지 넘치는 곳이 될지 누가 알았을까? 페이스북이 법적인 문제 때문에 거의 제 기능을 못 하다가 얼마 지나지 않아 다시 회생할 줄 누가 예견할 수 있었을까? 우리가 아직 생각지도 못한, 여전히 누군가 발견해주길 기다리는 소셜 플랫폼과 기술은 무엇일까?

나는 지난 15년 동안 봐온 망한 비즈니스의 궤적에 대해 생각하기 시작했다. 수많은 기업인이 일시적으로 성공을 거두는 이유는 트래픽을 얻을 수 있는 한 가지 방법이나 한 가지 전술(이를테면 구글 광고)을 마스터했기 때문이다. 하지만 한 번의 슬랩을 맞고 나면 모든 것을 잃어버리고 만다. 나는 슬랩을 맞을 때마다 살아남은 것은 물론 번영까지 할 수 있었던 이유에 대해 생각했다. 꾸준한 변화에도 불구하고 우리가 잘해왔던 이유에 대해 생각하면 할수록, 나는 내가 다른 기업인들이 트래픽을 배우는 방식으로 트래픽을 배우지 않았다는 사실을 깨달을 수 있었다.

내가 오늘도 여전히 이 자리에 있는 이유는, 15년 전 이 게임을 시작할 때 최신 전술을 가르치는 트래픽 교육과정이 없었기 때문이다. 나와 함께 연구했던 사람들이 회사를 성장시키고자 했을 때는 인터넷이 없었다. 내가 배웠던 사람들은 댄 케네디, 빌 글레이저, 개리 헐버트, 제이 에이브러햄, 조 슈거맨, 쳇 홈즈, 프레드 케이토나, 돈 라프레, 유진 슈바르츠, 데이비드 오길비, 로버트 콜리어 등 전통적인 직접 반응 마케팅direct marketing(중간 상인이나 소매점 따위의 유통 경로를 거치지 않고 광고나 방문 등으로 고객의 요구에 응하는 판매 활동－옮긴이)의 대가들이었다. 이들은 페이스북이나 구글 같은 호사를 누리지 못했고, 심지어 인터넷이 나오기 전에 트래픽을 유도하는 전략을 알고 있었다. 대신 우편 광고, 라디오 광고, TV, 신문을 이용해서 트래픽을 유도했다.

직접 반응 마케팅 마케터들은 오늘날과는 전혀 다른 방식으로 마케팅과 판매를 바라보게 했다. 그들은 우편 광고 캠페인의 핵심적인 전략, 즉 라디오, 잡지, 신문광고 등을 이용하여 수익을 올리도록 고객을 유도한다. 이러한 직접 반응 마케팅을 연구한 10년 동안 내가 터득한 전략들은 내가 마케팅하는 회사들이 최신 트렌드의 선두에 서고, 대부분의 사람이 존재하는지 알기도 전에 새로운 전술을 마스터하고, 다른 사람에게는 보이지 않는 기회를 보고, 구글 슬랩이나 자노스가 손가락을 튕길 때마다 웃어넘길 수 있는 능력을 갖출 수 있게 해주는 등 아주 다양한 관점을 가지게 해주었다.

트래픽은 사람이고, 사람은 극도로 예측 가능하다는 사실을 이해해야만 한다. 앞으로 내가 가르치려고 하는 핵심 전략은 어떤 플랫폼보다 오래가고 어디에나 적용할 수 있다.

거대한 도전

여러분 중에는 이 책 어느 곳에서도 페이스북 광고 편집기 이미지를 보여주지 않는다거나 구글 광고 캠페인을 설정하는 방법을 설명하지 않는다는 데 충격을 받는 분이 있을지 모르겠다. 내가 이 책에 플랫폼에 따른 스크린샷을 넣지 않은 이유는 이 책이 여러분에게 영원히 남기를 바라기 때문이다. 모든 시스템은 끊임없이 변화하기 때문에 오늘 내가 찍은 스크린샷은 여러분이 읽기 전에 이미 쓸모가 없어진다. 대신 우리는 다음과 같은 변하지 않는 전략에 초점을 맞출 것이다.

- 꿈의 고객이 누구인지 파악하기
- 꿈의 고객들이 이미 모여 있는 온라인 장소가 어디인지 찾기
- 일하는 법 배우기
- 구매하는 법 이해하기
- 나만의 퍼블리싱 플랫폼 만들기
- 자체적인 배급처 명단 구축하기

이러한 전략은 모두 한 가지 큰 공통점이 있다. 폭풍우가 다가와서 유저 인터페이스가 바뀌거나 트래픽이 이동해도 여전히 작동한다는 것이다! 이 전략은 한창 인기가 좋은 거대 언론(구글이나 유튜브, 페이스북, 인스타그램)을 이용하여 눈길이 가는 대로 손쉽게 이동할 수 있다. 내가 어쩔 수 없이 프렌스터(대부분의 사람들은 프렌스터를 기억하지 못할 것이다, 기억하는가?)에서 페이스북으로 이동해야 했을 때 내게는 효과가 있었다. 그리고 우리가 페이스북이나 구글, 그리고 차세대 거대 네트워크로 이동해야 할 때도 효과가 있을 것이다.

이 책은 여러분의 비즈니스와 트래픽, 리드lead(잠재고객)가 모두 안정적인 기반 위에 있다는 것을 확인하기 위해 반드시 알아야만 하는 안전과 보안에 대해 설명할 것이다. 1부에서는 여러분의 꿈의 고객이 정확히 누구인지, 어디에서 찾을 수 있는지, 어떻게 하면 접근할 수 있는지 파악하는 방법을 배울 것이다. 2부에서는 여러분이 페이스북, 인

스타그램, 구글, 유튜브 등의 광고 네트워크에서 여러분의 퍼널로 트래픽을 유도하기 위하여 사용할 수 있는 간단한 패턴을 보여줄 것이다. 또한 이러한 간단한 패턴을 마스터하면 어떻게 이 네트워크에서 꾸준한 트래픽을 확보할 수 있는지 보여줄 것이다. 마지막에는 페이스북이나 구글 등 광고 네트워크에 접속하지 않아도 트래픽을 증가시킬 수 있는 강력한 성장 해킹 기술을 공개할 것이다.

이러한 그로스 해킹 기술을 마스터하면 단단한 기반 위에 트래픽의 토대를 쌓을 수 있는 능력을 얻을 수 있을 것이다. 나는 이 개념과 전략을 배우고 마스터하는 데 15년이 넘게 걸렸기 때문에, 지금 바로 여러분에게 이것을 전해줄 수 있다고 생각하니 마음이 설렌다.

PART 1

꿈의 고객

꿈의 고객은 누구이고 어디에 모여 있는가?

○
○ ○
○

전화벨이 울렸다. 채드였다. 사람들은 그를 울러 선생님이라고 부른다.

"여보세요?"

"잘 지내? 늦었지만 잠시 이야기 좀 할 수 있을까? 지금 상황이 정말 안 좋아서 그래."

"좋아, 곧 갈게." 나는 황급히 대답했다.

정확히 5년 전에 울러는 척추 교정 치료chiropractic 학위를 받았다. 그로부터 얼마 지나지 않아 그는 가족과 함께 아이다호 보이시로 이사해서 척추 교정 치료사로 일했다. 하지만 울러의 목표는 남의 밑에서 일하는 것이 아니었다. 울러는 훌륭한 척추 교정 치료사인 동시에 훌륭한 기업인이기도 했기에 자신의 사업이 하고 싶었다. 그는 사업 계획서를 쓰고, 중소기업 대출을 받고, 사무실을 리모델링하고, 회사 로고를 디자인하는 등 사업을 시작하는 데 필요한 일을 하나씩 진행했다. 개업 이후에는 성과가 부진하다고 듣긴 했지만 그날 밤 그의 사무실에 가기 전까지는 어느 정도인지 몰랐다.

"너무 힘들어. 돈도 다 떨어졌고 환자를 더 유치할 방법을 모르겠어." 그가 말했다.

우리는 병원 사정에 대해 이야기를 나누었고, 나는 사업이 좋아질 만한 몇 가지 아이디어를 전해주기도 했다. 그런데 그가 내게 충격적인 이야기를 들려주었다.

"대학에서 4년 동안 공부해서 학위를 받았고, 척추 교정 치료사가 되기 위해 4년을 더 투자했어. 그런데 대학에서는 병원에 환자를 오게 하는 방법은 가르쳐주지 않았어."

믿기는가? 어떤 기술을 가르치는 데 한 기업인을 8년 동안 붙잡아 두면서도, 그 기술을 알리는 방법에 대해서는 10분도 할애하지 않는다. 내가 보기에 그것은 모든 초보 기업인을 괴롭히는 우리 교육 시스템의 가장 큰 문제다. 사람들은 대단한 상품을 만들거나 훌륭한 회사를 설립하면 고객들이 저절로 따라올 것이라고 믿는다.

내가 보기에 기업인들은 자신이 이상적으로 꿈꾸는 '꿈의 고객'이 누구인지 혹은 어떻게 고객에게 다가갈 것인지에 대해서는 전혀 고려하지 않는다. 그러면서도 그들은 세상을 바꿀 제품과 서비스를 만들기 위해서 가지고 있는 돈을 한 푼도 남김없이 투자한다. 그들은 코칭과 제품 개발, 디자인, 교육 등 거의 모든 것에 기꺼이 투자하지만 페이스북이나 구글 광고에 돈을 쓰자고 말하면 온몸이 얼어붙은 듯 행동한다. 또는 그들에게 조직적으로 방문객을 모으기 위해서 시간과 노동력을 투입해야 한다고 말하면 대부분 필요 없다고 생각한다.

어떤 사람들은 '내 제품은 정말 좋아서 돈을 주고 트래픽을 사지 않아도 된다'고 생각한다. 또 다른 사람들은 경쟁자들보다 자신이 더 좋은 제품을 만들었다고 생각하기 때문에 당연히 고객을 받을 자격이 있다고 믿는다. 그래서 '내가 저것을 만들었지, 그런데 왜 사람들이 안 오지?'라고 생각하면서 하염없이 고객을 기다린다.

내가 수많은 기업인을 코칭하고 나서 내린 결론은 훌륭한 무언가를 만드는 데만 온 신경을 쏟는 사람들은 실패한다는 것이다. 그런 사람들의 가장 큰 문제는 자신의 기업과 제품의 존재 여부를 고객들이 찾아보게 한다는 것이다. 매년 수많은 기업이 탄생했다가 실패하는 이유는 기업인들에게 '트래픽(방문객)을 얻을 수 있는 기술과 과학'이라는 필수적인 능력이 없기 때문이다. 비극이 아닐 수 없다.

나는 기업인들이야말로 실질적으로 세상을 바꿀 수 있는 사람들이라고 믿는다. 그리고 나는 그들을 도와 그들의 제품과 서비스가 지향하는 메시지를 세상에 알려야 한다는 사명을 띠고 이 세상에 태어났다고 생각한다. 정부가 세상을 바꾸지는 못한다. 학교도 마찬가지다. 세상의 변화는 여러분처럼 기꺼이 위험을 감수하고 꿈을 실현하려는 기업인에 의해 일어날 것이다.

모든 것을 건 사업이 빛도 보지 못하고 사업을 시작한 첫해에 실패한다면 그것은 비극이다. 사람들이 올 때까지 기다리는 것은 전략이 아니다. 하지만 여러분의 꿈의 고객이 누구인지 정확히 이해하고, 그들이 어디에 모여 있는지 찾아내고, 그들을 퍼널(사람들에게 이야기를 들려주고 제안을 할 수 있는 곳)로 이끌기 위해 후크hook를 던지는 것은 전략이다. 그것이 비결이다.

희소식이 있다. 그날 밤 이후 울리는 퍼널에 빠져 있다고 한다. 그는 고객 유치 퍼널을 구축하고 페이스북과 구글에서 광고를 구입하는 방법을 배웠다. 병원은 연중무휴로 새로운 환자들이 늘고 있으며 번창하고 있다.

지금 이 책을 읽는 사람이라면 제품이나 서비스, 또는 기술을 마스터하기 위해서 셀 수 없이 많은 시간을 바친 적이 있을 것이라고 생각한다. 이 책을 통해 여러분은 사람들에게 여러분의 기술을 발휘할 방법을 배우게 될 것이다. 이 책의 1부에서는 매우 중요한 두 가지 질문에 답을 하는 데 집중한다.

- 질문 1: 꿈의 고객은 누구인가?
- 질문 2: 그들이 모이는 곳은 어디인가?

꿈의 고객이 어떤 사람인지 완벽하게 안다면 그들이 어디에 모이는지 찾는 일은 쉽다. 반대로 꿈의 고객이 어떤 사람인지 뚜렷하게 보이지 않는다면 그 사람을 찾기란 정말 어렵다. 1부를 모두 읽고 나면 여러분의 꿈의 고객이 누구인지, 어디에 숨어 있는지 정확히 알게 될 것이다. 그리하여 그들에게 여러분의 이야기를 소개할 수 있을 만큼 오랫동안 주목을 받을 수 있을 것이다.

꿈의 고객에게 다가가기

꿈의 고객은 누구인가?

도표 1-1　모든 기업은 그들의 '꿈의 고객'을 누구보다 잘 이해해야 한다.

"알렉시스가 이걸 좋아할지 모르겠어요." 샐리 뷰티 서플라이Sally Beauty
Supply의 한 임원이 말했다.

"뭐라고요?" 내 친구 페리 벨처가 이해가 가지 않는다는 듯이 물었
다. 페리는 그날 모임에서 소개할 새로운 향이 나는 손 소독제를 세팅
하고 있었다. 페리는 다른 제품을 꺼내서 임원들에게 건네주었다. "좋
아요, 그럼 이건 어때요?"

임원들은 쳐다보고, 열어보고, 향을 맡아보았다.

"미안해요, 알렉시스는 이것도 좋아하지 않을 거예요." 임원들이 대
답했다.

페리는 이해가 가지 않았고, 이제는 약간 짜증이 나기 시작했다. 세 번째이자 마지막 제품을 꺼내자 비슷한 식으로 임원들은 그 제품을 훑어본 다음 말했다.

"미안해요. 분명한 것은, 알렉시스가 좋아할 만한 건 없다는 거예요."

짜증이 올라온 페리는 이야기를 나누던 두 임원에게 분통을 터뜨렸다.

"알렉시스가 누굽니까? 그분이 결정권자인가요? 왜 이 회의에는 안 온 거죠? 이 자리에 있나요? 직접 이야기할 수 있나요? 저는 여러분의 회사에서 이 제품을 팔아야 한다고 설득할 수 있습니다!"

잠시 정적이 흘렀다. 그리고 두 임원이 동시에 웃음을 터뜨렸다. "알렉시스는 사람이 아니에요. 우리 고객의 아바타예요!"

"무슨 말이죠?" 페리가 물었다. 고객 아바타라는 말은 처음 들어보는 말이었다. "죄송합니다만 이해가 가지 않는군요. 알렉시스는 실제 사람이 아닌가요?"

임원들은 서로 마주 보며 미소를 짓다가 페리에게 다른 방으로 따라와달라고 부탁했다. 그 방 벽에는 샐리 뷰티 서플라이의 '꿈의 고객'을 대표하는 가상의 인물 '알렉시스'의 그림이 가득했다. 벽에는 또한 알렉시스가 어떤 사람인지, 아이는 몇 명인지, 어디에 살았는지, 돈은 얼마나 벌었는지, 그녀가 사는 집은 어떤 곳인지 등 그녀의 생애가 담긴 이야기가 적혀 있었다.

임원들은 페리에게 샐리 뷰티 서플라이의 모든 직원은 알렉시스의 관점을 통해 의사결정을 내려야 한다는 교육을 받는다고 설명했다. 어떤 제품을 구입할 것인지, 상점을 꾸밀 때나 브랜딩을 할 때 어떤 색을 사용할 것인지, 어떤 광고를 운영할 것인지, 어떤 프로모션을 할 것인지, 웹사이트는 어떤 모습이어야 할지, 매장에서는 어떤 음악을 틀 것인지 등 알렉시스가 좋아할 만한 결정이라면 대답은 '예스', 좋아할 만한 것이 아니라면 대답은 '노'였다. 그들은 제품 중심의 기업을 운영하는 것이 아니라, 고객 중심의 기업을 운영했다. 그들의 고객 아바타는 그들이 만드는 제품부터 운영하는 광고까지 모든 것을 움직였다.

페리가 처음 이 이야기를 내게 해주었을 때 나는 큰 깨달음을 얻었다! 대부분의 기업가가 비즈니스에서 중요한 것은 기업가 자신이라고 오해한다. 그렇지 않다. 여러분의 비즈니스에서 중요한 것은 고객이다.

고객(트래픽)들이 여러분의 퍼널로 들어오길 원한다면 그들이 온라인 어디에 있는 찾아내야 한다. 그리고 그들이 온라인에서 어디에 있는지 찾아내길 원한다면 훨씬 깊은 수준에서 고객을 이해해야 한다.

꿈의 고객에게 집착하기

이 과정에서 첫 번째 단계는 꿈의 고객에게 집착하는 것이다. 자신이 만드는 제품에 집착하는 회사는 결국 실패한다. 클릭퍼널스가 성장하면서 이런 일이 반복해서 일어났다. 우리와 경쟁했던 모든 회사가 결국 망하고 말았는데, 우리는 고객에게 집착했지만 그들은 자신의 제품에 집중하느라 바빴기 때문이다.

나는 어떤 의미로 '집착'이란 표현을 쓰는 것일까? 고객에게 집착한다는 것은 고객 자신은 이해하지 못하더라도 우리는 고객을 이해해야 한다는 뜻이다. 많은 사람이 이 부분을 어려워한다. 많은 경우 내게 닥친 문제를 해결할 때 어떻게 해결했는지 기억하지 못한다.

나는 최근에 내 친구 니콜라스 베이얼에게 기업가가 가지고 있던 문제에서 비즈니스가 탄생한다는 사실을 이야기한 적 있다. 어느 기업가가 내놓는 제품과 서비스는 사실 어떤 문제에 대한 해결책을 찾아낸 결과라는 것이다.

"우리의 문제가 우리의 메시지가 되는군." 니콜라스의 말이다.

어떤 문제 때문에 고생하게 되면 해결책을 찾게 된다. 해결책을 찾지 못하면 다른 해결책을 찾거나 직접 해결책을 만드는 여정을 시작하게 된다. 그런 식으로 어떤 문제는 비즈니스가 된다. 다시 말하자면 우리의 문제가 우리의 메시지가 되는 것이다.

그게 사실이라면, 여러분은 여러분이 바라는 꿈의 고객이 가지고 있는 문제와 같은 문제 때문에 힘겨웠던 지점을 되돌아봐야 할 것이다. 그리고 그 고통을 겪을 때 어떤 기분이었는지 기억해야만 한다.

우리 커뮤니티에는 문제를 메시지로 만든 리더들의 사례가 정말 많다. 그중 내가 가장 좋아하는 유력 인사 커플은 스테이시와 폴 마르티노다. 몇 년 전 두 사람은 기로에 서 있었다. 그들의 관계가 파탄에 이른 것이다. 폴은 몇 달 동안 관계를 유지하려고 시도했지만 결국 고통이 너무 심해서 떠나기로 결심했다. 그래서 어느 날 밤 스테이시에게 이야기를 털어놓았다. 스테이시는 울음을 참지 못하고 눈물을 흘렸다. 그녀의 관계는 깨졌고, 그 고통은 그녀가 감당하기에 너무 컸다. 여기에 전체적인 이야기를 다 할 수는 없지만, 짧게 말하자면 스테이시는 이 경험을 통해 관계를 회복시키기 위해서는 자신이 먼저 바뀌어야 한다는 사실을 알게 되었다. 그녀는 변신하려고 노력했고, 그 변화의 과정에서 폴도 바뀌었다. 두 사람은 자신들의 결혼을 위기에서 구해내고 나서, 커플이 '함께' 참여하지 않아도 되는 독특한 치유 과정을 개발했다. 두 사람은 관계를 개선하기 위해서는 한 사람만 있으면 된다고 믿는다.

그들의 문제는 그들의 메시지가 되었고, 그들은 이제 몇 년 전에 그들이 겪었던 고통에서 벗어나려는 사람들을 도와주는 데 자신의 삶을 바치고 있다. 그들은 독특한 시스템과 도구를 이용하여 수천 건의 결혼생활을 구하는 데 도움을 주었다. 전체 결혼의 50퍼센트 이상이 이혼으로 끝나는 사회에서 그들의 프로그램을 경험한 사람들의 이혼율은 1퍼센트에 불과하다.

스테이시와 폴이 꿈의 고객을 찾고 그들을 도와주는 데 성공한 것은 불과 몇 년 전에 그들 자신이 꿈의 고객이었기 때문이다. 두 사람은 진정으로 깊게 그 고통을 이해했기 때문에 꿈의 고객이 바라는 목표가 무엇이고 무엇을 갈망하는지 식별할 수 있었다. 그리고 그들이 목표를 향해 나아갈 수 있도록 그들이 어디에 모이는지 알아낼 수 있었다. 그들의 꿈의 고객은 두 사람의 문제에서 나온 제품의 결과물이기 때문이다.

20세기 초 로버트 콜리어는 카피라이팅에 관한 위대한 책 가운데 하나인 『로버트 콜리어의 편지글The Robert Collier Letter Book』을 출간했다. 이 책에서 그는 진심으로 고객을 이해하는 방법을 이야기한다. 고객을 발견하고, 나를 따르도록 설득하고, 여러분이 판매하는 제품과 서비스를 이용하여 고객의 삶을 바꾸고 싶다면 고객보다 고객을 더 잘 알아야 한다고 말한다. 콜리어는 우리 마케터들이 광고 캠페인을 잘 만드는 방법을 알아내려 하는 대신 "고객의 마음속에 이미 진행 중인 대화에 참여하는" 방법을 배워야 한다고 믿었다.

진심으로 꿈의 고객이 누구이고 온라인의 어디에서 모이는지 알고 싶다면 고객의 마음속에서 이미 진행 중인 대화에 참여할 수 있어야 하며, 고객이 세상을 바라보는 방식으로 세상을 바라볼 수 있어야 한다.

고객들의 열정과 그들이 피하려고 애쓰는 깊은 고통을 진정으로 이해한다면, 온라인에서 그들의 위치를 정확히 알아내는 것은 아주 쉽다. 그리고 고객이 어디에 있는지 알게 되는 순간 그들을 사로잡아 여러분의 퍼널로 데려가 도움을 줄 수 있다. 이 책에서는 그 방법에 대해 훨씬 상세하게 다룰 것이다.

지금까지 기초를 다루었으므로 세 가지 핵심 욕구라고 알려진 세 가지 핵심 시장을 이용하여 꿈의 고객을 식별하는 방법에 대해 자세히 알아보도록 하자.

세 가지 시장/욕구

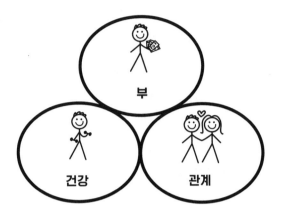

도표 1-2 사람들은 이러한 세 가지 핵심 욕구 혹은 시장에서 특정 결과를 기대하며 제품을 구입한다.

『브랜드 설계자』에서 나는 세 가지 핵심 시장 혹은 세 가지 핵심 욕구의 개념을 소개했다. 세 가지 욕구(정해진 순서는 없다)는 건강과 부, 그리고 관계다. 사람들이 누군가에게서 어떤 제품을 구입할 때는 삶의 세 영역 중 한 곳에서 특정한 결과를 얻고 싶어 한다. 따라서 여러분이 답해야 하는 첫 번째 질문은 다음과 같다.

미래의 꿈의 고객들이 내 제품이나 서비스를 구입하려 할 때,
채우길 바라는 욕망은 세 가지 중에 무엇인가?

이것이 꿈의 고객의 마음속으로 들어가기 위한 첫 번째 장막이다. 그리고 대부분의 사람에게 그 대답은 매우 단순하다. 하지만 때로 사람들은 두 가지 이유로 이 질문에서 벗어나지 못한다.

내 제품은 이 욕구 중 한 가지 이상과 관련이 있다

많은 제품이 이 욕구 중 한 가지 이상의 욕구에서 결과를 얻기 위해 마케팅을 한다. 하지만 마케팅 메시지는 그중 한 가지에만 집중될 수 있다. 잠재고객에게 두 가지 메시지를 믿게 하려고 할 때마다, 믿음을 갖게 되는 사람은 대개 절반으로 줄어든다(대부분 90퍼센트 이상). 서로 다른 두 욕구를 타깃으로 잡으면 두 퍼널로 연결되는 두 광고가 필요해진다. 그러므로 시장에 내놓은 각각의 메시지로 한 가지 욕구에만 집중해야 한다.

내 제품은 이 욕구 중 어느 것에도 해당되지 않는다

이 잘못된 믿음은 최근 열렸던 이벤트에서 누군가가 내 수석 코치 스티브에게 어느 욕구에도 해당되지 않으면 어떻게 해야 하는지 질문했을 때 최고의 해결책이 나왔다.

스티브는 질레트 면도기 이야기를 들려주면서 면도가 해결해주는 욕구는 무엇인지 되물었다. 처음에 사람들은 모두 아무런 말이 없었다. 조금 뒤에는 몇몇이 추측하기 시작했다.

"건강인가?" 다른 사람도 머뭇거리며 말했다. "그럴 것 같긴 한데… 음…"

그때 스티브가 질레트 광고를 틀었다. 광고는 이런 내용이었다.

먼저 한 남자가 면도하는 모습이 보인다. 면도가 끝나자 아름다운 여인이 그에게 다가온다. 그런 다음 두 사람은 시내로 나가 데이트를 한다. 끝으로 광고는 두 사람이 집에 돌아와 방에 함께 있는 모습을 보여준다.

광고를 보여준 뒤 스티브는 질문을 약간 다르게 바꿔 되물었다.

"이 마케팅 메시지는 어떤 욕구를 위해 만들어졌을까요?"

곧바로 모든 사람이 대답했다. "관계!"

대부분의 제품은 여러 가지 카테고리에 속할 수 있다. 어느 카테고리에도 어울리지 않아 보이는 데도 말이다. 어쨌든 핵심은 마케팅 메시지는 세 가지 핵심 욕구 중 하나에만 집중될 수 있고, 집중해야 한다는 것이다. 잠시 여러분의 제품이나 서비스가 세 가지 핵심 시장 혹은 세 가지 핵심 욕구 중 어디에 해당되는지 생각해보기 바란다.

고통에서 멀리/쾌락을 향해

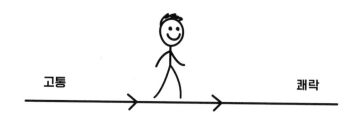

도표 1-3 인간은 모두 고통에서 멀어지려 하거나 쾌락을 향해 간다.

이제 여러분의 제품이나 서비스가 어떤 핵심 욕구에 해당하는지 파악했으므로, 고객의 마음속에서 진행되는 대화에 참여하기 위한 다음 단계로 간다. 바로 그들이 어느 방향으로 움직이는지 이해하는 것이다. 지구에 존재하는 인간은 모두, 항상 두 가지 방향 중 한쪽으로 움직인다. 고통에서 멀어지거나 쾌락을 향해 가거나.

○ **고통에서 멀어지기:** 사람들이 움직일 수 있는 첫 번째 방향은 고통에서 멀어지는 쪽이다. 각각의 욕구에 대해 고통에서 멀어지는 몇 가지 사례를 함께 보자.

건강(고통에서 멀어지기)

· 살이 쪄서 옷을 입으면 불편하다.

· 기운이 없고 늘 피곤하다.

· 거울 속 내 모습이 싫다.

부(고통에서 멀어지기)

· 내 직업이 싫고 상사를 없애버리고 싶다.

· 저축한 돈이 없어 일자리를 잃을까 두렵다.

· 내 주변 사람들이 모두 나보다 돈을 잘 번다.

관계(고통에서 멀어지기)

· 좋지 않은 인간관계에 얽혀 있는데, 벗어나는 방법을 모른다.

· 외로워서 사랑이 어떤 느낌인지 알고 싶다.

· 모르는 사람들과 같이 있으면 자신감이 없어진다.

위에 나온 문장들 모두 사람들이 마음속에서 나누는 대화들이다. 일반적인 예를 들었지만, 실제로 특정 고객이 하는 생각을 적어야 할 때는 그들이 매일 자신과 나누는 대화를 이해하기 위해서 아래 세 가지를 시도했다.

1. 처음 문제를 해결하기 위해 노력했을 때, 나는 내가 하던 수백 가지의 말을 적었다.

2. 사람들이 고통에서 벗어나려고 할 때, 무슨 말을 하는지 보기 위해 온라인 포럼, 게시판, 동호회를 찾았다.

3. 진심으로 다른 사람의 입장이 되어 사람들이 실제로 생각하는 것을 쓰려고 노력했다.

연습
....

이 연습에서는 미래의 잠재고객이 고통에서 멀어지기 위해 움직이면서 말하거나 생각하는 것을 적어도 12개 이상 적어보기 바란다. 이 연습은 꾸준히 매일 해야 한다. 나는 늘 내 고객들이 고통에서 벗어나려 할 때 하는 질문과 진술을 찾는다.

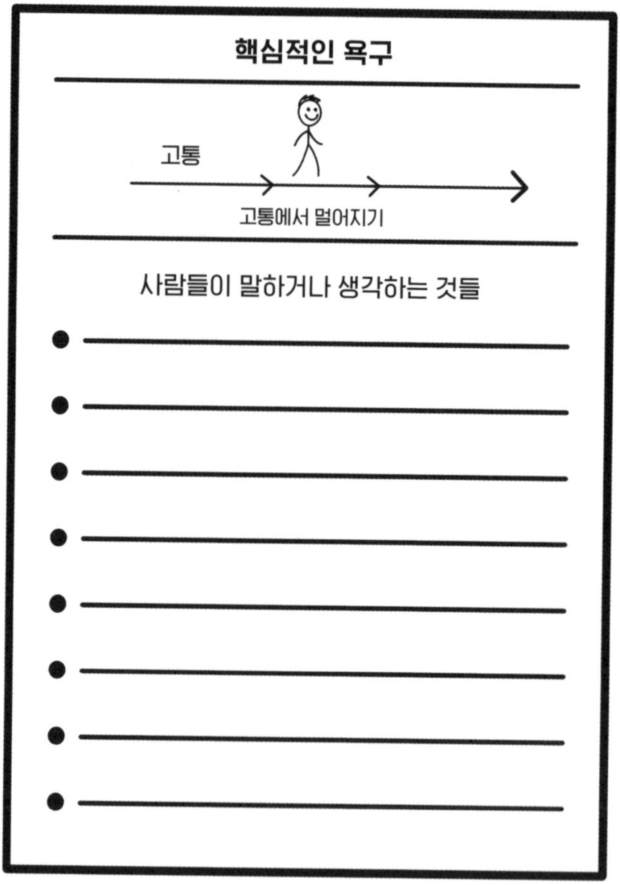

도표 1-4 꿈의 고객들이 고통에서 멀어지기 위해 움직일 때 말하거나 생각하는 것을 모두 적는다.

○ **쾌락을 향해 이동하기**: 사람들이 움직일 수 있는 방향 중 두 번째
는 쾌락을 향해 움직이는 것이다. 건강과 부, 관계에 대한 욕구가 없는
이유는 행복하지 않기 때문이다. 욕구가 있는 이유는 행복해서 더 많
은 행복을 찾기 때문이다. 각각의 욕구에 대해 쾌락을 향해 움직이는
몇 가지 예를 함께 보자.

건강(쾌락을 향해 이동하기)
· 멋진 복근을 바란다.
· 마라톤에 참가하기를 바란다.
· 더 많은 에너지를 얻을 수 있도록 건강하게 먹고 싶다.

부(쾌락을 향해 이동하기)
· 내가 꿈꾸던 집과 자동차를 사고 싶다.
· 더 많은 영향력을 미칠 수 있도록 내 회사를 성장시키고 싶다.
· 내 팀을 성장시킬 수 있도록 리더십이 있으면 좋겠다.

관계(쾌락을 향해 이동하기)
· 내 인간관계에 열정이 더 많아지면 좋겠다.
· 배우자와 아이들과 더 많은 시간을 보내고 싶다.
· 인맥을 통해 더 많은 사람을 만나고 싶다.

동일한 핵심 욕구를 해결하는 데도 표현이 얼마나 다른지 보이는
가? 이 문장을 모두 하나의 표에 올려놓고 나란히 보고 싶었다. 모든
사람이 동일한 목표를 향해 노력할 수는 있어도, 그에 따르는 이유는
거의 극과 극이라는 사실을 이해하자.

고통에서 멀어지기	쾌락을 향해 가기
건강(고통에서 멀어지기)	건강(쾌락을 향해 가기)
• 살이 쪄서 옷을 입으면 불편하다. • 기운이 없고 늘 피곤하다. • 거울 속 내 모습이 싫다.	• 멋진 복근을 바란다. • 마라톤에 참가하기를 바란다. • 더 많은 에너지를 얻을 수 있도록 건강하게 먹고 싶다.
부(고통에서 멀어지기)	부(쾌락을 향해 가기)
• 내 직업이 싫고 상사를 없애버리고 싶다. • 저축한 돈이 없어 일자리를 잃을까 두렵다. • 내 주변 사람들이 모두 나보다 돈을 잘 번다.	• 내가 꿈꾸던 집과 자동차를 사고 싶다. • 더 많은 영향력을 미칠 수 있도록 내 회사를 성장시키고 싶다. • 내 팀을 성장시킬 수 있도록 리더십이 있으면 좋겠다.
관계(고통에서 멀어지기)	관계(쾌락을 향해 가기)
• 좋지 않은 인간관계에 얽혀 있는데, 벗어나는 방법을 모른다. • 외로워서 사랑이 어떤 느낌인지 알고 싶다. • 모르는 사람들과 같이 있으면 자신감이 없어진다.	• 내 인간관계에 열정이 더 많아지면 좋겠다. • 배우자와 아이들과 더 많은 시간을 보내고 싶다. • 인맥을 통해 더 많은 사람을 만나고 싶다.

도표1-5 두 사람의 목표가 같을 수 있지만 그 목표를 이루려는 이유는 전혀 다를 수도 있다.

연습
·······

이제 두 번째 연습을 해보자. 쾌락을 향해 움직이는 사람들의 머릿속에 맴돌고 있을 만한 문구를 12가지 이상 적어보자.

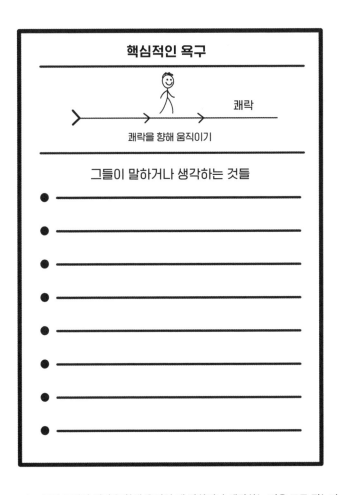

도표 1-6 꿈의 고객이 쾌락을 향해 움직일 때 말하거나 생각하는 것을 모두 적는다.

더 많은 구절을 찾아낼수록 트래픽이 늘어난다. 그러므로 고객의 마음속에서 일어나는 대화를 파악하여 기록하는 과정을 지속적으로 해야 한다. 다음 장에서 자세히 보겠지만, 고객이 고통에서 멀어지거나 쾌락을 향해 움직일 때의 마음을 이해하면 고객을 찾는 데 도움이 될 것이다.

검색과 스크롤

꿈의 고객의 마음속에서 진행되고 있는 대화를 이용하는 방법을 제대로 이해하기 위해서는 인터넷, TV, 라디오 등 트래픽이 나타나기 시작한 몇백 년 전으로 거슬러 올라가야 한다.

1800년대 초까지 사람들은 주로 자신에게 필요한 것인지를 기준으로 생산물을 구했다. 어떤 유형의 고통을 겪게 되면 그 고통을 해결하는 해결책을 찾았다. 식량이 가장 우선이었다. 건강(먹이)에 대한 욕구가 있었던 우리의 조상들은 먹이를 찾아 사냥한 다음 집으로 가져왔다. 근대에 접어들면서 우리에겐 상점이 생겼다. 음식이나 그 외에 다른 것이 필요할 때는 지역 상점에 가서 필요한 것을 찾고, 그것을 구입했다.

1886년에는 업종별 전화번호부가 탄생했다. 소비자에게는 정말 멋진 일이었다. 그들이 필요한 것을 정확히 찾을 수 있었기 때문이었다. 기업가들은 사람들이 갑자기 나타나 자신의 물건을 찾는 호사를 누렸다. 완벽한 해결책처럼 보였지만 한 가지 문제가 있었다. 기업가 입장에서는 더 많은 돈을 벌고 싶거나 회사를 성장시키고 싶어도 마음대로 할 수 없었다. 사람들이 알아서 찾아오기 위해서는 그들이 필요한 것이 생길 때까지 기다려야 했다.

그런데 1927년에 TV가 발명되었다. 그리고 불과 15년 뒤인 1942년 7월 1일, 브루클린 다저스와 필라델피아 필리스 간의 경기에서 최초의 TV 광고가 전파를 탔다. 당시 뉴욕에는 4000대가 넘는 TV가 있었다. 그날 모든 가족들이 TV 앞에 모여 경기를 관람했다. 그리고 경기 도중에 나오는 최초의 TV 광고를 보았다. 그 광고는 겨우 9초 분량에 비용은 9달러에 불과했는데, 미국 지도 중앙에 부로바 시계의 시계판을 보여주며 광고가 끝났다. 광고 마지막에는 이렇게 말했다. "미국은 부로바 시계로 돌아간다."

그 9초로 인하여 검색 광고search advertising에서 끼어들기 광고interruption advertising로의 이동이 공식적으로 시작되었다. 그날 밤 TV를 보던 사람들은 새 시계를 찾고 있지 않았다. 하지만 광고와 시계 사진을 보면서 그들의 마음과 머리에 욕구의 씨앗이 심어졌다. 사람들은 시계가 필요하지 않았지만 시계를 원했다.

이러한 TV 광고는 오랫동안 고객들에게 욕구의 씨앗을 심었다. 잠재고객의 주목을 끌었고, 기업가들이 팔고 있는 제품의 인지 가치perceived value(어떤 상품에 대해서 소비자가 주관적으로 느끼는 가치—옮긴이)를 고객에게 보여주는 하나의 창을 제공했다. 이 끼어들기 광고는 라디오나 신문, 우편 광고 같은 미디어 유형에서도 나타나기 시작했다. 절차는 간단하다. 청중을 모아 그들을 재미있게 해주거나 교육시키는 것이다. 청중들이 집중하고 있을 때 여러분의 메시지가 끼어든다. 그때 여러분은 청중을 사로잡아 여러분이 팔고 있는 제품과 서비스에 대한 욕구를 생성할 수 있다.

요즘 이런 유형의 끼어들기 광고는 우리 주변에서 매일 일어나지만, 아마도 그런 광고들이 구매 결정에 실제로 미치는 영향이 얼마나 깊은지 여러분은 깨닫지 못하고 있을 것이다. 여러분에게 끼어들기 광고가 전통적인 검색 광고에 비해 얼마나 효과적인지 보여주기 위해 내 친구 트레버 채프먼의 이야기를 들려주겠다.

트레버는 가정집을 돌아다니며 경보 시스템을 파는 영업팀을 운영한다. 당시에는 아마존에 '가정 보안 시스템'을 검색하면 가격 경쟁을 벌이고 있는 수백여 가지의 선택지들을 빠르게 찾을 수 있었다. 경보 시스템이 필요해서 아마존에 가면 대개 가장 싸면서도 높은 평가를 받은 제품을 살 수 있었다. 그때 트레버는 온라인에서 가정용 경보 시스템을 사기 위해 검색하는 사람과 그의 영업팀이 매일 하는 일을 비교했다. 그는 이렇게 설명했다.

"우리는 거리로 나가 문을 두드리고 사람들의 하루에 끼어들지. 몇 분 전만 해도 사람들은 가정용 경보 시스템에 대한 욕구가 없었어. 하지만 우리가 그들의 삶에 끼어들었기 때문에 우리는 프레젠테이션을 할 수 있고 우리의 가정용 경보 시스템의 인지 가치를 보여줄 수 있는 작은 창문이 하나 생긴 거야. 우리의 프레젠테이션은 사람들에게 경보 시스템을 구입하고 싶은 욕구를 일으킬 거야. 그럼 우리는 바로 그때 그 자리에서만 받을 수 있는 특별 제안을 하지. 한 시간도 안 걸려서 아마존에서 구입할 수 있는 199달러짜리 경보기가 아닌, 향후 5년 동안 총 2999달러의 가치가 있는 월간 감시 계약을 따내는 거야."

흥미롭게도 수십 년 전 인터넷이 처음 등장했을 때도 매우 유사한 패턴을 따랐다. 사람에게는 어떤 유형의 욕구가 생긴다. 욕구는 대개 고통에서 벗어나려고 하는 경우일 때가 많다. 그러면 사람들은 곧바로 검색엔진으로 달려가 해결책을 찾아본다. 시간이 흘러 페이스북, 인스타그램 등의 플랫폼을 통하여 우리는 소셜 미디어를 처음 경험하게 되었다. 그리고 1941년 부로바 시계 광고와 마찬가지로 2007년 페이스북은 페이스북 광고를 이용한 최초의 끼어들기 광고를 발표했다. 사람들은 온라인에서 친구와 대화하고, 사진을 올리고, 이미지와 영상에 링

도표 1-7 사람들이 제품을 직접 검색하거나(왼쪽), 스크롤하는 사람들의 시선을 끌기 위해 갑자기 끼어들어 방해할 것(오른쪽)이다.

크를 건다. 그런데 갑자기 광고가 페이스북 피드에 나타난다. 사람들의 시선을 끌고, 여러분의 제품이나 서비스에 욕구가 생기게 하고, 특별한 제안을 한다.

○ **검색의 장점과 단점**: 검색을 기반으로 하는 트래픽의 장점은 이미 구매할 준비가 된 구매 가능성이 높은 사람들이라는 점이다. 이들은 상점으로 걸어 들어오는 사람들이나 전화번호부를 검색해서 전화를 거는 사람들과 비슷하다.

검색 기반 트래픽의 단점은 사람들이 검색만 하지는 않으며 경쟁자들의 제품이나 서비스를 놓고 비교 선택한다는 점이다. 여러분은 주도적으로 품질을 개선하고 틈새시장을 찾아내야 하는 것은 물론, 가격도 주도적으로 조정해야 한다. 검색을 하는 사람들은 그러한 모든 것을 조사하고 있기 때문에 퍼널과 제안에 능숙해지기까지 여러분은 가격을 낮춰 경쟁자들을 이겨야 한다. 하지만 안타깝게도 제품의 가격을 낮추는 것은 좋은 전략이 아니다.

○ **끼어들기의 장점과 단점**: 여러분은 한 사람의 마케터로서 특정한 인물이나 아이디어, TV 쇼, 음악 밴드 등에 관심 있는 사람들을 광고의 대상으로 지정할 수 있다. 그 광고는 여러분이 지정한 사람들에게 끼어들어 방해를 할 수 있고, 짧은 시간 동안 사람들의 시선을 끌어 여러분이 파는 것의 인지 가치를 보여줄 수 있다. 더는 누군가가 여러분을 찾아오길 기다리지 않아도 된다. 먼저 나서서 꿈의 고객들에게 욕구가 생기게 할 수 있다.

소셜 미디어를 기반으로 하는 끼어들기 트래픽의 장점은 사람들의 관심사를 토대로 웜 트래픽warm traffic(브랜드에 대한 인지도가 있는 사람들을 말한다―옮긴이)을 대상으로 삼을 수 있다는 점이다. 따라서 제품이나 서비스의 인지 가치를 기반으로 판매할 수 있다.

소셜 미디어 기반의 끼어들기 트래픽의 단점은 고객이 능동적으로 여러분을 찾지 않기 때문에 고객의 시선을 사로잡아 이야기하고, 제안하는 '후크, 스토리, 제안'에 능해야 한다. 자세한 내용은 3장에서 다룰 것이다.

꿈의 고객 아바타가 누구인지, 그들의 핵심적인 욕구가 무엇인지, 그리고 그들이 고통에서 멀어지고 있는지 혹은 쾌락을 향해 가고 있는지 파악했다. 다음 질문은 '그들이 모이는 곳은 어디인가?'이다. 바로 다음 장에서 배우겠지만 스크롤하는 사람들이 자주 모이는 곳이 있고, 검색하는 사람들을 찾을 수 있는 모임이 있다.

그들은 어디에 숨어 있나? '드림 100'

대학생 시절, 과제를 해야 했지만 주의력결핍 과잉행동장애**ADHD** 때문에 할 수가 없었던 적이 있다. 단지 몇 분 동안이긴 했지만 글을 쓸 수가 없었다. 나는 주변에 쳐다보는 사람이 있는지 확인하고 브라우저의 새 탭을 열었다. 거기에 www.TheMat.com이라고 타이핑을 하고 나니 곧바로 새로운 세상이 펼쳐졌다. 나와 같은 레슬러 수십만 명이 세상을 가득 채우고 있었다. 그곳은 레슬링에 관한 이야기를 나누고, 사진과 영상을 올리고, 다음에 열리는 대규모 토너먼트 대회에서 누가 승자가 될 것인지에 대해 토론하는 우리들의 놀이터였다.

나는 그곳에서 레슬링 기술에 관한 몇몇 글과 영상을 보았다. 그리고 온라인 포럼에 갔다. 아, 나는 포럼이 정말 좋다! 마침 누군가 이런 글을 올렸다. "누가 더 잘하나? 전성기 시절의 댄 게이블일까, 아니면 현재 뛰고 있는 카엘 샌더슨일까?" 나도 의견을 말하고 싶었다. 하지만 앞으로 90분 동안 타임머신을 타고 70년대로 가서 카엘과 댄의 정면승부를 상상하며 어떻게 카엘이 댄을 박살낼 것인지에 관한 답글을 쓰기에는 장벽이 있었다. 다음 날이 논문 마감이었기에 과제를 마칠 때까지 학습실에 처박혀 있어야 했다. 나는 열이 받아서 브라우저를 닫고 의자에 등을 기대고 기지개를 켠 다음 현실로 되돌아왔다.

몸을 뒤로 젖히고서 학습실에 처박혀 있던 다른 레슬러 친구들을 살펴보기 시작했다. 한 60킬로그램급 선수를 힐끗 쳐다보니 얼굴에 미소가 가득했다. 미소? 학습실에서 어떻게 웃을 수 있지? 친구의 얼굴에서 모니터로 시선을 옮기자 그 이유를 알 수 있었다. 그도 역시 TheMat.com에 있었던 것이다. 그리고 댄이 카엘을 이길 것이라고 답글을 쓰고 있었다!

학습실에 있던 다른 레슬링 선수들을 살펴본 뒤 그들이 무엇을 하고 있는지 알아보기로 했다. 화장실에 가는 척하며 일어나서 그들의 책상 뒤를 지나갔다. 먼저 70킬로그램급 선수의 화면을 보았다. 그렇다, 그 역시 TheMat.com을 보고 있었다. 80킬로그램급은? 역시 TheMat.com 이었다! 헤비급 선수는 어떨까? 그는 정말 과제를 하고 있을 거야, 그렇지? 아니었다. 그 역시 TheMat.com을 보고 있었고, 브루스 바움가트너(올림픽에서 두 차례 헤비급 챔피언에 올랐고 네 차례의 메달을 딴 선수)라면 댄과 카엘을 동시에 쓰러뜨렸을 거라는 답글을 달고 있었다.

'뭐라고? 미쳤나? 아니 어떻게 카엘이 브루스에게 진단 말인가….' 그때 어떤 생각이 내 머리를 치고 지나갔다. TheMat.com은 인터넷에 있는 우리의 작은 공간이었다. 학습실에 있던 레슬링 선수 모두가 그 웹사이트에 모여 레슬링에 관한 이야기를 나누고 있었다. 하지만 우리만 있던 게 아니다. 미국 전역에 있는 다른 대학의 레슬링 선수를 비롯해 고등학교 레슬링 선수와 그들의 부모 역시 그 웹사이트에 모여 있었다. 전 세계 수십만 명의 사람이 그곳에 모여 우리가 가장 좋아하는 주제인 레슬링에 관해 이야기를 나누고 있었다.

정말이지, 이것이 진정한 인터넷의 힘이다. 인터넷은 이전에는 불가능했던 방식으로 동호인들을 연결해주었다. 독특하고 때로는 기이한 취미와 관심사를 가진 사람들이 같은 부류의 사람들과 의미 있는 것에 대해 논하게 해주었다.

하지만 언제나 그랬던 것은 아니다. 내가 고등학교에 다닐 때는 TheMat.com이 없었다. 그래서 레슬링에 관한 이야기를 나눌 수 있었던 사람들은 같은 학교에 다니던 몇 안 되는 레슬링부 선수들뿐이었다. 그리고 그런 집단이 레슬링부만 있는 것은 아니었다. 고등학교에는 서로 다른 집단이 많다. 농구, 역도, 육상, 음악 밴드, 카드 게임 등 다양하다. 인터넷이 나오기 전에는 같은 관심사를 가진 사람을 얼마나 많이 찾아낼 수 있는지, 그리고 지리적으로 얼마나 가까운 곳에 있는지에 따라 집단의 규모가 결정되었다.

인터넷 이전 시대에는 마케터가 이러한 소규모 집단에 제품과 서비스를 판매하기 위해 많은 비용을 들였다. 무엇보다도 각 도시마다 내가 파는 상품에 관심을 보일 사람들을 어떻게 찾아 판매 대상으로 삼을 것인가가 문제였다.

샴푸나 진통제처럼 거대한 시장을 가진 상품을 판매해야 한다면 TV에 광고를 내보낼 수 있을 것이다. 그 광고를 보는 사람들 대부분이 머리칼이 있으며 때때로 두통에 시달리기 때문이다. 하지만 레슬링 신발이나 훈련용 DVD를 판매하기 위해 TV 광고를 하기에는, 각 도시에 십여 명에 불과한 선수들이 그 TV 광고를 보기만을 기도하고 있기에는 너무 비용이 많이 들었다.

하지만 인터넷이 모든 것을 바꿔 놓았다. 인터넷 덕분에 내가 다니던 고등학교를 비롯해 전 세계 학교의 레슬링 선수들이 한자리에 모일 수 있게 되었다. 내 꿈의 고객이 레슬링 선수들이고, 내가 그들에게 팔아야 할 제품이 있다면, 매스미디어에 광고 캠페인을 할 필요가 없다. 대신 TheMat.com이나 그들이 모이는 곳으로 가서 돈을 주고 광고를 운영하면 그만이다. 내 광고를 보는 사람들은 모두 레슬링에 관심이 있는 사람이 분명하기 때문이다! 내가 판매하는 제품을 원하지 않거나 필요로 하지 않는 수백만 명에게 광고를 보여주느라 돈을 낭비하는 대신 꿈의 고객들에게만 집중하면 된다. 이런 식의 타기팅targeting은 과거에 꿈의 고객에게 접근하기 위해 써야 했던 액수에 비하면 훨씬 낮은 수준이다. 그래서 우리처럼 작은 규모의 기업도 거대 브랜드와 맞서 경쟁하거나, 때로는 압도할 수 있다.

이 원리는 꿈의 고객이 어떤 사람들이든 무관하게 적용된다. 인터넷 덕분에 꿈의 고객이 모여 있는 모임을 찾는 일은 물통 안에 들어 있는 물고기를 잡는 일만큼 쉬워졌다. 여러분은 그저 물고기가 들어 있는 물통을 찾아 후크를 던지기만 하면 된다. 후크만 좋다면 물통에 있는 사람들을 꺼내 여러분의 퍼널로 데려올 수 있다!

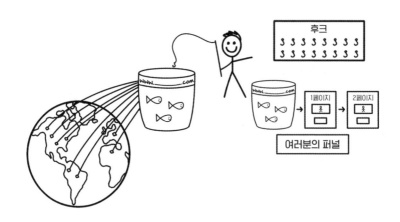

도표 2-1 꿈의 고객을 잡기 위해서는 그들이 모이는 곳에 필요한 수준의 후크를 던지기만 하면 된다.

1장을 이용하여 꿈의 고객의 정체성을 파악했고, 2장을 이용하여 그들이 어디에 숨어 있고 어디에 모이는지 찾아냈다. 레슬링 선수들에게 어떤 제품을 판매하고 싶다면, '어떻게 내 퍼널에 트래픽을 얻을 수 있을까?'라고 물어서는 안 된다. 대신 이렇게 물어야 한다. '내 꿈의 고객(레슬링 선수들)은 어디에 모일까?'

연습
·······

다음은 이 시점에 스스로에게 던져야 하는 몇 가지 질문이다.

- 내 꿈의 고객이 방문하고 있는 최고의 웹사이트는 어디인가?
- 그들이 참여하는 포럼이나 게시판은 어디인가?
- 그들이 참여하는 페이스북 그룹은 어디인가?
- 그들이 페이스북과 인스타그램에서 팔로우하는 인플루언서는 누구인가?
- 그들이 듣는 팟캐스트는 무엇인가?
- 그들이 구독하는 이메일 뉴스 레터는 무엇인가?
- 그들이 읽는 블로그는 무엇인가?
- 그들이 유튜브에서 팔로우하는 채널은 무엇인가?
- 그들이 정보를 찾기 위해 구글에서 검색하는 키워드는 무엇인가?

이 질문들은 꿈의 고객이 어디에 숨어 있는지 알아내는 데 도움을 준다. 이 질문에 대한 답은 쉬울 것이다. 특히 여러분 자신이 꿈의 고객이라면 말이다.

클릭퍼널스를 시작할 때 스타트업 기업인들(나의 꿈의 고객)을 찾는 일은 쉬웠다. 왜냐하면 내가 스타트업 기업인이었기 때문이다! 기존에 내가 가는 곳(내가 어떤 팟캐스트를 듣는지, 내가 읽는 블로그가 어떤 것인지, 내가 구독하는 이메일 뉴스 레터가 어떤 것인지 등)을 살펴보기 시작하자, 곧 미래의 꿈의 고객들이 어디에 숨어 있는지 정확히 알 수 있었다.

꿈의 고객을 정확히 이해하지 못한다면 그들을 찾기 어렵다. 하지만 제대로 이해한다면 이미 고객이 고통을 벗어나기 위해서 모이는 곳과 쾌락을 향하기 위해 모이는 곳을 알고 있을 것이다. 그리고 고객들이 모이는 곳을 안다면, 여러분의 메시지나 후크를 통해 고객들을 퍼널로 끌어들이는 것은 아주 수월하다.

트래픽과 관련된 흔한 오해 중 하나는 트래픽을 '생성create'해야 한다는 것이다. 하지만 그 말은 사실이 아니다. 트래픽(여러분의 꿈의 고객)은 이미 거기에 있다. 여러분이 할 일은 그들이 어디에 있는지 파악하고, 기존 트래픽의 흐름을 활용하여, 그곳에 정확히 몇 가지 후크를 던진 다음, 그중 일부 고객이 여러분을 찾아오게 하는 것이다.

드림 100(일대일)
....

이제 여러분은 트래픽이 생성되는 것이 아니라, 이미 존재하고 있다는 사실을 이해했다. 나는 여러분에게 내 친구 쳇 홈즈에게 배운 '드림 100'이라는 개념을 공유하고 싶다. 그는 베스트셀러인 『판매 전선 이상 없다The Ultimate Sales Machine』에서 이 개념에 대해 상세하게 설명한다. 쳇이 드림 100을 가르치고 이용하는 방식은 나와 약간의 차이가 있지만, 쳇의 모델을 이용하면 여러분의 퍼널로 트래픽이 무한히 몰리게 하는 능력이 생길 것이다.

쳇은 직장 생활 초기에 찰리 멍거의 회사에서 근무했다. 아마 아는 사람도 있겠지만, 찰리 멍거는 버크셔해서웨이에서 워런 버핏의 비즈니스 파트너로 일했다. 쳇은 회사의 법률 잡지에서 광고를 파는 일을 했다. 당시 그들은 겨우 버티고 있었다. 판매 실적이 시장에서 최하위였다. 쳇은 2000곳이 넘는 광고주의 데이터베이스를 이용해 일하고 있었는데, 매일 영업 전화를 돌렸지만 여전히 업계 15개 잡지에서 15번째로 꼴찌였다.

그러던 어느 날 쳇에게 아이디어가 하나 떠올랐다. 2000여 곳의 광고주 중 167곳이 광고 예산의 95퍼센트를 경쟁사와 함께 쓰고 있다는 사실을 발견했다. 그래서 그는 업계의 거의 모든 돈을 쓰고 있는 167곳을 최고의 거래처로 정의했다. 그런 다음 다른 사람에게는 마케팅을 중단하고 167곳의 광고주들에게 시간과 노력을 집중했다. 그의 전략에는 2주마다 두툼한 우편 광고를 보내고, 전화로 확인하는 것이 포함되어 있었다. 쳇은 한 달에 두 번씩 소포를 보내고, 한 달에 두 번 전화를 했다.

이 회사들이 가장 큰 구매자들이었기 때문에 접근하기도 가장 까다로웠다. 이 전략을 따르기 시작한 지 4개월이 되었을 때는 응답자가 '0'이 되었다. 하지만 쳇은 포기하지 않았다.

그런데 4개월이 지나면서 변화가 생기기 시작했다. 쳇은 첫 번째 대형 거래처인 제록스를 손에 넣었다. 그것은 회사 역사상 최대의 광고 구매였다. 6개월이 될 때까지 그는 167곳의 광고주 가운데 28곳을 차지했다. 그리고 28곳의 광고주들과 함께 전년 대비 두 배가 넘는 매출을 올렸다. 그렇게 업계 15위에서 업계 1위가 되었다. 그리고 다음 3년 동안 계속해서 두 배가 넘는 매출을 기록했다. 세 번째 해 말까지 쳇은 드림 100의 167곳 기업을 모두 그들의 잡지에 광고주로 참여하게 했다.

쳇은 이렇게 말한다. "드림 100의 목표는 꿈의 구매자를 '이 회사는 들어본 적이 없어요'에서 '계속해서 듣게 되는 이 회사는 무슨 회사지?', '그 회사 들어본 것 같은데', '그래, 그 회사 들어본 회사야', '맞아, 나 그 회사와 일을 하고 있어'로 바꾸는 것이다."

쳇은 드림 100을 이용하여 '일대일 영업' 기회를 창출하여 그 회사를 성장시켰다. 또한 쳇은 이와 동일한 전략을 이용하여 할리우드에 진출했다. 과거에 그는 〈에밀리의 노래〉라는 시나리오를 썼는데, 그 시나리오를 할리우드에 팔고 싶어 했다. 문제가 있다면 엔터테인먼트 분야에 아는 사람이 없다는 것이었다. 그래서 쳇은 할리우드에서 가장 영향력 있는 인물 100명이 열거된 잡지《프리미어》를 구입했다. 그것은 곧 드림 100 명단이 되었다. 그리고 몇 달이 지나자 쳇은 가수인 리앤 라임스에게 시나리오를 읽게 할 수 있었다. 두 사람은 함께 워너브라더스로 갔고, 시나리오를 팔았다!

드림 100(일대다)
....

쳇 홈즈의 일대일을 위한 드림 100 판매 전략은 소수의 거물급 고객이 필요한 비즈니스 모델일 경우 효과가 강력하다. 하지만 우리는 대부분 단 100명이 아니라 '다수'의 고객을 찾아다닌다. 나는 아주 값비싼 제품을 판매하는 것이 아니었고, 따라서 20달러짜리 제품을 팔기 위해 소포를 보내고 전화를 돌리는 것이 재정적으로는 말이 되지 않는다고 생각했다. 그래서 나는 처음에 드림 100의 개념을 듣고 이해가 가지 않았다. 사실 처음에는 그 개념을 완전히 무시했고 내 비즈니스에는 적용할 수 없다고 판단했다. '어떻게 하면 이 개념을 온라인 비즈니스에 적용할 수 있을까?' 나는 고민했다.

그런데 어느 날 『마케팅 설계자』를 쓰면서, 집필을 모두 마치고 나면 어떻게 책을 팔아야 하는지 고민이 되었다. 나는 내 책을 읽고 싶어 하는 꿈의 고객이 누구인지, 그들이 어디서 모이는지 알아냈다. 그런 다음 목록을 만들어 꿈의 고객들이 모일만한 곳을 모두 적었다. 내가 파악한 목록은 다음과 같다.

- 꿈의 고객이 시간을 보내는 10개 이상의 상위권 웹사이트와 포럼
- 그들이 참여하고 활동하는 15개 이상의 페이스북 그룹
- 그들이 페이스북과 인스타그램에서 팔로우하고 있는 50명 이상의 인플루언서
- 그들이 듣는 30개 이상의 팟캐스트

- 그들이 구독하고 있는 40개 이상의 이메일 뉴스 레터
- 그들이 능동적으로 읽고 있는 20개 이상의 블로그
- 그들이 구독하고 있는 20개 이상의 유튜브 채널

목록을 만든 다음 나는 각각의 채널에 얼마나 많은 구독자와 독자, 팔로워가 있는지 추가했다. 저 목록에만 나의 꿈의 고객이 3000만 명 이상이 있었고, 모두 185가지 이상의 커뮤니티에 모여 있었다. 가슴이 뛰었다! 그리고 나는 그들에게 내 메시지를 전하는 방법을 알아내려고 애썼다. 아이디어를 얻기 위해 브레인스토밍을 했고, 그때 번개처럼 무언가 머리를 스쳤다! 드림 100이었다!

하지만 3000만 명이 넘는 사람들에게 모두 드림 100 캠페인을 할 수는 없었다. 비용이 너무 많이 들기 때문이었다. 하지만 185곳이 넘는 커뮤니티 주인들에게 드림 100 캠페인을 해서 내 책을 그 커뮤니티의 청중에게 홍보해달라고 하면 어떨까? 만일 그중 한 곳과 관계를 맺어 단 한 곳에서만이라도 좋다고 한다면 수백 혹은 수천 명의 새로운 고객이 유입될 수도 있었다!

그래서 나는 생각한 그대로 했다. 185명의 연락처를 찾아낸 다음 책을 출간하는 날 홍보를 도와달라는 부탁의 편지 한 장과 함께 책을 한 권씩 보냈다. 일주일이 채 되기도 전에 답장이 오기 시작했다. 그중 하나는 드림 100 목록에 있는 팟캐스트 진행자가 보낸 것이었는데, 몇 년 동안 그의 팟캐스트를 듣기는 했지만 한 번도 만나본 적은 없었다. 그는 내 책이 정말 좋았다고 말하며 팟캐스트에 출연해 책에 관한 이야기를 나눌 수 있는지 물었다. 나는 곧바로 좋다고 말한 뒤 며칠 뒤 그 팟캐스트에서 인터뷰를 했다. 그는 내 책에 관해 질문했고 사람들에게 내 책이 좋은 이유를 말하며 한 권씩 사라고 했다. 그 에피소드가 올라간 지 일주일도 되지 않아 500권이 넘는 책을 팔았다! 하지만 나는 거기서

멈추지 않았다. 계속해서 드림 100을 팔로우했다. 다른 블로그와 팟캐스트에도 출연했다. 여러 이메일 뉴스 레터에서도 나를 홍보해주었다! 그 결과 185명 가운데 30명 이상이 내 책의 홍보 파트너가 되었다.

내가 실행에 옮긴 두 번째 드림 100 전략(4장에서 더 상세하게 다룰 것이다)은 응답하지 않았거나 내 책을 홍보하려 하지 않았던 사람들에게도 효과가 있었다. 페이스북 같은 광고 플랫폼은 특정한 관심사를 가지고 있는 사람들에게만 광고를 할 수 있게 해준다. 예를 들어 내 드림 100 목록에 있던 토니 로빈스는 내 첫 책을 직접 홍보하지는 않았지만, 내 드림 100 목록에 오른 이후 10년이 지난 뒤에 두 번째 책『브랜드 설계자』를 직접 홍보했다. 하지만 그가 직접『마케팅 설계자』를 홍보하지 않았다 하더라도, 나는 여전히 그가 (당시) 320만 명의 청자들에게 마케팅해주길 바랐다. 그들 역시 내 고객이기 때문이었다. 페이스북에서는 그의 청자들에게만 보이는 광고를 살 수 있었기 때문에, 우리는 그의 청자들에게 내 책 수천 부를 팔 수 있었다!

아주 짧은 기간 동안 10만 권이 넘게 팔렸기 때문에 외부에서 볼 때『마케팅 설계자』의 출간 캠페인 규모가 컸던 것처럼 보였을지도 모르겠다. 하지만 실제로 우리는 185명의 꿈의 고객을 대상으로 마케팅하는 데 집중적인 노력을 기울였을 뿐이다.

최근 푸에르토리코에서 열린 마스터마인드 행사에 참석했는데, 뉴욕타임스 베스트셀러 1위를 차지한『나를 바꾸는 인생의 마법』의 저자인 레이첼 홀리스와 자리를 함께하는 기회가 있었다. 그때 그녀는 새 책『1인 블로거에서 미디어 제국 CEO까지』의 출간을 앞두고 있었다. 나는 이 책을 집필 중이었기 때문에, 그녀가 어떻게 100만 부가 넘게 책을 팔았는지 궁금했다. 나는 그녀에게 판매의 비결을 물었고, 그녀는 이렇게 대답했다.

"우리는 이런 질문을 던졌습니다. '내 여성 독자들이 이미 속해 있는 집단은 어떤 집단일까? 어떤 네트워크 마케팅 회사에 속해 있을까? 어떤 페이스북 그룹, 인스타그램 채널, 어떤 해시태그를 팔로우하고 있을까?' 이러한 것들을 파악하고 나서 그들이 속한 집단의 주인이 누구인지 알아내려고 노력했습니다. 우리와 친구가 되어야 할 사람은 누구일까? 팔로워가 20만 이상인 사람에게 모두 메시지를 보내서 우리가 누구인지 밝히고 이야기를 나눌 수 있는지 물었습니다. 우리의 목표는 집단을 찾아 그들에게 스며드는 가장 좋은 방법을 알아내는 것이었습니다."

드림 100! 그녀가 그렇게 부르지는 않았지만, 드림 100 덕분에 그녀는 역사상 엄청나게 빠른 시간 안에 엄청나게 많은 책을 판 작가 중 한명이 되었다. 이쯤 되면 누군가는 이렇게 생각할 것이다. '당신이나 레이철이 책을 팔 때는 효과가 있었는지 모르겠지만, 내가 파는 제품에는 드림 100이 효과가 없어.' 그만! 이 개념이 자기 비즈니스에는 효과가 없다고 생각하는 사람들이 꼭 있다. 하지만 현실은 다르다. 반드시 효과가 있다. 몇 가지 사례를 더 들어보겠다.

최근 나는 한 팟캐스트에서 건강 보조제 제조 기업인 퀘스트뉴트리션의 창립자 탐 빌리유의 인터뷰를 들었다. 그는 몇몇 친구와 함께 사업을 시작해서 금세 수십억 달러의 기업으로 성장시켰다. 인터뷰 도중 어떻게 기업을 성장시켰느냐는 질문에 탐은 이렇게 대답했다.

"우리는 매우 색다른 방식으로 접근했는데 이것이 사람들의 흥미를 끌었다. 사람들은 상품뿐만이 아니라 우리가 고객을 대하는 방식에도 호감을 느꼈던 것 같다. 우리는 옛날 방식으로 건강 및 피트니스 분야의 인플루언서들을 찾아낸 다음 그들에게 손으로 쓴 편지와 함께 무료 샘플을 보냈다. 이런 방식은 우리가 우리 제품뿐만 아니라 다른 사람들이 성취하려고 노력하는 것을 우리가 이해하고 있으며, 우리가 그들과의 교류에 관심이 있다는 것을 보여준다. 우리는 단지 그들에게 무료 제품을 보내며 '마음에 드시면 사람들에게 말씀해주시고, 혹시 마음에 들지 않으시더라도 사람들에게 솔직하게 말씀해주세요'라고 말했다. 여론을 억지로 이끌려고 하지 않았던 것이 오히려 우리에게 좋게 작용했다. 일부는 정말로 우리 제품을 좋아하지 않아서 좋아하지 않는다고 말했지만, 대다수 사람은 좋아했다. 그리고 우리가 그 커뮤니티가 어떤 곳인지, 무엇을 하는 곳인지 이해하고 있다는 것을 보여준 덕분에 그들은 감사해하며 소문을 퍼뜨려주었다."

탐은 깨닫지 못했지만 드림 100은 이번에도 적중했다! 성공한 기업들 거의 모두가 (때로는 그 사실조차 모른 채) 드림 100을 트래픽 전략의 중심축으로 사용한다. 대다수 사람이 『트래픽 설계자』라는 제목을 들으면 단순히 페이스북이나 유튜브 광고를 운영하는 방법을 설명할 것이라고 생각한다. 그러한 도구들이 좋기는 하지만, 그건 단지 훨씬 큰 전략에 포함된 외부 전술의 일부일 뿐이다.

꿈의 고객들은 이미 드림 100에 의해 모여 있다는 것, 그것이 핵심이다. 그 고객들을 파악하고 그들에게 마케팅하는 데 집중한다면 그들은 다른 무엇보다도 빠르게 여러분의 퍼널로 흘러들기 시작할 것이다.

플랫폼마다 서로 다른 드림 100

몇 년 전 나는 내가 진행하는 팟캐스트 〈차 안에서 마케팅하기〉를 〈마케팅의 비밀〉이라는 브랜드로 이미지를 새롭게 바꾸기로 했다. 나는 충성도가 높은 청취자들이 새 팟캐스트를 계속 청취하게 하는 것은 물론, 그들과 함께 이 팟캐스트를 성장시킬 다양한 방법을 브레인스토밍했다. 처음에는 내가 가지고 있는 트래픽을 이용했다. 이메일을 보내 구독을 부탁했고, 메신저 리스트에 있는 사람들에게 메시지를 보냈고, 페이스북과 인스타그램 등 내가 목소리를 낼 수 있는 모든 곳에 게시물을 올렸다. 내 팬들이 몰려왔고 많은 청취자가 유입되었다. 처음부터 빠르게 성장하자 나는 이것으로 충분하다고 생각했다. 하지만 팟캐스트는 곧 침체 상태가 되었고 점차 방문자가 줄어들기 시작했다. 나는 새로운 프로그램을 시작하면서 실수를 저지른 것이 아닌가 싶어서 완전히 두려움에 떨었다.

팀원 몇 명과 함께 사무실에 앉아서 팟캐스트를 성장시키는 방법과 더불어 사람들과 메시지를 공유하기 위해 할 수 있는 일이 무엇이 있을까 고민했다. 그때 큰 깨달음의 순간이 찾아왔다. 단순하고 명료한 깨달음이었다. 하지만 팀원들에게 머릿속의 그 말을 하고 나니 멍청하게 들렸다.

"팟캐스트를 듣는 사람들은… 음, 그 사람들은 팟캐스트를 듣는다고!" 내가 말했다.

"그렇지요… 음… 무슨 말을 하려고 하는지 잘 모르겠어요, 러셀." 팀원이 대답했다.

"생각해봐. 우리는 인스타그램을 좋아하는 사람들을 애플로 이동시키려는 거야. 우리를 좋아하는 팬들은 우리를 따라왔지만 대다수는 오지 않았지. 왜일까? 왜냐하면 인스타그램에서 활동하는 사람들은 여전히 인스타그램에서 콘텐츠를 소비하는 걸 좋아하기 때문이야. 블로그도 마찬가지야. 우리의 팬들은 우리 블로그를 방문하기 위해서 페이스북을 비롯한 원래 사용하던 플랫폼에서 기꺼이 이동할 거야. 하지만 우리 블로그 최고의 독자들은 다른 블로그를 읽는 사람들이지. 유튜브 영상 보기를 좋아하는 사람들은 유튜브에서 영상 보기를 좋아하고 팟캐스트 듣기 좋아하는 사람들은 팟캐스트를 듣는다고." 나는 어색하게 웃었다. "수많은 시간과 돈을 쓰면 다른 플랫폼에 있는 사람들을 설득해 팟캐스트로 옮길 수는 있을 거야. 아니면 그 시간과 돈을 이미 팟캐스트를 듣고 있는 사람들에게 집중적으로 쓸 수도 있고. 좋은 새 팟캐스트를 찾아내면 사람들은 매일 그걸 들을 거야!"

우리는 이 깨달음을 통해 우리의 꿈의 청취자들이 듣고 있는 다른 팟캐스트들을 통해 드림 100 목록을 만들기로 했다. 또한 내가 언급했던 모든 플랫폼 각각에 우리의 드림 100 목록을 확장했다. 이러한 큰 깨달음을 얻기 전에는 모든 플랫폼의 대규모 통합 드림 100 목록만 가지고 있었다. 우리는 사람들이 그들만의 방식으로 미디어를 소비한다는 사실을 존중하지 않았다. 그리고 사람들은 한 플랫폼에서 다른 플랫폼으로 옮길 수 있지만 그들이 좋아하는 플랫폼에 이미 좋아하는 사람이 있다면 이주할 때의 저항이 훨씬 적다는 것도 알게 되었다.

오프라인 비즈니스는 어떨까?

이 시점에서 여러분 중에 이렇게 생각하는 사람이 있을지도 모르겠다. '그런데 러셀, 저는 온라인에서 책이나 상품을 팔지 않아요. 저는 지역 오프라인 비즈니스를 하고 있는데 온라인에서 리드를 생성하려 시도하고 있어요. 이건 제게 맞지 않아요.' 오프라인 사업을 한다고 해도 걱정하지 않아도 된다. 이 전략은 여전히 효과가 있다. 비록 약간 다르게 봐야 하지만. 오프라인 사업이라면 드림 100 목록을 구축할 때 전국적인 인플루언서보다는 지역 인플루언서를 찾아내야 한다. 예를 들어 지역에서 건강 음료를 판매하는 오프라인 비즈니스 기업가라면 이런 질문을 할 것이다. '나의 꿈의 고객은 누구이며 그들이 모이는 곳은 어디인가?' 그의 꿈의 고객은 건강해지려고 노력하는 누군가일 것이다. 그럼 꿈의 고객을 찾기 위해 지역의 헬스클럽, 건강 음식점, 척추 교정 치료사, 개인 트레이너, 영양사 등의 명단을 만든 다음, 이 명단을 이용하여 드림 100을 구축하기 시작해야 한다.

이 개념이 오프라인 비즈니스에 어떤 효과가 있는지 이 책 전반에 걸쳐 사례를 통해 보여줄 것이다. 하지만 이 개념이 자신에게는 효과가 없을 것이라고 생각하는 사람을 위해 여기서 먼저 짧게 다루려고 한다.

드림 100 리스트 만들기

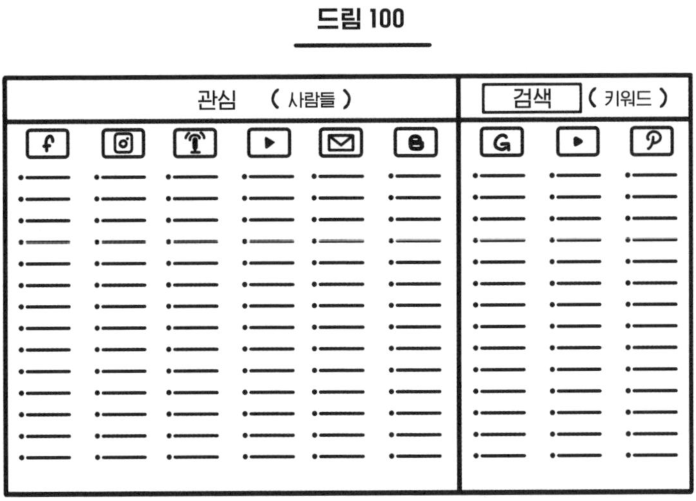

드림 100

도표 2-2 드림 100 워크시트를 인쇄해 사용하고 싶은 사람은 TrafficSecrets.com/ resources에서 다운로드할 수 있다.

다음 단계는 여러분의 드림 100 리스트를 작성하는 것이다. 우리는 앞으로 유료 광고, 무료 트래픽, 합작 벤처에 이르기까지 모두 이 드림 100 토대에서 모든 것을 구축할 것이다. 하지만 어떤 이유에선지 오랫동안 이 개념을 이야기하고 전파했는데도 이 작업을 실제로 해보고 리스트를 만드는 사람은 거의 없었다. 만약 여러분이 나를 일당 10만 달러에 고용한다면, 나는 가장 먼저 여러분과 함께 서너 시간을 들여 이 리스트를 작성할 것이다. 이것은 매우 중요한 일이다. 그러니 절대 그냥 넘어가서는 안 된다! 단순한 일이지만 모든 일의 토대가 되는 일이다! 트래픽을 위한 핵심 토대이자 전체 비즈니스를 위한 핵심 토대다. 왜냐하면 드림 100은 여러분의 제안을 어떻게 포지셔닝하고 여러분의 스토리를 어떻게 이야기할 것인지 파악하는 데 도움을 주기 때문이다.

모임의 두 가지 핵심적인 유형

여러분이 드림 100 리스트를 구축할 때 기억해야 하는 중요한 사항이 몇 가지 있다. 앞서 우리는 꿈의 고객이 여러분을 찾아내는 방법 두 가지에 대해 이야기를 나누었다. 그중 하나는 꿈의 고객이 여러분을 검색하는 것이고, 두 번째는 그 고객들의 관심사에 여러분이 끼어들어 서로 영향을 미치는 것이었다. 꿈의 고객들이 모이는 곳을 식별하려고 할 때 나는 이와 같은 두 가지 구별법으로 접근한다.

관심사에 기반한 모임

첫 번째 유형은 관심사에 기반한 모임이다. 다수의 소셜 네트워크에서는 누군가 가입을 하면 가장 먼저 그 사람이 무엇에 관심이 있는지 알아내려고 한다. 페이스북은 사용자가 플랫폼을 이용할 때 자동으로 약 5만 2000개가 넘는 측정 데이터를 추적한다. 사용자로서는 귀찮은 일이지만 우리 같은 광고주로서는 끝내주는 일이다. 무엇보다 광고주들에게는 사람들이 팔로우하는 관심사를 선택할 기회가 있다.

- 어떤 사람들(인플루언서, 유명인, 사상가, 작가 등)을 팔로우 하는가?
- 어떤 회사를 팔로우 하는가?
- 어떤 영화나 책, 브랜드를 팔로우하고 있는가?

나는 드림 100 표에 주요 소셜 네트워크를 위한 열을 하나 만들었다. 이 책을 언제 읽는지에 따라 엄청난 인기를 누리는 새 네트워크가 등장하거나 더는 존재하지 않는 네트워크가 있을지도 모른다. 따라서 필요에 따라 열을 바꿔야 한다. 가장 중요한 것은 여러분의 드림 100이 이미 팔로우하고 있는 모든 사람, 회사, 활동, 관심사 등의 목록을 만드는 것이다. 먼저 여러분이 가장 좋아하는 소셜 네트워크부터 시작해 해당 네트워크에 대한 20개에서 100개 사이의 드림 100 이름을 적는다. 그런 다음 팟캐스트와 블로그, 이메일 뉴스 레터 등 중요한 유형의 모임을 대상으로 동일한 작업을 수행한다. 최대한 표를 크게 만들어서 바람직하지 않은 고객은 빼버리고 새롭게 찾아낸 이름을 더하여 매년 두세 차례 리스트를 다시 만드는 것이 좋다. 드림 100 관심사에 기반한 열에 최대한 많은 이름을 채워 넣었다면 검색 기반 모임으로 넘어간다.

검색 기반의 모임

누군가 구글이나 다른 검색 플랫폼에 가서 다음과 같은 구절을 쓴다. "살 빼는 법", "긴급 배관공 보이시 아이다호", "최고의 정수 필터" 등. 한 구절을 쓰면 곧바로 똑같은 키워드를 검색하는 사람들의 모임에 들어가게 된다.

내가 감자총을 만들기 전에 알고 싶었던 것은 얼마나 많은 사람이 현재 감자총과 관련된 주제를 검색하고 있는가였다. "감자총", "장난감 감자총", "감자 발사", "감자총 만들기" 등 당시에는 이런 키워드로 한 달에 1만 8000명 이상이 검색하고 있었다. 예전 데이터이므로 지금은 수치가 급격하게 상승했을 수도 있다.

이런 유형의 모임을 검색 기반 모임이라고 하며, 검색은 구글이나 야후, 또는 기타 검색 플랫폼에서 할 수도 있다. Pinterest.com에서는 이미지를 검색할 수 있다. 그리고 Youtube.com에서는 거의 모든 것을 검색할 수 있다!(나중에 유튜브와 몇몇 검색 플랫폼이 어떻게 검색과 관심사 기반 모임의 역할을 모두 할 수 있는지 보여줄 것이다.)

연습
....

드림 100 리스트를 만들기 위해, 여러분이 생각하기에 사람들이 많이 검색할 것 같은 구절을 적어보라. 명단을 정리해놓으면 광고, 검색최적화SEO, 퍼널에 밀어 넣기 등 여러 가지로 활용할 수 있다. 하지만 지금은 최선을 다해 검색어를 적는다. 나중에 혼자 힘으로는 절대 생각할 수 없는 구절을 찾는 데 도움을 주는 소프트웨어 도구에 대해 논의할 것이다. 또 각각의 구절을 검색하는 사람이 얼마나 많은지 알아내는 방법 또한 다룰 것이다. 하지만 여기서는 여러분이나 여러분의 꿈의 고객이 매일 검색할 것 같은 구절을 생각나는 대로 적어보기 바란다.

어디서부터 시작할까?
....

대부분 드림 100 개념을 빠르게 습득한다. 하지만 실제로 100명을 찾으려고 하면 쉽게 끝마치지 못한다. 많은 경우 10명은 채우지만 그 이상은 힘들어 한다.

트래픽은 결국 숫자 게임이다. 100명을 찾아야 하는 이유는, 100명을 찾는다고 해도 그중에 무료로 사람들 앞에 기꺼이 서는 사람은 고작 5명에서 10명 사이이기 때문이다. 그리고 그중에서 우리가 타깃으로 삼을 수 있는 사람은 불과 10여 명일 수 있다. 따라서 반드시 그물을 넓게 펼쳐야 한다.

대규모 리스트를 구축하기 위한 가장 쉬운 방법은 『브랜드 설계자』

에 나오는 3장을 다시 살펴보는 것이다. 거기에서 우리는 세 가지 핵심 시장 혹은 욕망에 대해 배웠다. 여기서 그것이 드림 100과 어떤 연관이 있는지 이해할 수 있도록 빠르게 다시 설명하겠다. 먼저 세 가지 핵심 시장 혹은 욕망(건강, 부, 관계)에서 살펴보자.

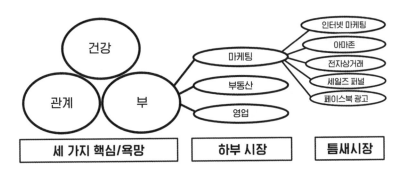

도표 2-3 세 가지 핵심 시장/욕망의 내부에는 하부 시장과 틈새시장이 있다.

각각의 세 가지 시장에는 무한대의 하부시장이 있다. 예를 들면 다음과 같다.

- 부 → 재정, 투자, 부동산, 영업, 마케팅
- 건강 → 영양, 근력 운동, 체중 감량
- 관계 → 결혼 상담, 데이트 서비스, 사랑

각각의 하부 시장 내부에는 틈새시장이 있다. 예를 들어 내 시장이 '부'라면, 내 하부 시장은 '마케팅', 그리고 내가 만들 틈새시장은 '세일즈 퍼널'이라고 할 수 있다.

- 부 → 마케팅 → 세일즈 퍼널

마케팅 하부 시장 내부에 있는 다른 틈새시장으로는 전자상거래나 아마존, 드롭시핑dropshipping(판매자가 재고 관리를 하지 않고 주문을 처리하는 유통 방식—옮긴이), 검색 최적화, 클릭당 지불PPC, pay per click, 페이스북 광고, 온라인 강좌 등을 통한 마케팅이 있을 수 있다. 사실상 인터넷을 이용하여 마케팅하거나 새로운 비즈니스를 만드는 모든 방법이 포함될 것이다.

드림 100을 구축할 때 나는 세일즈 퍼널 등을 파는 사람들은 찾지 않는다. 그러한 사람들과 회사, 키워드 등은 목록에 추가하지만, 내가 진정으로 찾는 사람들은 내 하부 시장 안에 있는 다른 모든 사람, 회사, 키워드다. 이들이야말로 가장 우호적인 트래픽이며 내가 가장 먼저 초점을 맞춰야 하는 이들이다.

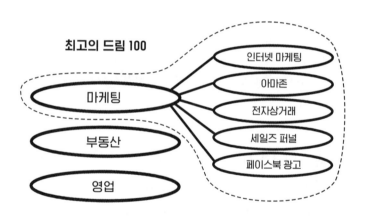

도표 2-4 최고의 드림 100을 찾기 위해서는 틈새시장 외부와 하부 시장에 인지도가 높은 사람들이 있는지 들여다봐야 한다.

내 목표는 드림 100 팔로워들에게 새로운 기회를 제공하는 것이다. 일반적으로 이 목록을 이용하면 드림 100을 수월하게 구축할 수 있다. 하지만 하부 시장 안에 모든 틈새시장을 찾기 어렵다면 스스로에게 이런 질문을 해보자. '사람들은 …(하부시장)으로 …(그들이 바라는 결과)을 하기 위해 어떤 수단을 이용하는가?' 이를 더 상세하게 설명하기 위해 현실 세계의 사례를 살펴보겠다.

- '부'의 핵심 시장에서 하부 시장이 '부동산'인 경우 나는 이렇게 물을 것이다. '부동산 하부 시장 안에서 돈을 벌기 위하여 사람들이 이용하려고 하는 수단은 무엇인가?' 이 질문에 대한 답으로는 투기성 주택 매매, 공매, 도매 등이 포함될 것이다.
- '건강'의 핵심 시장에서 하부 시장이 '체중 감량'일 경우 나는 이렇게 묻는다. '체중 감량 하부 시장에서 탄탄한 복근을 얻기 위해 이용하려고 하는 수단은 무엇인가?' 이 질문에 대한 답에는 키토 다이어트, 채식주의 다이어트, 육식주의 다이어트, 보디빌딩 등이 포함될 것이다.
- '관계'의 핵심 시장에서 하부 시장이 '육아'일 때 나는 묻는다. '육아 하부 시장 안에서 아이들과 좋은 관계를 형성하기 위해 이용하려는 수단은 무엇일까?' 이 질문에 대한 답에는 홈스쿨링, 유아 수화, 방과 후 스포츠 프로그램 등이 포함될 것이다.

각각의 답은 하부 시장 안에 있는 틈새시장이다. 틈새시장에는 여러분이 타깃으로 삼을 수 있는 수십 명의 인플루언서와 회사, 키워드 등이 있다! 하부 시장은 가장 우호적인 트래픽이기 때문에 초기에 드림 100을 구축하는 데 노력을 집중해야 하는 곳이다.

드림 100 워크시트 작성을 마쳤다면 드림 100에 있는 사람들을 퍼널로 끌어들이기 위하여 반복해서 사용할 '후크, 스토리, 제안' 프레임워크를 발견할 준비가 된 것이다.

후크, 스토리, 제안
그리고 매력적인 인물

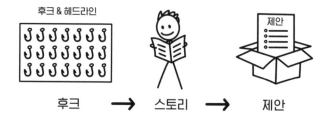

후크 & 헤드라인

후크 → 스토리 → 제안

제안

도표 3-1 좋은 마케팅에는 모두 후크, 스토리, 제안이 있다.

후크, 스토리, 제안

나는 '후크, 스토리, 제안' 프레임워크에 대해서 자주 이야기한다. 이 프레임워크는 온라인에서 물건을 파는 방법의 핵심적인 토대다. 또한 우리가 설정한 모든 퍼널에서 무엇이 작동하지 않는지 분석하는 방법이다. 어떤 광고에 문제가 있다면 원인은 항상 후크, 스토리, 제안 때문이다. 어떤 퍼널에서 전환이 일어나지 않고 있다면 원인은 언제나 후크, 스토리, 제안 때문이다. 후크, 스토리, 제안은 아주 단순하며 또한 내가 가르치는 것 중에서 가장 중요한 프레임워크일 것이다.

『마케팅 설계자』와『브랜드 설계자』에서는 '후크, 스토리, 제안' 이야기에 많은 장을 할애해 거절할 수 없는 제안을 하는 법과 스토리텔링을 하기 위해 사용하는 프레임워크를 충분히 설명한다. 이 장에서 나는 트래픽과 광고와 관련하여 스토리와 제안 이야기를 할 것이다.『브랜드 설계자』는 이러한 개념을 마스터하기에 최고의 길잡이이다. 말이 나온 김에 '후크, 스토리, 제안' 프레임워크에 대해 알아보기로 하자.

○ 후크: 우리는 이제 꿈의 고객이 어디에 있는 정확히 알게 되었으므로, 우리가 할 일은 후크를 이용해 고객의 눈길을 사로잡는 것이다. 다음 장에서 우리는 그 방법에 대해 더 상세하게 이야기하겠지만, 지금은 후크가 무엇인지 이해해야 한다.

후크는 누군가의 시선을 사로잡아 사람들에게 이야기를 들려줄 수 있게 하는 것이다. 우리는 매일 수천 개의 후크를 본다. 모든 이메일의 제목은 잠시만이라도 사람들의 눈길을 끌어 이메일을 읽게 하려는 하나의 후크라고 할 수 있다. 페이스북 피드에 올라오는 포스트, 사진, 영상은 일단 사람들이 참여하게 한 다음 이야기를 들려주고 제안을 하려고 한다. 인스타그램에 올라오는 모든 사진, 유튜브 동영상 섬네일, 블로그 제목은 모두 사람들의 눈길을 끌기 위해 의도된 것이다. 우리는 항상 후크를 본다. 하지만 후크가 무엇인지 정확히 정의하기는 어렵다. 후크는 언어일까? 그렇다고 할 수 있다. 후크는 이미지일까? 그렇다, 그렇다고 할 수 있다. 후크는 영상물의 배경일까? 물론 그렇다. 사람들의 시선을 끌기 위한 모든 것이 후크이며, 후크를 잘 만들어 드림 100에 모인 사람들에게 보여주면 더 많은 관심을 받게 될 것이다.

나는 내 고객이 혼자 있을 때 모습을 상상해본다. 화장실 변기에 앉거나 침대에 눕거나 혹은 소파에 앉아서 휴대전화를 들고 페이스북이나 인스타그램을 훑는 모습을 상상한다. 어떤 후크를 만들어야 사람들이 스크롤을 멈추고 잠시 나의 이야기를 들어줄까? 스스로 어떤 후크에 눈길을 빼앗겨 스크롤을 멈췄는지 주의 깊게 관찰해보라. 왜 멈추었나? 왜 동영상의 재생 버튼을 눌렀나? 후크는 뭐라고 말하고 있었나? 그리고 그 후크를 보고 어떤 기분이 들었나? 이런 질문에 대답하는 것은 훌륭한 후크를 개발하는 데 도움이 된다.

○ 스토리: 후크가 사람들의 눈길을 사로잡으면, 여러분에게는 이제 스토리를 통해 사람들과 소통할 수 있는 작은 창이 생긴다. 여러분이 전하려는 스토리에는 두 가지 핵심 목표가 있다.

• 스토리는 제안의 가치를 높인다. 적절한 스토리를 통해 판매 상품의 인지 가치를 보여줄 수 있으며, 그 스토리는 사람들에게 당장 사고 싶다는 욕구를 불어넣을 것이다.
• 스토리는 '매력적인 캐릭터'와 브랜드와의 관계처럼 여러분과 관계를 맺는다. 누군가가 오늘 무언가를 사지 않는다고 해도, 여러분과 관계를 맺는다면 그 사람들은 여러분의 팔로워가 될 것이며, 여러분의 고객이 될 것이고, 마침내 광적인 팬이 될 것이다. 여러분의 스토리는 사람들이 브랜드와 관계 맺는 것을 도와줄 것이다.

여러분의 인성(또는 『마케팅 설계자』에서 언급된 여러분의 '매력적인 캐릭터')은 성공적인 트래픽 캠페인에 필수적인 요소다. 누구나 한 번은 광고를 통해 물건을 사게 할 수는 있다. 하지만 여러분의 이야기를 들려주고, 청중들과 관계를 맺고, 단지 물건을 파는 게 아니라 실제로 사람들에게 봉사를 한다면 사람들은 지속적으로 여러분에게서 물건을 구매할 것이다. 사람들은 여러분의 지지자가 될 것이고, 여러분의 메시지와 광고를 친구들과 공유할 것이다.

○ 제안: 후크가 고객의 시선을 끌고, 스토리가 욕구를 생성시킨다면, 모든 메시지, 포스트, 이메일, 영상의 마지막 단계는 제안이다. 제안이 늘 사람들에게 좋은 무언가를 사라고 요구하는 것만은 아니다. 제안은 만약 사람들이 이 게시물에 '좋아요'를 누르거나 댓글을 달거나, 팟캐스트를 구독하거나 메일링에 가입하면 그에 대한 보답으로 특별한 것을 드리겠다고 말하는 것처럼 소박한 것일 수 있다. 제안이 좋을수록 여러분이 원하는 것을 누군가가 해줄 가능성은 높아진다.

사람들이 여러분이 바라는 일을 하지 않을 경우, 여러분이 원하는 대로 바로잡는 방법은 제안의 액수를 높이는 것이다. 예를 들어 내가 여러분에게 쓰레기를 치워주는 대신 1달러를 주겠다고 말한다면 여러분은 하지 않겠다고 할지도 모른다. 거기 들어가는 수고가 여러분에게는 1달러의 가치가 없기 때문이다. 하지만 내가 10달러를 제안한다면, 아마도 하겠다고 할 것이다. 만약 1000달러로 올리면 누구에게라도 받아들이기에 좋은 제안이 될 것이다. 여러분의 광고도 마찬가지다. 누군가를 주목하게 해서 이야기를 들려주고 제안을 했는데 여전히 구매하지 않는다면 여러분의 제안이 그들에게는 충분하지 않을 가능성이 크다. 제안의 지각된 가치를 높이기 위해 더 좋은 이야기를 해야 하거나 어쩌면 더 좋은 제안이 필요할지 모른다. 보너스를 더 추가하고, 받는 양을 늘리고, 더 섹시하게 만들어야 한다. 거부할 수 없는 제안이 될 수 있다면 무엇이든 상관없다.

그렇다. 모든 광고에는 후크(스크롤을 멈추게 하는 사진이나 영상 또는 헤드라인)와 스토리(사람들의 관심을 끌고 난 후에 보여주는 것), 제안(일반적으로, 사람들이 광고를 클릭하면 얻게 되는 것)이 있다. 고객들에게 그 제안의 내용을 보여줄 수 있다면 이 책에서 배우는 전략을 잘 활용할 수 있을 것이다.

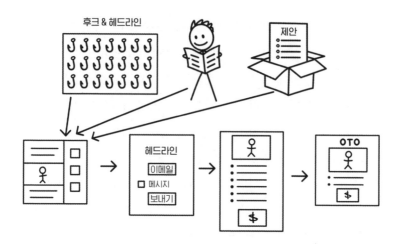

도표 3-2 퍼널의 모든 페이지에는 후크와 스토리, 제안이 있어야 한다.

트래픽 캠페인 중 작동하지 않는 것이 하나라도 있다면 그것은 언제나 후크, 스토리, 제안 때문이다. 랜딩 페이지에서 전환이 일어나지 않는다면 그것은 언제나 후크, 스토리, 제안 때문이다. 웨비나 출석률, 피칭 성공률, 부가 상품 선택 비율, 이메일 오픈 비율이 마음대로 작동하지 않는다면, 그것은 언제나 후크, 스토리, 제안 때문이다. 이 모든 문제를 해결하고 싶다면 더 좋은 후크를 만들고, 더 좋은 이야기를 들려주고, 더 좋은 제안을 해야 한다.

SECRET
4

노력을 통해 개척하기,
돈을 써서 다가가기

클릭퍼널스의 공식 론칭을 불과 몇 주 앞두고 있던 때였다. 지난 12개월 동안 공동 창업자인 토드 디커슨은 매일 수만 줄의 코드를 짜며 시간을 보내고 있었다. 론칭이 한 달이 남았을 때 토드와 또 다른 공동 창업자인 딜런 존스는 코드의 마지막 10퍼센트를 끝내기 위해 달리고 있었다. 마치 아이가 태어나길 기다리는 듯한 열정으로 그들은 매일 새벽 서너 시까지 코딩을 하고 호텔로 돌아가 잠깐 눈을 붙였다. 오전 9시가 되면 다시 회사로 돌아왔다. 나는 결코 이 시절을 잊지 못한다.

코딩에는 재주가 없는 비기술직 공동 창립자인 나는 도움을 줄 수 없었다. 하지만 내가 해야 할 일이 무엇인지 알고 있었다. 판매가 시작되면 회원 등록을 하려고 대기 중인 사람들이 필요했다. 그래서 토드와 딜런이 코딩을 하는 동안 나는 드림 100을 가지고 일을 했다. 이미모든 플랫폼에 대해서 나의 꿈의 고객들인 사람들을 찾아 목록에 추가한 다음 메시지를 보내 내 소개를 했다. 드림 100은 드림 200으로 확장되었고, 다시 드림 500이 되었다. 클릭퍼널스가 서비스를 시작할 준비를 마쳤을 때는 드림 736이었다. 서비스 시작 전날 그 명단을 바라보며 이 사람들이 나의 꿈의 고객들을 이미 모아 놓고 관계를 구축하기 시작했을 것이라고 생각하던 기억이 난다. 나는 그저 이 사람들에게 내 메시지를 전하는 방법만 알아내면 되는 것이었다.

돌이켜보면 불과 5년 만에 얼마나 많은 발전을 해왔는지 놀랍기만 하다. 이 장을 쓰고 있는 이 아침에 클릭퍼널스를 이용하는 월간 유료 회원이 10만 648명을 돌파했다. 그중 대부분은 내가 드림 100 목록에 있던 736명의 팔로워들이다.

2장에서 연습을 하지 않고 온 사람들은 여기서 잠시 앞으로 돌아가 연습을 하기 바란다. 그것이 여러분의 퍼널에 트래픽을 채우는 열쇠다. 여러분이 나를 하루에 10만 달러를 내고 컨설턴트로 고용한다면 내가 가장 먼저 시키는 일이 이것이라는 사실을 잊지 말기 바란다. 내가 이렇게 강조하는 이유는 1년에 수천만, 수억 달러를 벌어들인 기업들이 이 단계를 끝마치는 것을 보았기 때문이다.

1단계 목마르기 전에 우물을 파라
....

여러분은 드림 100을 통해 꿈의 고객을 확보했다. 이제 던져야 할 다음 질문은 다음과 같다. '어떻게 하면 청중에게 내 메시지를 전달할 수 있을까?'

드림 100으로 가는 첫 번째 열쇠는 '목마르기 전에 우물을 파야 한다'는 것이다. 하비 맥케이는 『목마르기 전에 우물을 파라Dig Your Well Before You're Thirsty』에서 만약 그럴만한 가치가 있는 사람과 비즈니스 관계를 맺고 싶다면 거래를 하기 전에 먼저 관계를 형성해야 한다고 설명한다. 기업가들이 드림 100을 시작할 때 저지르는 가장 흔한 실수는 사람들과의 관계 쌓기를 상품 준비가 다 될 때까지 기다린다는 것이다. 나는 누군가가 내 드림 100의 일원이라는 것을 알게 되면 곧바로 우물을 파기 시작한다. 개인적으로 몇 가지 방법이 있다.

먼저 나는 드림 100이 발행하는 모든 것을 구독한다. 드림 100에 속한 사람들이라면 아마 적어도 한 가지 이상의 플랫폼에서 활동하고 있을 것이다. 나는 그들의 팟캐스트를 듣고, 블로그를 읽고, 인스타그램에 올라오는 이야기를 지켜보고, 이메일 뉴스 레터를 구독한다. 아마도 가까운 시일 내에 실제로 그들과 이야기할 기회가 생길 수 있기 때문이다. 드림 100에 있는 사람들과 함께하는 순간이 찾아왔을 때 그들과 대화할 준비가 되어 있도록 준비하기 바란다. 그들의 삶과 그들이 게시한 내용, 관심 있는 주제에 대해 질문하라.

나는 또한 드림 100 사람들이 게시하는 것을 주시한다. 왜냐하면 훗날 내가 그들을 위해 광고를 만들 수도 있기 때문이다. 드림 100의 개별 회원이 팔로워에게 말하는 내용을 알고 있다면 그들의 언어 패턴을 내 메시지의 본보기로 삼을 수 있다.

보통 내가 모든 것을 구독하라고 말하면 사람들은 약간 발끈하다. 왜냐하면 100명의 이메일 뉴스 레터를 구독하고, 100곳이 넘는 팟캐스트를 구독하거나, 인스타그램에서 100명이 넘는 인플루언서를 팔로우하고 싶지 않기 때문이다. 무엇보다도 그것을 관리하려면 몇 시간이 걸리기 때문이다. 하지만 실제로 그 정도 시간은 들지 않는다.

이메일 뉴스 레터의 경우, 나는 새 이메일 주소를 만들어서 드림 100 캠페인용으로 설정한 다음, 그 이메일 주소를 이용하여 구독한다. 그리고 내 메일함이 지저분해지지 않도록 필터를 만들어 사람마다 폴더를 만들어 분류한다. 그러면 내가 특정한 사람에게 전화하거나 메시지를 보낼 때 그 이메일 계정으로 로그인해서 그 사람의 폴더를 클릭만 하면 최근 이메일 수십 통을 금세 볼 수 있고 그 사람이 게시한 것들을 한번에 파악할 수 있다.

나는 또한 두 가지 목적으로만 소셜 앱(유튜브, 인스타그램, 페이스북 등)을 사용한다. 두 가지 목적 가운데 첫 번째는 콘텐츠를 생산하고 발행하기 위해서이고, 두 번째는 내 드림 100을 염탐하기 위해서다. 나는 소셜 앱을 '사교적인' 용도로 사용하지는 않는다. 왜냐하면 그것은 인생을 망치는 가장 빠른 방법이기 때문이다. 농담이다. 인생을 망치지는 않겠지만, 진지하게 말하자면… 지금 이 순간부터는 자신을 소셜 미디어의 '소비자'가 아니라 '생산자'로 바라보아야 한다. 여러분은 콘텐츠를 생산하고 여러분의 드림 100이 각각의 플랫폼에서 무엇을 하는지에 관심을 기울여야 한다. 그게 전부다. 개인적으로 나는 하루에 두 번씩 약 15분 동안 재빨리 각각의 앱을 훑어보며 내가 속한 시장에 무슨 일이 일어나고 있는지 살핀 다음 휴대전화를 내려놓고 다시 생산자로 돌아간다.

드림 100의 콘텐츠를 구독하고 나서 드림 100이 파는 일부 제품을 사본다. 이를 통해 그들의 퍼널을 볼 수 있고, 고객이 볼 수 없는 곳에서 무엇을 파는지 알 수 있다. 이러한 과정을 우리는 '퍼널 해킹'이라고 부른다. 여기서 판매 프로세스를 훑어보면 이 시장이 어떻게 작동하는지 이해하게 될 뿐 아니라, 드림 100이 고객들에게 어떤 유형의 상품을 판매하는지도 알 수 있다. 내가 고객이라면 왜 그들의 제품을 좋아하는지 말할 수 있게 된다. 누군가에게 행복한 고객이라고 말하는 것보다 더욱 빠르게 친밀한 관계를 구축하는 방법은 없다.

세 번째이자 마지막 방법은 내가 드림 100에게 도움을 줄 방법을 찾는 것이다. 명심하라! 나를 위해서 무언가를 해달라고 부탁하는 것이 아니다. 내가 무엇을 줄 수 있는지 알아내기 위해 '목이 마르기 전에 우물을 파는 것'이다. 누군가를 도울 가장 좋은 방법 중 한 가지는 물건을 구매하거나 팟캐스트를 듣거나 블로그를 읽고 다른 사람들과 함께 이야기하는 것이다. 내가 들었던 멋진 팟캐스트나 내가 구입한 물건 이야기를 페이스북이나 인스타그램에 올리면서 사람들에게 사야 한다고 말하며 그 포스트에 해당 드림 100 회원을 참조할 수도 있을 것이다. 이것이 누군가의 시선을 끌고 가치를 제공할 수 있는 내가 할 수 있는 가장 간편한 일이다.

할 일이 많아 보이지만(실제로 많다), 이 과정은 트래픽을 얻기 위한 토대가 될 뿐만 아니라, 시장의 생태계에서 여러분의 위치가 어디인지 알아내는 최고의 방법이기도 하다. 여러분이 이 시장에 제공할 수 있는 색다른 가치는 무엇인가? 드림 100에 있는 사람들이 해결하지 못하는 문제 중에 여러분만이 해결할 수 있는 문제는 무엇인가? 어떤 드림 100 회원들이 유망하며 꿈의 고객에게 무엇을 팔려고 하는지, 어떤 후크를 내놓는지, 어떤 제안을 하고 있는지, 시장에는 어떤 믿음이 있는지 보면, 시장에 어떤 격차가 존재하고 어떤 제안을 해야 하는지 알아낼 수 있다. 최고의 시장 조사가 될 것이다.

우리가 클릭퍼널스를 론칭할 때처럼 나는 방대한 드림 100 리스트를 구축했다. 첫 목표는 목이 마르기 전에 우물을 파는 것이었다. 이는 '노력을 통해 가까워지기' 이전에 해야 하는 핵심적인 단계다. 나는 매우 전략적인 4단계를 통해 시작했다.

○ **1단계(1~14일)**: 나는 드림 100 회원들이 내놓는 콘텐츠를 구독하거나 청취하여 드림 100을 팔로우하기 시작했다. 하루에 두 번, 15분 동안 지난 소셜 미디어를 찾아보면서 드림 100 회원들이 무엇을 하는지 관찰했다. 그들이 게시한 글에 재빨리 댓글을 달고, 내가 생각하기에 특별한 것은 공유하며, 내가 그들을 도와줄 방법을 찾았다.

○ **2단계(15~30일)**: 그리고 드림 100 회원들에게 이메일이나 메시지 등으로 연락해서 대화를 트기 시작했다. 이때, 절대로 어떤 제안도 하지 않으려고 했다. 보수적으로 잡아도 소셜 미디어 플랫폼 전체에 하루에 1000개 이상의 메시지를 받는다. 대부분은 응답하지 말라고 경고하는 마음의 '적신호'가 생길 수 있다.

- 적신호 1: 틀에 박힌 메시지를 보내지 마. 복사해서 붙여넣은 내용을 500명이 넘는 인플루언서에게 보내는 모습을 수없이 봐왔다. 이런 메시지는 답장을 거의 받지 못한다. 각각에게 개인 메시지를 보내지 않을 거라면 아무것도 보내지 않는 게 좋다.

- 적신호 2: 아직 네 이야기를 들을 준비가 안 됐어. 언젠가는 드림 100 회원들이 여러분의 이야기에 관심을 보일 것이지만, 첫 메시지부터 관심을 보이는 사람은 없을 것이다. 아직 서로 돕는 관계가 구축되지 않은 상태에서는 도움을 요청할 수 없다. 먼저 그들을 도와주지 않으면 나중에 가서는 돕고 싶어도 기회가 오지 않을 수 있다.

드림 100 회원에게 데이트 신청을 한다고 생각해보라. 사실 어느 정도는 그렇다고 볼 수도 있다. 그들을 제대로 대접하라. 어떤 관계는 100만 달러의 가치가 될 수도 있다. 지금까지 경고를 뜻하는 적신호에 대해 알아보았다. 다음은 대답하고 싶은 마음이 생기게 하는 '청신호'에 대해 이야기해보자.

- 청신호 1: 어디서 본 적 있어. 대부분의 드림 100 회원들은 자신이 믿는 것을 시간을 들여 게시한다. 여러분은 드림 100 회원들이 시작한 대화의 장에 유의미한 방식으로 능동적으로 얼굴을 비춰야 한다. 그렇게 해서 메일함이나 메시지에서 여러분의 이름을 보게 하고 여러분을 알아볼 수 있게 해야 한다. 이 단계에서는 제품을 파는 것이 아니라 드림 100 회원들에게 여러분을 파는 것이다. 여러분을 좋아하지 않는 사람은 여러분이 파는 물건을 알고 싶어 하지 않는다.

- 청신호 2: 사람들이 나를 칭찬한다. 나는 그것이 얄팍한 칭찬이라는 사실을 안다. 하지만 그것이 중요하다는 사실도 안다. 나는 사람들이 대놓고 칭찬을 하면, 특히 사람들 앞에서 칭찬하면 매우 불편해진다. 하지만

댓글이나 메시지처럼 글로 하는 칭찬은 아주 좋아한다.

- **청신호 3: 철저히 준비하는 사람들.** 미리 준비를 한 사람들은 내가 어떤 사람인지, 무엇에 관심이 있는지 알고 있다. 따라서 대화를 할 때 내게 중요한 일을 묻는다. 사람들이 내 아내와 아이들, 레슬링 등, 내가 열정을 가지고 있는 것에 대해 물을 때 나는 그들을 다르게 이해할 것이고 그들이 누구인지 기억할 것이다.

- **청신호 4: 지금은 아무것도 요구하지 않는다.** 그냥 안 하는 게 좋다. 내 말을 믿으라. 너무 일찍 묻는다면 대답은 언제나 거절이다. 적절한 때가 올 것이다. 하지만 지금은 아니다.

○ **3단계(31~60일):** 드림 100 회원들을 여러분의 팬으로 만들어야 한다. 나는 뭔가를 경험해보지 않은 사람들에게 홍보를 부탁한 적이 한 번도 없다. 클릭퍼널스를 론칭할 때도 드림 100 회원들이 제품을 사용할 수 있도록 아무런 조건 없이 무료 계정을 나눠주었다. 책을 출판할 때도 무료로 책을 보내주었다. 교육을 시작할 때는 무료 수강권을 제공해주었다. 최고의 프로모터는 언제나 당신의 열렬한 팬일 것이다.

드림 100 회원들과 연락을 하고, 목이 마르기 전에 미리 우물 파는 작업을 시작하고 나면, 마침내 드림 100 회원의 청중들에게 두 가지 방법을 통해서 내 메시지를 전달할 수 있다. 내가 직접 트래픽을 '개척하기'와 내가 트래픽을 통제할 수 있는 '유료 트래픽'이다.

2단계 개척하기(내가 획득한 트래픽)
....

크게 기대하던 최신 대형 블록버스터 영화가 개봉한다고 생각해보기 바란다. 마케팅은 일반적으로 대형 블록버스터의 예고편이 유출되

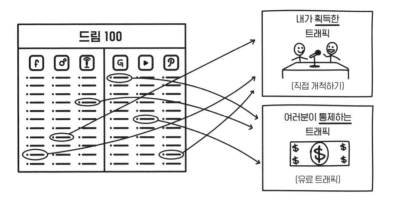

도표 4-1 직접 개척하거나 유료 트래픽을 구입하는 방법으로 드림 100 회원들에게 트래픽을 얻을 수 있다.

면서 시작된다. 그때부터 개봉을 앞두고 있는 다른 영화들 앞에서 예고편을 상영하기 시작한다. 그렇게 마케팅을 하면 대부분의 우리 소비자들은 어떤 영화가 개봉을 하는지 알게 된다. 하지만 그때, 대개 개봉 이후 약 일주일이 지나가면 개봉일에 모든 사람이 영화관에 오게 만든 숨은 마케팅 전략이 시작된다. 개봉하는 날 영화관을 채우지 못하는 영화는 종영할 때까지 실적이 좋지 않은 경우가 많다는 사실을 할리우드는 알고 있다. 그래서 그들은 비장의 무기를 꺼내든다.

할리우드의 숨은 전략이란 무엇일까? 글쎄, 그것은 그냥 여러분이 하는 것처럼 드림 100 전략을 열심히 실천하는 것이다. 할리우드의 전략은 다음 그림과 비슷하다.

여러분은 신작 영화나 TV 시리즈의 첫 방송, 음악 앨범, 책 등을 출간하기 일주일 전에 무슨 일이 일어나는지 알고 있는가? 주연 배우와 가수, 작가들은 어디에 출연할까? 그들은 TV에 출연하여, 후크를 이용하여 호기심을 끌고, 이야기를 통해 욕구를 생성하며, 개봉하는 날 영화를 보러오라는 제안을 한다! 그게 그들이 하는 일이다. 그들은 자신의 드림 100을 이용해서 트래픽을 모은다.

도표 4-2 | 할리우드에서 영화가 개봉하면 배우들은 다양한 TV 프로그램에 출연하여 영화를 홍보한다.

　매일 방송되는 토크쇼에 할리우드 사람들이 출연하는 것은 쉬운 일이지만, 우리 같은 소규모의 기업인들에게는 어려운 경우가 많다. 하지만 희소식은 드림 100을 활용하면 전국 방송의 대형 프로그램에 출연하는 것만큼이나 큰 영향력을 행사할 수 있다는 것이다. 이러한 프로그램들은 다양한 부류의 사람들이 출연하지만 특정한 시청자를 대상으로 삼고 있지는 않다. 반면 드림 100을 이용하면 여러분의 제품이나 서비스를 구매할 가능성이 있는 사람들만 여러분의 인터뷰를 보게 할 수 있다.

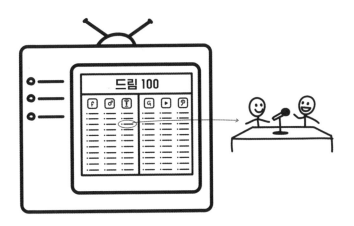

도표 4-3　드림 100 회원들의 프로그램에 출연하여 그들과 가까워질 수 있다.

『마케팅 설계자』를 출간했을 때 유료 광고(즉, 돈을 써서 드림 100 회원들에게 다가가기)에 많은 돈이 들어갈 것이라고 생각했다. 한편으로는 초기에 트래픽이 많이 찾아오기를 바랐다. 나는 먼저 수십 명의 팟캐스트 진행자, 블로거, 이메일 뉴스 레터 운영자, 인플루언서 등 드림 100에 올라와 있는 사람들에게 모두 책을 보냈다. 그들이 책을 읽고 마음에 들면 팔로워들에게 홍보해주길 기대한 것이다. 며칠 뒤 나는 등기우편(이메일을 보낼 수도 있었지만 주목을 끌고 싶었다)을 보내, 책이 마음에 들었다면 출간 일에 책을 홍보하는 데 도움을 주면 좋겠다고 말했다. 심지어 그들이 책을 팔 때마다 한 권에 20달러씩 기꺼이 줄 생각도 했다. 다행히 책을 읽자마자 홍보에 도움을 주려는 드림 100에서 반응이 오기 시작했다. 한 팟캐스트 진행자는 책이 마음에 든다며 인터뷰를 하고 싶다고 했다. 인터뷰는 출간 일에 맞춰 게시하고 싶다고 말했다. 우리는 책을 출간하기 몇 주 전에 인터뷰를 녹음했고, 출간하는 날에 그의 팟캐스트에도 게시됐다. 그 인터뷰 하나만으로 우리는 책을 500권 넘게 팔았다! 나의 드림 100 회원들 덕분이었다! 그리고 우리는 다양한 플랫폼에서 홍보를 도와주겠다는 사람들을 확보했다. 출간 첫 주에 우리는 수만 권을 팔았고, 오늘날까지도 계속 베스트셀러에 올라 있다.

『브랜드 설계자』를 출간했을 때 우리는 똑같은 전략을 한 단계 높은 수준으로 써보고 싶었다. 우리는 책 표지 디자인을 받자마자 드림 100 회원들에게 한 권씩 보냈다. 책 안에는 오로지 백지만 있었다. 아직 집필을 시작하지도 않았지만, 내가 또 다른 책을 쓰고 있다는 사실을 알리고 싶었다. 출간 날짜가 다가올 때는 기대감을 올리려고 4장까지 쓴 책을 보냈다. 그리고 초고가 나오자마자 또 한 권을 보냈다. 이들은 나와 함께 책을 만들어가는 경험을 할 수 있었다.

책이 출간되기 약 한 달 전에는 할리우드의 유명 인사들이 영화가 개봉할 때 그러는 것처럼 '가상 도서 투어virtual book tour'를 하기로 했다. 나는 드림 100 회원들에게 그들의 플랫폼에서 인터뷰할 수 있는지 물었다. 다음은 이것이 효과가 있었던 사례다.

토니 로빈스는 약 10년 전 내 드림 100 목록에 최초로 올라간 사람이다. 정말 긴 이야기지만 짧게 요약하자면, 그의 『내면의 힘을 발휘하라Unleash the Power Within』 출간 행사 도중 그를 직접 만날 기회가 있었다. 그때 나는 그의 비즈니스 행사에서 연설을 했다. 그렇다. 나는 10년 전부터 우물을 파고 있었다. 나는 그의 부탁이면 어떻게든 도움을 주려고 노력했다. 그리고 『브랜드 설계자』를 탈고했을 때 마침내 토니에게 무언가를 해달라고 부탁하기로 했다. 나는 토니의 페이스북 페이지에서 내 책에 관해서 나를 인터뷰해줄 수 있는지 물었다.

여기서 가장 중요한 것은 내 페이지에서 그를 인터뷰하고 싶지 않았다는 것이다. 그렇게 하면 당시 내 팔로워들만 인터뷰를 볼 것이었기 때문이다. 그가 자신의 페이지에서 나를 인터뷰한다면 당시 그의 팔로워 320만 명이 인터뷰를 볼 것이었다! 토니도 동의했다. 우리가 인터뷰를 시작했을 때, 1500명 이상이 생방송으로 지켜보았다. 인터뷰가 끝났을 때 그 영상으로 연결되는 광고를 내 돈으로 구입할 수 있는지, 그리고 광고비를 내는 것 외에도 그가 파는 책에 대해서 모두 권당 20달러의 수수료를 지불해도 괜찮은지 토니에게 물었다. 나는 토니에게 큰 이득을 주려고 했다. 토니는 좋다고 말했다. 우리 책이 출간되는 한 주 동안 토니의 팬들은 그 인터뷰를 280만 번이나 봤다! 그 이후 조회 수는 총 310만 번에 달했다. 이 모든 성과가 내 드림 100 회원 중 단 한 사람에게서 나온 것이었다.

나는 결국 온갖 플랫폼에서 무수히 많은 인터뷰를 했고, 책을 출간했던 한 주 동안 『브랜드 설계자』를 7만 권 넘게 팔았다(《뉴욕타임스》 베스트셀러도 첫 주에 1만 권 정도 팔린다)! 이것이 우리가 드림 100 회원

도표 4-4 토니의 페이스북 페이지에서 인터뷰한 결과 나는 토니의 어마어마한 청중들 앞에 설 수 있었다. 이 영상 한 편의 조회 수만 310만 번이 넘었다.

의 청중들을 통해 성과를 올리는 방식이다.

홍보에 인터뷰만 있는 것은 아니지만, 인터뷰가 이 개념을 설명하기 가장 쉬운 방법이라고 생각한다. 내 드림 100 회원 중에는 이메일 뉴스 레터를 운영하는 사람이 많으며, 그들 역시 이 책을 추천하는 이메일 을 통해 책을 홍보해주었다. 리뷰를 써준 사람도 있었고, 블로그에 올 려준 사람, 인스타그램에서 책에 대한 이야기를 해준 사람도 있었다. 모두 다양한 방식으로 자신의 플랫폼에 게시해주었다. 나는 그들이 가 장 편안한 방식을 선택하게 했다.

이 개념은 단순한 출시 전략이 아니다. 비즈니스의 일부가 될 수 있 고 그래야만 한다. 나는 요즘에도 나를 게스트로 초대하는 플랫폼에 서 매달 여러 차례의 인터뷰를 한다. 처음에는 적어도 일주일에 두 번 을 목표로 하는 것이 좋다. 많아 보일지도 모르지만 그렇게 하는 것이 여러분의 퍼널에 잠재고객이 찾아오게 하는 방법이다. 일반적으로 인 터뷰를 마칠 때쯤에는 내가 지금 어떤 일을 하고 있는지 혹은 더 많은 정보를 얻으려면 어디로 가야하는지 진행자가 물을 것이다. 그때 나는 우리가 가장 집중하는 퍼널을 알려준다. 어떤 경우는 내 책을 공짜로 받아보게 하고 어떤 경우는 클릭퍼널스 무료 사용권을 주거나 내 팟캐스트를 구독하라고 말한다.

이것은 항시적인 트래픽 전략이 될 수 있고 되어야만 한다. 이렇게 자연스럽게 '획득한 트래픽'은 거의 모든 형태의 유료 트래픽보다 전환율이 높다. 확장하기는 어렵지만 가장 인기 있는 최고의 구매자는 드림 100 회원들의 추천에서 나온다.

우리는 이것을 '획득earned 트래픽'이라고 부른다. 대개 돈을 주고 사온 트래픽이 아니라 시간을 투자해 얻어낸 트래픽이기 때문이다. 사업을 새로 시작해서 광고 예산이 없는 사람들에게 나는 언제나 획득 트래픽을 추천한다. 나는 처음 8년 동안 전적으로 획득 트래픽에 의존했다. 내 드림 100 리스트를 활용하여 그들의 청중들 앞에 섰고, 그들의 지지를 받아 내 퍼널로 트래픽을 유도했다.

충분한 예산으로 시작해서 이 부분을 건너뛸 수 있다고 생각하는 사람들은 주의해야 한다. 유료 트래픽을 이용하면 훨씬 빠르게 시작할

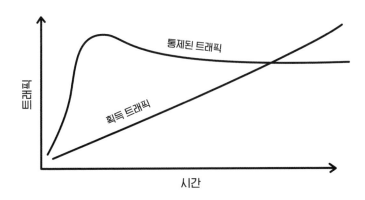

도표 4-5 통제된(유료) 트래픽은 일반적으로 빠르게 증가하지만 쉽게 사라지고 만다. 획득한 트래픽은 유료 트래픽보다 느리게 증가하지만 시간이 흐르면서 점점 성장한다.

수 있지만, 광고를 그만두는 순간 트래픽은 유입되지 않는다. 반면에 꾸준히 트래픽을 획득하려고 애쓴다면 트래픽은 멈추고 싶어도 멈출 수 없는 수준까지 이르게 된다.

2부에서는 우리가 활용하게 될 각 플랫폼에 대해 상세하게 살펴볼 것이며, 획득 트래픽을 얻는 방법을 구체적으로 설명할 것이다. 지금은 획득 트래픽의 기본적인 개념과 작동 방식을 이해하기 바란다. 이제 트래픽의 다른 유형인 '통제된 트래픽'으로 넘어가도록 하겠다.

3단계 돈을 주고 원하는 것을 얻기(통제된 트래픽)

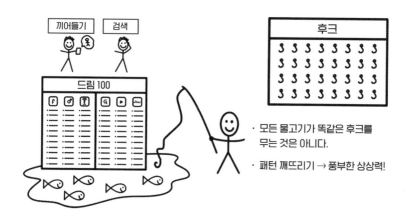

도표 4-6 드림 100 회원들과 관계를 구축하는 동안 트래픽을 구매할 수 있다.

세상이 완벽하다면 드림 100 회원들이 모두 나를 도와 그들의 플랫폼에서 매일 나를 홍보해줄 것이다. 트래픽은 무한할 것이며 광고를 구입하는 데 돈을 쓰지 않아도 될 것이다. 비즈니스가 식은 죽 먹기처럼 쉬워질 것이다. 안타깝지만 비즈니스는 그런 식으로 돌아가지 않는다. 일반적으로 드림 100 목록에 있는 100명에게 연락을 하면 대개 약

30명이 도와주겠다는 답변을 한다. 그리고 보통 10명 정도가 홍보에 실질적인 도움을 준다. 너무 바쁘거나, 안 좋은 일로 정신이 없거나, 또는 경쟁 제품을 판매하는 경우도 있다. 솔직히 말하자면 여러분을 경쟁자로만 보거나 그냥 싫어할 수도 있다. 상관없다. 그 사람들이 공짜로 홍보해주지 않는다고 해서 청중 앞에 설 수 없다는 뜻은 아니다. 유료 트래픽을 이용하면 된다. 내가 처음 시작할 때는 이러지 않았다. 드림 100 회원들이 거절하면 다른 선택지는 없었다. 하지만 지금은 페이스북과 거의 모든 소셜 플랫폼에서 드림 100 회원들의 팔로워들에게 직접 광고를 보여줄 수 있게 되었다. 이제 나는 우물을 파서 사람들과의 관계를 구축하는 동시에 유료 광고를 이용하여 청중에게 다가간다. 내가 이렇게 하는 데는 몇 가지 이유가 있다.

첫째, 더 빠르기 때문이다. 유료 광고는 즉각적인 피드백을 받을 수 있다. 광고를 시작하고 나서 몇 분 이내에 사람들을 내 퍼널에 유입시킬 수 있다. 둘째, 서로 다른 후크를 테스트할 수 있고, 각각의 드림 100 회원의 청중들이 무엇을 클릭하는지 볼 수 있다. 셋째, 드림 100 회원들의 90퍼센트는 절대로 적극적으로 나를 홍보하지 않을 것이다. 하지만 나는 여전히 그들의 청중 앞에 서고 싶다. 유명인이 홍보하는 것만큼 효과가 크지는 않겠지만 차선은 되기 때문이다. 넷째, 유료 광고는 한 기업을 빠르게 키우는 방법이다. 내가 만드는 퍼널에서 가장 중요하게 생각하는 목표는 '손익분기점break-even'에 도달하는 것이다. 유료 광고에 1달러가 들었을 경우 최소한 1달러를 돌려받아야 한다. 이것은 내가 『마케팅 설계자』에서 공유했던 가장 큰 비밀이며, 클릭퍼널스를 출시하면서 입증된 것이다.

클릭퍼널스를 시작한 지 약 1년이 지나자 처음으로 우리에게 자금을 지원하려는 대형 벤처 캐피털 회사가 찾아왔다. 나는 그들이 어떤 생각을 하는지 알고 싶어서 그 회사의 파트너 한 사람과 점심을 함께

했다. 함께 식사하면서 그는 내가 수없이 들었던 질문을 던졌다.

"고객 한 사람을 얻는 데 드는 비용은 얼마나 되지요?"

나는 그가 내 대답을 이해하지 못하리라는 것을 알고 있었기에 미소를 지었다. 그런 다음 이렇게 말했다.

"글쎄요, 우리는 무료 시험판 클릭퍼널스를 얻기 위해 약 250달러를 지불했습니다. 하지만 그 광고를 중단했습니다."

"잠깐만요, 뭐라고요? 그건 정말 대단한 고객획득비용CPA, cost per acquisition인데요! 그 수치가 정말 맞다면, 여러분에게 1000만 달러를 주면 4만 명의 회원을 더 추가할 수 있습니다. 그러면 가치가 올라갈 뿐만 아니라 나중에 또 다른 자금을 지원받을 수 있습니다!"

나는 약간 더듬거리다가 이렇게 설명했다.

"우리가 광고를 중단한 이유는 제 돈으로 광고비를 지불하고 있기 때문입니다. 저는 4만 명의 회원을 얻기 위해 1000만 달러의 빚을 질 여유가 없습니다. 제가 데려오는 고객들은 모두 첫날부터 수익성이 있어야 합니다."

그런 다음 나는 그에게 『마케팅 설계자』의 퍼널을 보여주며, 책 한 권을 파는 데 광고비가 평균 23달러가 들어가는 반면, 우리는 실제로 책을 구입한 사람들로부터 벌어들이는 돈이 평균 37달러라고 설명했다.

"잠깐만요, 그건 말이 되지 않는군요. 어떻게 공짜 책 한 권으로 37달러를 벌어들이죠? 배송비 7.95달러만 받잖아요."

"그게 퍼널의 중요한 비밀입니다. 사람들은 책 한 권을 살 때 제게 7.95달러를 지불합니다. 하지만 저는 책을 산 사람들에게 책보다 더 비싼 강의를 상향판매upsell합니다." 나는 웃으면서 말했다. 그리고 계속해서 더 상세하게 개념을 설명했다.

나는 지금 여러분에게도 같은 설명을 하려 한다. 숫자만 있으면 복

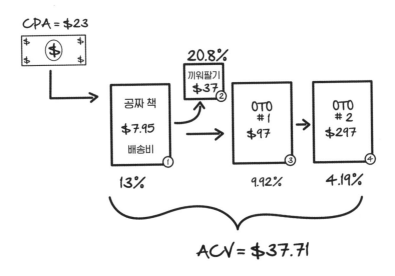

도표 4-7 퍼널에서 고객에게 여러 번의 구매 기회를 제공하면 일반적으로 손익분기점을 넘기거나 소폭의 이익을 얻게 된다.

잡해서 헤맬 수 있으므로 최대한 간단하게 4단계로 나누어 고객이 거쳐 가게 했다. 반드시 도표 4-7을 참고해서 '고객당 평균 매출액ACV, average cart value'이 어떻게 작동하는지 파악될 때까지 다음에 나오는 내용을 여러 번 읽어야 한다.

- 제품: 책을 한 권 살 때마다 우리는 7.95달러의 수익이 발생한다.
  - 고객당 평균 매출액: 7.95달러
  - 고객 한 사람을 얻기 위해 23달러를 지출했으므로 마이너스 값이 된다: -15.05달러

- 돌출 주문서Order Form Bump(끼워팔기 주문서라고도 한다): 주문 양식에서 오디오북을 상향판매했고, 고객 중 20.8퍼센트가 37달러짜리 제품을 주문에 추가했다.

- 구매자당 새롭게 추가된 금액

  37달러×20.8퍼센트=7.70달러

- 총 고객당 평균 매출액: 7.95달러+7.70달러=15.65달러

- 광고에 23달러를 지출했으므로 마이너스 값이 된다: -7.35달러

· OTO 1: 구매자가 주문을 마치면 즉시 두 가지 특별 상향판매 중 첫 번째가 나타난다. 이것을 '원타임 오퍼OTO, one-time offer'라고 한다. 우리의 첫 OTO는 책에서 배우는 것을 구현하는 데 도움을 주는 97달러짜리 온라인 강의다. 이 첫 번째 OTO는 신용카드 정보를 다시 입력하지 않아도 클릭 한 번으로 주문서에 추가할 수 있으며 9.92퍼센트의 주문이 구매로 전환된다.

- 구매자당 새롭게 추가된 금액

  97달러×9.92퍼센트=9.62달러

- 총 고객당 평균 매출액: 15.65달러+9.62달러=25.27달러

- 광고에 23달러를 지출. 마침내 수익이 발생했다: 2.27달러

· OTO 2: 그런 다음 우리는 퍼널에 트래픽이 모이게 하는 방법에 관한 강의를 297달러에 판매하는 두 번째 OTO를 제안했다. 원클릭 상향판매를 이용한 이 두 번째 OTO의 전환율은 4.19퍼센트이다.

- 구매자당 새롭게 추가된 금액: 297달러×4.19달러=12.44달러

- 총 고객당 평균 매출액: 25.27달러+12.44달러=37.71달러

- 고객당 23달러를 지출했지만 평균 매출액이 37.71달러이므로 퍼널로 들어오는 새 구매자당 14.71달러의 순이익이 발생했다.

"그러므로 모든 주문을 더하면 판매된 책 한 권당 평균 37.71달러의 매출액이 발생했습니다! 우리는 이 수치를 '고객당 평균 매출' 혹은

'ACV'라고 부릅니다. 고객이 책을 산 뒤에 우리는 이메일이나 리타기팅retargeting, 메신저 등 기타 도구를 통한 새로운 후속 퍼널을 이용하여 이후 90일 동안 고객들에게 클릭퍼널스를 소개했습니다. 우리의 소프트웨어를 보여주기 전에 퍼널을 이용하여 수익성 있게 고객을 확보했기 때문에, 핵심 제품을 소개하기도 전에 고객을 먼저 확보하고 수익을 올렸습니다. 이것이 우리가 외부의 자금 없이 빠른 속도로 성장하게 된 이유입니다."

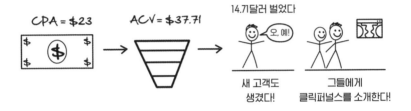

도표 4-8 사용자에게 제안하는 방법으로 우리는 공짜(때로는 수익을 올리면서)로 고객을 유치할 수 있다. 그런 다음 고객들에게 클릭퍼널스를 소개한다.

그는 자리에 가만히 앉아 있다가 이렇게 말했다. "말씀하신 것이 사실이라면 우리의 비즈니스가 영원히 바뀔 겁니다."

나는 미소를 지으며 말했다. "그렇습니다. 이것이 제가 세상에 전해야 할 메시지입니다."

그런데 한 기업을 빠르게 확장하는 방법은 실제로 두 가지밖에 없다. 첫 번째는 외부 자금을 유치하여 그 돈으로 다른 기업을 인수하거나 돈을 주고 고객을 얻는 것이다. 하지만 이 방법은 너무 느리고 비효율적이기에 나는 추천하지 않는다. 나는 이 전략을 스테로이드를 이용해서 보디빌딩 대회 우승을 차지하는 것과 같다고 생각한다. 그렇다. 우승하더라도 사람들을 속인 것이다.

한 기업을 확장시키기 위한 더 좋은, 더 현명한, 그리고 더 효율적인 방법은 수익성 있는 퍼널을 만들어서 최대한 많은 돈으로 유료 광고를 하는 것이다. 최소한 손익분기점을 맞출 수 있는 퍼널이 있다면, 광고 예산이 없어도 고객을 확보하기 위해 돈을 들이지 않고도 원하는 만큼 많은 돈을 쓸 수 있다.

아직도 혼자서 이런 질문을 하고 있을지도 모르겠다. '통제된 트래픽과 획득한 트래픽 중 어느 쪽이 좋을까? 개척해서 얻어낸 트래픽이 좋은가, 돈을 주고 산 트래픽이 좋을까?' 해답은 '두 가지 모두 회사의 장기적인 성공에 반드시 필요하다'는 것이다. 유료 광고에만 집중한다면 광고를 구입한 네트워크에 크게 의존하게 된다. 구글이나 페이스북의 슬랩으로 하룻밤 사이에 회사의 운명이 갈릴 수도 있다. 획득한 트래픽에만 의존한다면 여러분의 메시지를 시장에 전달하기 위해 다른 사람에게 전적으로 의존하게 되는 것이다.

이러한 두 가지 유형의 트래픽을 혼합하는 것이 회사의 견고한 토대를 구축하는 데 핵심적인 역할을 한다. 하지만 획득한 트래픽과 통제된 트래픽 모두를 능가하는 다른 유형의 트래픽이 여전히 존재한다. 한 가지만 선택해야 한다면 나는 언제나 이 세 번째이자 마지막 트래픽을 선택할 것이다. 그것은 여러분이 소유한 트래픽이다.

여러분이 소유한 트래픽

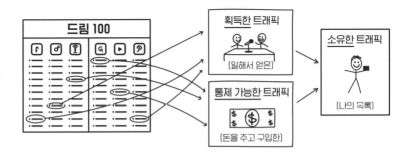

도표 5-1 획득 트래픽이나 통제 트래픽 모두 좋지만, 내가 소유한 트래픽이 최고다.

단 하나뿐인 진정한 비즈니스의 비밀: 리스트 구축하기

온라인 기업의 대규모 인수 합병에서 기업들이 어떤 회사를 사들이
는지 보는 일은 흥미롭다. 2005년 9월 이베이는 스카이프를 26억 달러
에 샀다. 당시 이베이는 매우 큰 온라인 사이트 중 하나였고, 개인적으
로 볼 때 이베이의 개발팀은 세계 최고였다. 이베이가 스카이프를 복
제하여 더 좋은 제품을 만드는 것은 그리 어렵지 않은 일이었을 것이
다. 하지만 이베이가 원한 것은 225곳의 국가에 있는 5400만 명의 회원
이었다. 회원의 수는 날마다 15만 명씩 증가하고 있었다.

최근에는 페이스북이 인스타그램을 10억 달러에 인수했다. 페이스

북이 인스타그램을 인수한 데는 인스타그램의 개발팀을 인수하여 시장에 진출하는 속도를 높이는 등 여러 가지 이유가 있지만, 주요한 이유는 인스타그램의 회원 명단을 얻을 수 있기 때문이다.

작은 규모의 회사에서도 비슷한 현상을 볼 수 있다. 리스트는 온라인 시장에서 성공과 실패를 가르는 열쇠다. 이것이야말로 가장 좋은 트래픽, 여러분이 소유한 트래픽이다. 이 글을 쓰고 있는 현재 내 이메일 리스트에는 160만 명의 기업가들이, 메신저 리스트에는 수십만 명이, 소셜 리스트에는 100만 명이 넘는 사람들이, 픽셀 리스트에는 수천만 명이 있다.

사실 통제 가능한 트래픽이든 획득한 트래픽이든 나의 유일한 목표는 그 트래픽을 내가 소유한 트래픽으로 전환하는 것이다. 내가 광고를 구입해 진행할 때, 당연히 상품을 파는 것이 중요하지만, 더 중요한 것은 광고를 클릭한 그 사람들을 내 리스트에 올려야 한다는 것이다. 내 광고를 클릭하고 내 이메일 리스트에 가입을 하면 나는 그들에게 원하는 만큼 자주 공짜로 이메일을 보낼 수 있다. 내가 획득한 트래픽도 마찬가지다. 나는 사람들의 정보를 얻어내 내 리스트에 올릴 수 있

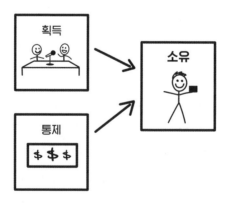

도표 5-2　내가 소유한 트래픽을 이용하면 내가 원하는 때에 리드와 고객의 정보를 얻을 수 있다.

는 퍼널로 인도하고 싶다. 그런 식으로 나는 계속해서 그 사람들과 관계를 유지한다.

이러한 이유로 4장에 나오는 손익분기 퍼널의 개념이 중요한 것이다. 내가 통제하고 획득하는 트래픽 모두 언제나, 방문객에게 이메일 주소를 입력하거나 메신저 리스트를 구독하라고 요구하는 '시작front-end 제안'으로 이어진다. 그런 식으로 나는 통제하는 트래픽이나 획득하는 트래픽에서 내가 소유하는 트래픽으로 전환해 공짜 마케팅을 계속할 수 있다.

『마케팅 설계자』에서는 다양한 유형의 퍼널을 상세하게 다루고 있다. 이 책에서는 시작 제안을 이용하여 클릭을 트래픽으로 전환하는 방법을 보여줄 것이다. 내가 통제하는 트래픽과 내가 획득하는 트래픽 모두 일종의 CTA^Call to Action를 통해 고객을 시작 제안의 손익분기 퍼널로 밀어넣는다. 예를 들어 어느 팟캐스트 마지막에 세 가지 서로 다른 CTA를 사용하여 사람들을 나의 퍼널로 오게 할 수 있을 것이다.

○ 리드 퍼널을 사용하는 경우: "모든 청취자에게 제 전자책『마케팅 설계자 블랙북』을 무료로 드리고 싶습니다. 이 책에서는 여러분의 비즈니스와 인생을 변화시킬 수 있는 99가지 마케팅 비법을 배울 수 있습니다. MarketingSecrets.com/blackbook에서 무료로 다운로드할 수 있습니다."

리드 퍼널을 이용하면 고객들이 이메일 주소를 제공한 대가로 무언가를 공짜로 줄 수 있다. 우리는 공짜로 나눠주는 것을 리드 마그넷lead magnet이라고 부른다. 왜냐하면 꿈의 고객들이 좋아할 만한 무언가를 만들면 자석처럼 리드를 끌어당길 것이기 때문이다. 이러한 유형의 퍼널에서는 아무것도 팔지 않지만, 일단 명단에 올라오면 후속 퍼널을 통해 이익을 올릴 수 있다.

도표 5-3　나의 리드 퍼널에서는 『마케팅 설계자 블랙북』 전자책을 공짜로 나눠준다.

○ 공짜 책 퍼널을 사용하는 경우: "방금 저의 새 책 『브랜드 설계자』
를 마무리했습니다. 배송비만 부담해주시면 공짜 사본을 모든 분에게
보내드리고 싶습니다. ExpertSecrets.com을 방문해서 책을 받아보실
주소를 알려주세요!"

도표 5-4　나의 책 퍼널에서는 『브랜드 설계자』라는 책의 무료 사본(배송비 7.95달러는
별도)을 나눠준다.

책 퍼널을 이용하면 배송비만 부담할 경우 사본을 받아볼 수 있는 놀라운 거래를 할 수 있다. 나는 사람들에게 책을 보내주고 상향 판매를 통해 광고비와, 어쩌면 소소한 수익까지 올릴 수 있을 것이다. 하지만 가장 중요한 것은 내 리스트에 추가할 고객을 얻게 된다는 것이다.

○ 웨비나 퍼널을 이용하는 경우: "거의 아는 사람이 없는 새로운 비밀 퍼널 전략을 설명해주는 새로운 웹 클래스가 있습니다. 이 강의를 이해하기만 하면 여러분의 비즈니스를 하룻밤 사이에 '스타트업'에서 '백만 달러 클럽'으로 끌어올릴 수 있도록 해줍니다. Secret FunnelStrategy.com에서 이 웹 클래스에 무료로 등록하세요."

웨비나 퍼널을 통해 사람들에게 웹 클래스로 초대한다. 사람들이 등록하면, 그들은 내 리스트에 합류하게 된다. 그런 다음 웹 클래스가 끝날 때 광고비 지출을 충당하고 이상적으로는 수익까지 올리게 해주는 특별 제안을 한다.(이때의 퍼널과 프레젠테이션 방법에 대해서는 『브랜드 설계자』에서 아주 상세하게 다루고 있다.)

도표 5-5 나의 웨비나 퍼널에서는 '비밀 퍼널 전략'을 1시간짜리 프레젠테이션으로 들을 수 있다.

이것이 어떻게 작동하는지 이해가 가는가? 나는 플랫폼을 통해 수익을 올리고, 내 제안의 마지막에는 고객들을 손익분기점 퍼널 중 하나로 밀어넣는다. 각각의 퍼널은 모든 단계에서 가치가 있는 방식으로 만들어진다.

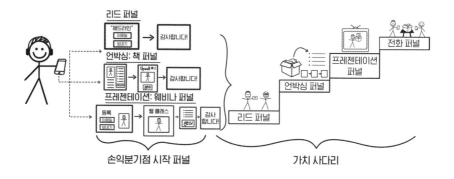

도표 5-6 모든 시작 퍼널을 통해 손익분기점을 돌파하여 고객들이 내 가치 사다리를 오르게 하여 수익을 창출하는 것이 목표다.

내가 통제하는 트래픽을 이용해서 리드를 가져오는 과정은 유사하다. 그러나 내가 누군가의 쇼에 출연해서 청중들 앞에 서거나, 누군가에게 그들의 리스트에 메일을 보내달라고 부탁하거나, 그들의 블로그에 손님 자격으로 글을 올려서 획득하는 트래픽 등과는 달리 유료 광고를 이용할 때는 광고를 만들고 구입해야 한다.

리스트의 가치 이해하기

가장 낮게 잡았을 때, 리스트에 올라간 이름 하나에 한 달에 평균 약 1달러의 가치가 있다고 한다. 내가 사업을 시작했을 때 이 말은 사실이었다. 내 목록에 500명이 있을 때 나는 한 달에 500달러를 벌고 있었다.

내가 성장하는 동안 이 수치들은 유효했다.

하지만 리스트에 올라간 사람들과 관계가 잘 구축되면서 이 수치들은 크게 상승했다. 최악의 경우에도 이 수치들은 이러한 기준을 따를 것이다. 예를 들어 1년에 10만 달러를 벌고 싶다면 적어도 1만 명은 목록에 올라와 있어야 한다(1만 명×한 달에 1달러×12개월＝12만 달러).

이 수치들은 시장에 따라 변할 수 있다는 것을 다시 한번 지적하고 싶다. 많은 경우 어느 지역 업체의 고객 리스트에는 불과 500명에서 1000명 정도만이 있을지도 모른다. 하지만 어떤 업체들은 리스트에 올라간 사람들과 좋은 관계를 구축하는 능력 덕분에 한 달에 한 명당 50에서 100달러를 벌어들일 수 있는 반면 어떤 리스트로는 한 명당 0.5달러밖에 벌지 못할 수도 있다. 한 달에 한 명당 1달러를 기준으로 정한 다음 그 값을 달성하려고 노력해보기 바란다.

나는 페이스북에 리드 당 1달러에서 5달러 사이를 지불한다. 여기서는 가장 많이 지불해야 하는 경우를 예로 들어보자. 리드 당 5달러를 지불하고 5000달러만 썼다면, 나는 1000명의 리드를 생성했을 것이다. 한 사람 당 한 달에 평균 수익이 1달러라면 5개월 뒤에 나는 손익분기점에 다다를 것이고 그 후에는 한 달에 1000달러의 현금 흐름이 발생할 것이다.

리스트는 회사에서 나를 여러 차례 구했다. 안타깝게도 때로 빠른 시일 내에 자금을 유입하지 않으면 모든 것을 잃어버릴 일이 일어난다. 전통적으로 25만 달러나 50만 달러의 자금을 일주일 내에 구하는 일은 불가능하다. 하지만 리스트 덕분에 나는 몇 통의 이메일을 써서 며칠 만에 필요한 수익을 창출할 수 있었다. 시장의 변화로 비즈니스가 실패하고 있을 때 리스트가 불가피한 파산을 두 번이나 막아주었다. 나는 새로운 제안을 만들어서 리스트로 보냈고, 재빨리 상황에 적응하여 회복할 수 있었다.

이런 질문이 떠오를지도 모르겠다. '내가 누군가를 리스트에 추가한다고 해서 그게 어떻게 회사를 성장시키죠?' 글쎄, 답은 간단하다. 회사에서 가장 가치 있는 것을 만든 여러분은 이제 구독자들을 '후속 퍼널'로 인도할 수 있기 때문이다.

후속 퍼널

나의 멘토이자 친구인 데이비드 프라이는 이렇게 썼다. "판매임원협회에서 진행한 한 연구에 따르면 모든 판매의 81퍼센트가 다섯 번 혹은 여섯 번 이상 연락했을 때 일어난다고 한다. 소규모 사업체를 소유해서 한두 번밖에 추가 연락을 하지 못한다면, 여러분이 놓치고 있는 모든 거래를 상상해보라. 잠재고객 및 고객들에게 후속 연락을 하지 않는 것은 밑 빠진 독에 물 붓기와 다르지 않다."

누군가는 '행운은 지속적인 연락에 있다'고 말한다. 나는 그 말이 사실이라고 믿는다. 우리가 후속 연락을 하는 방법은 우리가 소유한 트래픽을 후속 퍼널에 밀어 넣는 것이다.

작년에 나는 사람들을 손익분기 퍼널로 유도해서 후속 퍼널을 이용한 효과를 보여주기 위하여 가장 성공적이었던 시작 퍼널 4곳에서 통계 자료를 뽑았다. 30일 동안 일어났던 일을 분석해보겠다.(참고: ACV는 고객당 평균 매출액average cart value, 즉 한 사람이 시작 제안과 상향 판매를 구매한 후 평균적으로 벌어들인 금액이다.)

- 퍼널 1: 무료 『마케팅 설계자』 + 책 배송 퍼널
  - 생성된 리드: 5,410
  - 판매된 책: 2,395

- 고객당 평균 매출액: 30.81달러

  - 판매 총액: 73,789.95달러

  - 광고비: 69,026.31달러

  - 수익: 4,763.64달러

- 퍼널 2: 『108 스플릿 테스트』 책 퍼널

  - 생성된 리드: 2,013

  - 판매된 책: 1,357

  - 고객당 평균 매출액: 12.38달러

  - 판매 총액: 16,799.66달러

  - 광고지출: 13,813.57달러

  - 수익: 2,986.09달러

- 퍼널 3: 무료 〈완벽한 웨비나〉 + 배송 퍼널

  - 생성된 리드: 1,605

  - 판매된 제품: 760

  - 고객당 평균 매출액: 34.38달러

  - 판매 총액: 26,128.80달러

  - 광고비: 22,359.94달러

  - 수익: 3,768.86달러

- 퍼널 4: 무료 〈차 안에서 마케팅하기〉 + MP3 플레이어 배송 퍼널

  - 생성된 리드: 5,177

  - 판매된 MP3 플레이어: 1,765

  - 평균 장바구니 가치: 14.79달러

  - 판매 총액: 26,104.35달러

- 광고비: 23,205.25달러
- 수익: 2,899.10달러

30일 동안 네 곳의 '손익분기' 퍼널만 본다면, 통계는 다음과 같다.
- 시작 제안 매출: 142,822.76달러
- 시작 제안 광고비: 128,405.07달러
- 총 수익: 14,417.69달러

우리 회사는 연간 약 150만 달러라는 최고 수준의 매출을 올리는 것처럼 보이지만, 실제로는 한 달에 1만 달러가 조금 넘는 돈을 벌고 있었을 뿐이다. 외부에서 볼 때 이것은 실패한 비즈니스처럼 보인다. 만약 우리가 트래픽과 퍼널, 가치 사다리 뒤에 숨겨진 전략을 이해하지 못했다면, 정말로 실패한 비즈니스였을 것이다. 하지만 트래픽의 핵심 전략을 이해하면 통계가 약간 다르게 보인다. 우리는 통계를 이런 식으로 바라본다.

- 내 리스트에 새로운 리드가 추가되었다: 14,205명
- 14,205명을 추가하기 위해 돈을 얼마나 지불했나: 14,417.69달러

그렇다. 나는 공짜로 리드를 얻은 것이 아니다. 그 달에 내 리스트에 가입한 사람들은 실제로 한 사람 당 1달러가 넘는 돈을 지불했다. 우리가 이 리드를 후속 퍼널에 연결하여, 리드 당 30일 이내에 퍼널 내부에서 총 16.49달러의 매출을 올렸다.

1만 4205명은 30일 동안 우리 후속 퍼널 안에서 234,240.45달러를 지출했고, 그 돈은 모두 순수익이다. 왜냐하면 페이스북의 마크 저커버그나 구글의 창업주인 래리와 세르게이에게는 돈을 지불하지 않아

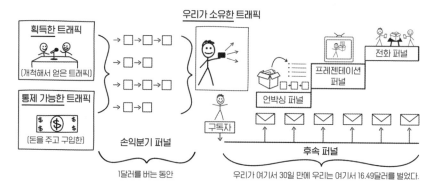

도표 6-1 후속 퍼널을 이용하여 우리는 고객 한 명당 고작 1달러의 이익에서 30일 만에 고객 한 명당 16.49달러의 이익을 올릴 수 있었다.

도 되기 때문이다. 나는 트래픽을 통제하거나 획득하려고 하지 않았다. 그 트래픽은 내 것이었다. 누군가가 내 리스트에 올라오면 나는 내가 원하는 때에 공짜로 그들에게 후속 메시지를 보낼 수 있었다. 이제 나는 그 트래픽을 소유하고 있기 때문이다!

후속 퍼널에서 나는 1만 4205명에게 그들과 관계를 구축할 수 있는 공짜 영상이 담긴 이메일을 보냈다. 며칠 뒤 나는 클릭퍼널스를 어떻게 하나의 기업으로 성장시켰는지에 대해 강의하는 웨비나에 그들을 초대했다. 모든 사람이 그 웹 강의를 보고 싶어한 것은 아니었지만 1129명이 등록했다. 강의를 마칠 때 우리는 한 상품을 2997달러에 팔았고, 57명이 구입했다(총 17만 829달러). 그 달의 나머지 기간 동안에 일부는 클릭퍼널스 평가판에 가입했고, 일부는 다른 책을 구입했고, 일부는 강좌와 코칭을 구입했다. 처음 30일 동안 우리는 이익을 16배 이상 늘렸다. 다음 60일, 90일, 360일 이후를 살펴보면 각 리드가 수천 달러의 가치가 있다는 것을 알 수 있다. 그리고 이러한 리드를 생성하기 위해 손익분기점(또는 약간의 이익)을 달성할 수 있다면 매일 그렇게 해야 한다.

유료 광고를 이용해서 빠르게 리스트를 성장시키는 비결

이상적인 경우에 우리는 초기 퍼널에서 손익분기점을 넘기지만, 때로 후속 퍼널을 이용하여 손익분기점에 도달하는 데 며칠이나 몇 주일이 걸리기도 한다. 많은 경우 시작 퍼널 안에서 손해를 보고 곧바로 손익분기점에 도달하지 못하면 겁을 먹고 그만두기도 한다. 하지만 통계 자료를 상세하게 바라보면, 며칠만 지나갔으면 손익분기점에 도달할 수도 있었으며 손해를 보더라도 계속해서 광고를 운영했다면 수익을 올릴 수 있었다는 사실을 알 수 있다. 어떻게 해서 그럴 수 있는지 설명하겠다.

사실상 아무것도 팔리지 않는 리드 퍼널에 페이스북 광고를 구매하기로 했다고 해보자. 여러분은 후속 퍼널에 연결할 수 있는 리드를 생성하기 위한 리드 마그넷에 대한 공짜 보고서를 나눠주고 있다. 이 사례에서는 리드 당 3달러를 지출하고 있다고 해보자.

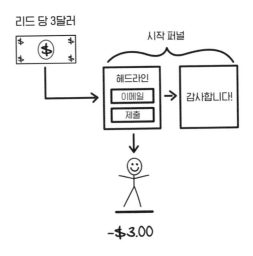

도표 6-2 우리가 가진 것이 시작 퍼널 뿐이라면 우리가 리드를 획득할 때마다 손해를 보게 된다.

지금 당장은 이 퍼널이 실패작으로 보인다. 그렇지 않은가? 후속 퍼널이 없다면 이 퍼널은 실패작일 것이다. 누군가 내 리스트에 합류하면 나는 그들과 관계를 쌓아갈 것이다. 그들에게 몇 통의 이메일을 보내 내가 공짜로 주었던 리드 마그넷을 반드시 다운로드할 수 있게 할 것이다. 그리고 영상이나 글을 보내 내가 보내준 것에서 더 큰 가치를 얻을 수 있게 도와줄 것이다. 그 시점에서 나는 리드 당 3달러의 적자를 보고 있겠지만 그들과 관계를 쌓아갈 것이다. 이는 그들이 이메일을 열어보고 어느 미래에 내게서 물건을 살 가능성이 더 커진다는 말이다.

이제부터 재밌어진다. 후속 퍼널에 있는 다음 이메일들은 가치 사다리에 있는 다음 퍼널을 소개하는 데 집중하고 있다. 여기에서는 그것을 공짜 책 퍼널이라고 해보자. 나는 그들이 배송비를 낸다면 내 책의 무료 사본을 받도록 초대하는 세 통의 이메일을 보낼 것이다. 무료 사본을 받는 사람들은 그 세일즈 퍼널을 통해 가져가게 될 것이고, 나는 책을 구매한 사람에게 약간의 수익을 올려야 한다. 이 예에서 평균적

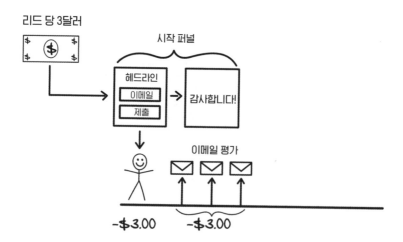

도표 6-3 후속 퍼널이 제자리에 있다면 우리는 우리의 리드와 함께 대화를 계속할 수 있다.

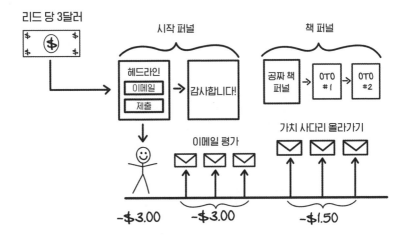

リード 당 3달러

시작 퍼널

책 퍼널

헤드라인
이메일
제출

→ 감사합니다!

공짜 책
퍼널 → OTO
#1 → OTO
#2

이메일 평가

가치 사다리 올라가기

-$3.00   -$3.00   -$1.50

도표 6-4　리드들에게 가치 사다리를 올라가 책을 구매할 기회를 제공한다면 광고 지출의 일부를 회수하기 시작할 것이다.

으로 나는 이 두 번째 단계를 거쳐 간 각 리드에게 1달러를 받았다. 이 후속 퍼널에서 6일이 될 때까지 나는 여전히 1.5달러 적자를 냈다.

후속 퍼널의 다음 단계는 상위 티켓 퍼널의 하나로 이들을 이동하는 것이다. 우리는 이것을 '퍼널 스태킹funnel stacking'이라고 부른다. 이 예에서 다음에 할 일은 사람들을 웹 강좌에 초대하는 것이다. 웨비나에 등록하라는 이메일을 몇 통 더 보낼 수도 있다. 사람들이 웨비나를 참관하고 내가 고가의 티켓 제품을 제안하면, 리드 당 평균 액수가 내가 리드에 쓴 3달러보다 커질 것이다. 그 시점에서 나는 손익분기점을 넘어 이익을 내기 시작한다. 이는 리드에 돈을 쓰고 나서 약 일주일 이내에 흑자 상태가 된다는 뜻이다! 그 고객들이 내게서 무엇을 구매하든 모두 순수 이익pure profit이 될 것이다.

이것이 어떻게 작동하는지 이해하겠는가? 때로는 손익분기점이 시작 퍼널 안에서 나타나지만, 후속 퍼널 안에서 나타나기도 한다. 후속 퍼널의 X일에 손익분기점을 넘길 것이라는 사실을 알게 되는 즉시 기존의 정해진 지점에서 투자에 대한 수익을 얻을 수 있으므로 나는 되

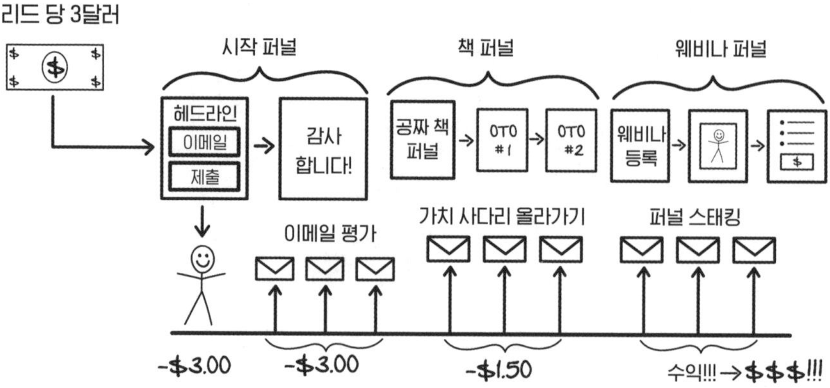

리드 당 3달러

도표 6-5 후속 퍼널에서 다수의 퍼널을 연달아 구축하면 우리는 이익을 얻는다.

돌아가서 고객을 확보하기 위해 지출을 한다.

내가 처음 온라인에서 일을 시작했을 때 마이크 리트먼이 이런 말을 했다. "아마추어는 첫 판매에 집중한다." 나는 이 말이 무슨 의미인지 제대로 이해하지 못하다가, 후속 퍼널을 사용하기 시작하면서 생각했던 것보다 고객 확보에 훨씬 많은 돈을 쓰게 된다는 것을 깨닫게 되었다. 댄 케네디는 이런 말을 한 적이 있다. "궁극적으로 고객 확보에 가장 많은 돈을 쓸 수 있는 기업이 승리한다." 좋은 퍼널과 하나의 강력한 후속 퍼널이 있으면 고객 확보를 위해 쓸 수 있는 액수를 증가시킬 수 있다.

다차원적 후속 퍼널

지금까지 후속 퍼널 내부의 이메일에 관한 이야기만 했다. 완벽한 세상에서는 이메일을 받는 사람들이 모두 이메일을 읽고 이메일 내부의 링크를 클릭할 것이다. 하지만 안타깝게도 사람들은 좀처럼 이메일을 열지 않는다. 어떤 통계에 따르면 전체 이메일의 87퍼센트 정도가

110

열리지 않는다고 한다. 여러분은 무언가를 보낼 때마다 관심을 받으려고 싸우고 있는 것이다. 관심을 받기 위한 전쟁이 치열해지면서, 사람들을 후속 퍼널에 연결하여 우리 메시지를 실제로 보았는지 확인할 수 있는 다수의 멋진 도구들이 만들어졌다.

○ 리타기팅retargeting: 후속 퍼널에 연결할 수 있는 도구 중 내가 가장 좋아하는 도구는 광고를 리타기팅하는 것이다. 우리는 9장에서 리타기팅에 관해 상세하게 살펴볼 것이다. 지금은 그들이 무엇을 하는지, 어떻게 작동하는지에 대해 알아볼 것이다. 어떤 웹사이트에 갔는데 그 후 몇 주에 걸쳐 광고가 온라인에서 나를 스토킹하고 있는 것 같은 느낌을 받은 적 있는가? 어디를 가더라도 그 배너 광고들이 나를 따라다니지 않는가? 이것이 리타기팅이며, 이는 누군가를 후속 퍼널에 밀어넣어 가치 사다리를 상승시키는 가장 강력한 방법 중 하나다.

○ 문자 메시지: 우리는 일반적으로 랜딩 페이지에서 전화번호를 입력하라고 하지는 않는다. 왜냐하면 새로운 필드가 추가될 때마다 전환율이 낮아지기 때문이다. 하지만 나는 뭔가를 팔거나 웨비나에 등록할 때 전화번호를 입력하게 한다. 신청한 웨비나에 참석하는 것을 잊지 않게 하거나, 상품의 주문 진행 상황을 알려주거나, 가치 사다리의 다음 단계로 넘어갈 수 있도록 도움을 주려고 할 때 단체 문자 메시지를 이용할 수 있다.

새로운 통신 수단은 언제나 개발 중이지만, 그 목표는 한결같다. 구독자와의 관계를 구축하고 가치 사다리의 높은 곳으로 올라가게 하는 것이다. 후속 퍼널이 어떻게 작동하는지 보았으니 후속 퍼널의 심리적인 측면과 순서에 대해 잠시 설명하겠다.

세 가지 마무리: 감정, 논리, 두려움

지금까지 본 것처럼 우리는 누군가에게 제품을 팔 때 사용하는 수많은 도구가 있다. 하지만 각각의 메시지에는 어떤 내용이 들어가야 할까? 우리는 다음과 같은 내용에 기반했을 때 가장 효율이 크다는 사실을 알아냈다.

- 감정
- 논리
- 두려움(급박함과 희소성)

감정 [피칭Pitch]   논리 [리피칭Re-Pitch]   두려움 [급박함/희소성]

도표 6-6 누군가와 계약을 체결할 때마다 내 메시지에 감정, 논리, 두려움이 포함되어 있는지 확인하라.

누군가를 행동하게 하는 가장 강력한 방법은 감정을 이용하는 것이다. 흔히들 사람은 감정적으로 구매하고 논리적으로 그 구매를 정당화한다고 한다. 『브랜드 설계자』를 읽어보았다면 알겠지만, 책 전체가 스토리 판매에 집중하고 있다. 스토리 판매는 잘못된 신념을 타파하고, 변화를 받아들여 상품을 구매할 수 있는 감정적인 상태로 만드는 방법을 말한다. 이는 방문객의 마음에 감정을 만들어 행동을 하게 하는 가장 강력한 방법이다. 그래서 우리 광고들은 감정적인 이야기로 시작한다. 우편 판매의 리드, 웨비나의 리드, 후속 퍼널의 첫 번째 이메일, 리타기팅 시퀀스의 첫 번째 광고들은 항상 사람들의 감정에 말을 건넨다. 이곳은 대부분의 판매가 일어나는 곳이기도 하다. 예를 들어 이 책을 구입하기 전에 보았을 매우 기본적인 '공짜 책' 스타일의 판매 페이지를 개략적으로 살펴보자. 페이지 상단에는 감정에 호소하는 헤드라인과 제품에 대해 정서적으로 관심을 끄는 이야기를 하는 영상이 있고, 제품을 구입하려는 사람을 위한 주문 양식이 있다. 매출의 50퍼센트는 이 상단 부분만 보고 절대 밑으로 스크롤하지 않는 사람들에게서 나온다. 그들은 감정적인 구매자들이다.

그다음 30퍼센트는 설득하기가 쉽지 않다. 이들은 분석적인 구매자들이다. 무언가를 감정적으로 느낄 수는 있어도 그 구매가 자신에게 적당한 것인지 논리적으로 스스로를 설득할 수 있어야만 한다. 많은

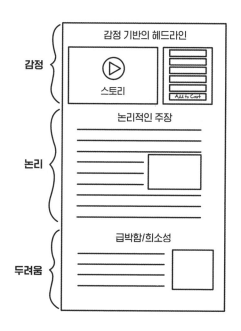

도표 6-7   우리가 만드는 모든 판매 페이지의 스타일은 이와 동일하다. 매출을 올리는 데 필요한 순서에 따라 감정과 논리, 두려움에 관한 메시지를 다루기 때문이다.

경우 그것을 사면 다른 사람들이 어떻게 생각할지 걱정한다. 왜냐하면 그 제품이 자신에게 도움이 되지 않으면 자신의 지위가 떨어질 것이라는 두려움이 있기 때문이다. 그래서 나는 상단 아래에 있는 메시지는 논리에 맞게 변화시킨다. 이것이 왜 좋은 거래인지 설명하며 다른 투자 대상과 비교한다. 또한 그 상품이 도움이 되지 않아 지위가 떨어질 위험을 감수하고 싶지 않을 경우 환불을 해준다는 사실을 알려준다. 마지막으로 최대한 위험 반전risk reversal(거래할 때 위험을 구매자와 판매자가 함께 부담하여 구매자의 부담을 줄여주는 전략 — 옮긴이)을 많이 하려고 노력한다.

마지막 20퍼센트는 감정이나 논리에 영향을 받기보다는, 좋은 기회를 놓치지 않을까 하는 두려움FOMO, fear of missing out에 영향을 받는다. 이들이 움직이는 유일한 이유는 모든 것을 빼앗길까 하는 두려움 때문이다. 급박함이라는 이유는 왜 지금 당장 사야만 하는지에 대한 설명을, 희소성은 이 기회가 곧 사라져버릴 것이라는 데에 대한 이유를 제공한다. 이들의 경우, 급박함과 희소성에 초점을 맞추어 거의 모든 판매 프레젠테이션과 편지, 시퀀스를 마무리한다.

나는 방금 전 감정 → 논리 → 두려움의 과정이 랜딩 페이지에 어떻게 작동하는지 보여주었다. 하지만 이 과정은 후속 퍼널과 리타기팅 시퀀스의 내부에서도 작동한다.

누군가가 후속 퍼널에 합류하면 메시지를 감정에 초점을 맞추어 그 제품을 사용했던 다른 사람들의 이야기를 하고 숨겨진 이점을 공유한다. 며칠 뒤 모든 메시지는 논리에 초점을 맞춘다. 그리고 마지막 메시지는 두려움으로 바꾼다.

후속 퍼널의 해당 단계에서 각각 세 통의 메일만 보낸다면, 각각의 마무리에서 메시지를 구축한다. 다섯 통의 이메일을 보낸다면 첫 3일은 감정에, 하루는 논리에, 그리고 또 하루는 급박함과 희소성과 관련

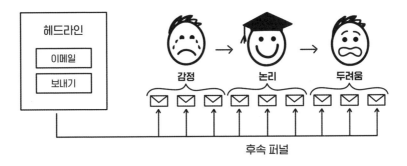

도표 6-8 우리는 청중이 우리 제품을 구입할 수 있도록 후속 퍼널에 감정, 논리, 두려움의 메시지를 구축한다.

하여 사용할 것이다. 메시지의 숫자보다 메시지로 마무리하는 것이 더 중요하다. 왜냐하면 각각의 마무리로 인해 다양한 구매자 집단이 유입될 것이기 때문이다.

후속 퍼널로 전환하면서 다시 감성적인 스토리 판매를 다시 시작하고 가치 사다리의 다음 퍼널에 대한 사람들의 참여를 유도한다. 이 과정은 모든 유형의 메시지에 적용된다. 사람들을 어떤 과정이나 퍼널을 통해 움직이는 것이 목표라면 모든 유형의 의사소통은 감정에서 논리로 이동하여 두려움(급박함과 희소성)으로 끝나야 한다.

다음 장에서는 드림 100에 들어가는 방법, 나만의 배급 네트워크를 구축하는 방법, 자신의 목소리를 찾는 방법을 설명할 것이다.

드림 100에 스며들기

1989년부터 1994년까지 방영한 〈아세니오 홀 쇼The Arsenio Hall Show라는 심야 토크쇼가 있었다. 부모님은 이 쇼를 시청하지 않아서 집에서는 볼 기회가 없었다. 하지만 친구의 부모님은 매일 밤 이 쇼를 시청했기에 그 친구가 자주 내게 이야기를 해주었다. 어느 여름밤 친구 집에서 밤샘 파티를 하고 있었다. 늦게까지 잠을 자지 않았던 우리는 처음으로 〈아세니오 홀 쇼〉를 보았다. 우리는 아세니오가 이리저리 뛰어다니면서 주먹 쥔 손으로 원을 그리며 외쳤던 '우우'하는 구호를 따라했다. 우리는 운동장에서도 터치다운을 하거나 홈런을 쳤을 때도 그 구호를 따라했다. 아세니오 특유의 유머는 우리의 것이 되었고 그것을 따라할 때마다 우리는 스스로가 멋지다고 생각했다.

시간이 흘러 나는 〈아세니오 홀 쇼〉를 몇 번 볼 기회가 있었다. 그의 쇼에서 나오는 놀라운 에너지와 그의 게스트 섭외 능력에 감탄했던 것 같다. 1992년 클린턴이 대통령 후보였을 때 아세니오는 그를 출연시켰다. 클린턴은 색소폰 연주를 했다. 많은 사람이 이 순간을 클린턴이라는 정치인에게 가장 중요한 순간이라고 여긴다. 소수자와 젊은 유권자 사이에서 인기를 쌓는 데 도움을 주었기 때문이다.

그 후 불과 2년 만에 〈아세니오 홀 쇼〉는 중단됐고 우리는 그의 이름을 다시는 들을 수 없었다. 2012년 미국의 리얼리티 TV 프로그램 〈셀 리브리티 어프렌티스)에 참가자로 모습을 드러내기 전까지는 말이다. 나는 도널드 트럼프를 비롯한 참가자들에게서 회사를 성장시키는 데 필요한 교훈을 얻고 싶어서 그 시즌을 보았다. 모든 에피소드가 몇 가지 아이디어를 주었지만, 가장 큰 도움을 준 것은 에피소드 7이었다.

너무 간단해서 거의 모든 사람이 눈치 채지 못한 것 같았다. 하지만 어떤 이유에선지 그것이 내 귀를 사로잡았고, 거의 10년 동안 내 머릿속을 맴돌고 있다. 상황을 설명하자면 이렇다. 두 팀이 자선기금을 유치하라는 임무를 수행하기 위해 경쟁 중인데, 모두들 부유한 친구들에게 전화를 걸어 기부를 부탁하고 있었다. 펜 질레트는 블루맨 그룹(미국의 행위 예술가 집단으로, 얼굴을 파랗게 분장하고 공연하는 것으로 유명하다 — 옮긴이)에게 뉴욕 길거리 공연을 하게 하여 기부를 할 수 있었다. 모든 유명 인사들이 어느 정도의 기금을 유치할 수 있었지만, 한 명은 예외였다. 바로 아세니오 홀이었다.

나는 아세니오가 유명 인사의 전화번호가 들어 있는 회전식 명함 정리기를 열어 몇 시간 동안 전화를 거는 모습을 지켜보았다. 전화를 거는 족족 음성 사서함으로 연결되었다. 제이 르노(유명 사회자이자 코미디언 — 옮긴이)에게 유일하게 기부 약속을 받았지만, 그가 보내준 수표는 만기일이 지나 있어서 도움이 되지 않았다. 회의실 앞 마지막 장면에서는 좌절한 아세니오의 팀원들이 왜 기금을 유치하지 못하는지 알아내려고 했다.

경쟁에서 패배한 아세니오는 과거에 그가 쇼를 진행할 때는 전화를 걸면 모든 사람이 전화를 받았다고 설명했다. 하지만 토크쇼가 사라지자 친구라던 사람들이 그를 피했다는 것이다.

그것은 나에게 엄청난 수확이었다! 자신의 쇼가 있으면 전화를 걸었을 때 모두들 답을 한다. 앞서 우리는 드림 100과 관련해 스스로 개척해서 트래픽을 얻는 방법과 돈을 주고 얻는 방법에 대해 많은 이야기를 했다. 어떤 상황에 처해 있건 나만의 쇼가 있다면, 또는 나만의 플랫폼이 있다면 더 큰 영향력을 행사할 수 있을 것이다. 아세니오가 토크쇼를 진행하고 있었을 때 누구에게든(앞으로 미국의 대통령이 될 사람일지라도) 전화를 했다면 사람들은 전화를 받았을 것이다. 왜냐하면 다른 방법으로는 얻을 수 없는 플랫폼을 아세니오가 제공할 수 있다는 사실을 알기 때문이었다.

플랫폼은 여러분이 드림 100에 제공해야 하는 진정한 가치다. 그것은 돈이나 재능을 비롯한 그 무엇보다도 소중하다. 드림 100은 노출을 원하며 플랫폼은 그들에게 노출을 제공할 수 있다.

내가 생각하기에 나는 멋진 사람이지만, 내게 이메일 리스트, 소셜 리스트, 팟캐스트 청취자 리스트 등 200만 명이 넘는 기업인의 플랫폼이 없었다면 토니 로빈스나 드림 100 회원 누구라도 내 전화를 받거나, 이메일에 답장을 하거나, 나와 함께 일하는 것에 관심을 갖기가 어려웠을 것이다. 이들 가운데 친구가 더 필요한 사람은 없다. 그들에게 정말 필요한 것은 내 플랫폼에 접근해서 잽싸게 유리한 고지를 점령한 다음, 우정을 쌓고 파트너십을 시작하는 것이다. 이것이 개척하는 방법의 핵심이다.

최근 나는 게리 베이너척이 디지털 마케터를 위한 한 행사에서 누군가의 질문에 이런 심오한 대답을 한 것을 들었다.

"제 생각에 이것(휴대전화)은 1965년의 TV라고 할 수 있습니다. 그리고 TV는 라디오고요, 맞나요? 저는 역사 공부를 좋아합니다. 역사는 반복되기 때문입니다. 그래서 라디오를 떠나지 않는 것을 낭만적으로 생각하는 브랜드들(맥주 브랜드)을 살펴보면, 그러한 전략이 주효했고, 그에 따라 텔레비전으로 이동하지 않았습니다. 반면에 밀러 라이트(아무도 들어본 적이 없던) 같은 맥주 브랜드는 TV에 나와서 대표적인 브랜드가 되었지요. 1965년에 TV를 시청한다면, TV는 이런 것(휴대전화)

이고 유튜브, 인스타그램, 페이스북은 ABC, NBC, CBS 등일 겁니다. 그리고 그 안에 엄청나게 유명한 방송 프로그램 같은 것들이 있다고 저는 생각합니다. 이것이 바로 시스템입니다. 그리고 여러분의 비즈니스에서 해야 하는 것은 여러분이 해당 네트워크의 스타가 될 수 있는 채널을 알아내는 것입니다."

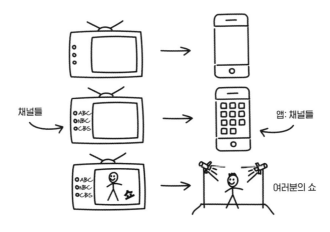

도표 7-1 여러분이 스타가 될 수 있는 '채널'을 찾는다. 그리고 여러분의 쇼를 그곳에서 만들어간다.

인상적이긴 하지만, 더욱 인상적인 것이 있다. 요즘에는 '나만의 쇼'가 있어야 한다고 네트워크를 설득하지 않아도 된다는 것이다. 대신 클릭 몇 번으로 모든 주요 앱에 나만의 쇼를 만들 수 있다. 현재 사람들의 휴대전화에서 ABC, NBC, CBS와 같은 역할을 하는 앱은 다음과 같다.

· 페이스북(토크쇼)   · 팟캐스트(라디오)
· 유튜브(시트콤)   · 인스타그램(리얼리티 TV)
· 블로그(신문)

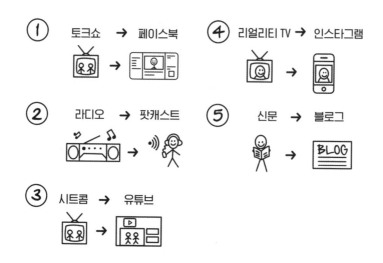

도표 7-2 이전의 모든 의사소통에 해당하는 현대판 애플리케이션이 존재한다.

더 많은 앱/채널이 나타나겠지만 현재는 대다수의 이목이 이 앱들에 집중되어 있다. 이 앱들은 공짜로 나만의 쇼를 만들 수 있게 해준다.

그런데 나만의 쇼를 만드는 것과 나만의 리스트를 소유하는 것이 같은 걸까? '어느 정도'는 그렇다. 나만의 리스트를 이용하면 트래픽을 가지게 되지만, 나만의 쇼의 경우는 다른 사람의 방송국에 공간을 빌려서 관심을 모으기 위해 노력해야 한다. 그것이 아세니오의 문제였다. 폭스 방송국이 그의 쇼를 중단하자 상황은 종료되었다. 페이스북이 어떤 이유로 내 쇼가 마음에 들지 않는다고 판단하면 경고 한마디 없이 내 쇼를 취소하거나 내 계정을 삭제할 수 있다. 팟캐스트, 인스타그램, 유튜브도 마찬가지다.

아세니오 홀이 우리가 4장에서 배웠던 원칙을 이해하고 있었다면, 그리고 쇼를 할 때마다 아세니오가 시청자들에게 퍼널로 가서 가장 좋아하는 아세니오의 농담 100가지를 공짜로 보는 대신 개인 정보를 수

집할 수 있게 했다고 해보자. 그러면 그는 눈 깜박할 사이에 100만 구독자의 리스트를 구축할 수 있었을 것이다. 그리고 쇼가 중단되었을 때도 그에게는 리스트가 플랫폼 역할을 했을 것이다. 새로운 채널로 옮겨 가서 팟캐스트나 블로그를 시작한 다음, 팔로워들에게 이메일을 보내, 그의 쇼가 새롭게 시작한 것을 알릴 수 있었다. 스스로 트래픽을 만들기 전까지는 늘 방송국의 변덕에 휘둘려야 한다. 그러므로 나만의 쇼를 시작했다 하더라도, 여전히 트래픽을 소유하는 것을 목표로 삼아야 한다는 것을 명심해야 한다.

주요 배급 채널: 이메일

쇼가 성공하기 위한 열쇠는 실제로 얼마나 많은 사람이 콘텐츠를 소비할 수 있게 할 수 있는가다. 무료로 홍보해주는 플랫폼에 의지할 수도 있지만, 나는 그것을 내 마케팅 계획의 일부로 포함하고 싶지는 않다. 어쩌다가 우리가 만든 에피소드가 입소문을 타고 수백만 조회를 얻을 수도 있지만, 그것은 우리가 기대하는 바가 아니다. 우리는 스스로에게 물어야 한다. '내 첫 에피소드가 게시되었을 때, 어떻게 하면 최대한 빠르게 사람들에게 보여지도록 할 수 있을까?' 가장 좋은 방법은 내가 이미 구축하고 있는 리스트를 활용하는 것이다.

다이렉트 메일 → 이메일

도표 7-3 다이렉트 메일의 현대판 애플리케이션은 이메일이다.

우리는 '통제하는 트래픽'과 '획득한 트래픽'을 우리가 '소유한 트래픽'으로 전환하기 위해 노력을 아끼지 않는다. 자신의 리스트를 소유하게 될 때 비로소 자신의 운명을 통제할 수 있기 때문이다. 내 친구 중에는 페이스북이나 유튜브의 알고리즘에만 의지하여 영상을 홍보하는 친구가 있다. 놀라운 도달률의 은총을 받아 그들이 공개하는 다수의 영상은 수천만 건의 조회 수를 올렸다. 하지만 불운하게도 각 플랫폼의 알고리즘은 바뀌었고, 수천만 건의 조회 수를 올리던 친구들이 이제는 100여 건의 조회수를 올리기도 힘겨워한다. 그래서 나는 공짜 트래픽이나 바이럴 트래픽을, 내 능력을 최대한 발휘하여 홍보했을 때 얻을 수 있는 일종의 보너스라고 생각하고, 각 에피소드를 홍보하는 것을 최우선 목표로 삼는다.

이메일 외에도 페이스북의 메신저 리스트와 인스타그램의 팔로워 같은 다른 리스트와 배급 채널을 지속적으로 구축하고 싶을 것이다. 각 플랫폼에는 자체적인 리스트가 있지만 이메일은 여러분이 소유한 유일한 것이다. 나머지는 모두 빌려주는 것이므로 언제든지 잃어버릴 수 있다.

주요 쇼 채널: 텍스트, 비디오, 오디오
....

다음은 이런 질문이 나올 수 있다. "내 쇼는 어느 채널에서 만들어야 하지?" 내 대답은 이렇다. "그건 여러분에게 달려 있다." 우선 모든 채널에서 쇼를 만들려고 해서는 안 된다. 그렇게 하면 성장에 해가 될 수 있다. 현재로서는 한 채널에 집중하는 것이 중요하다. 15장에서는 어떻게 하면 자신의 주요 쇼를 모든 채널에 효율적으로 배급하는지 설명할 것이다. 하지만 지금은 두 가지 채널, 주요 배급 채널(이메일)과 주요 쇼 채널에만 집중해야 한다.

주요 쇼를 성장시켜야 하는 채널은 자신, 즉 자신의 성격과 재능에 따라 달라진다. 글쓰기를 좋아하는 사람은 블로그를 만드는 데 집중할 것이다.

도표 7-4 신문의 현대판 애플리케이션은 블로그다.

글쓰기를 좋아하지 않지만 영상을 좋아하고 특별한 아이디어가 있다면 비디오 채널에 나만의 쇼를 구축하는 것을 추천한다.

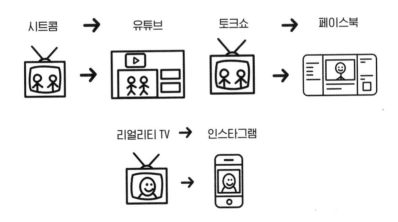

도표 7-5 시트콤, 토크쇼, 리얼리티 TV의 현대판 애플리케이션은 각각 유튜브, 페이스북, 인스타그램이다.

라디오에 맞는 목소리를 가진 사람이나 카메라 앞에 서면 조금 긴장하는 사람은 팟캐스트를 추천한다.

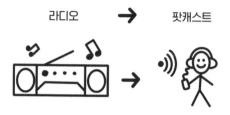

라디오 → 팟캐스트

도표 7-6 라디오의 현대판 애플리케이션은 팟캐스트다.

계속해서 어떤 플랫폼으로 내 쇼를 만들지 확신이 서지 않는다면 어떤 콘텐츠를 가장 많이 소비하는지 살펴보길 권한다. 일반적으로 유튜브를 좋아하고 영상을 보는 데 많은 시간을 할애한다면 영상을 만들어 성공할 수 있을 것이다. 왜냐하면 영상을 이해하고 있기 때문이다. 팟캐스트를 많이 듣는다면 아마도 팟캐스트가 시작하기 가장 좋은 곳일 것이다. 마찬가지로 블로그를 많이 읽는 사람은 블로그를 시작하는 게 가장 좋을 것이다.

'주 배급' 채널(이메일)에 관해 이야기하는 데 너무 많은 시간을 썼

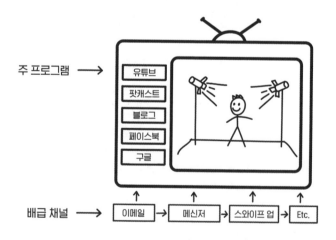

주 프로그램 →

유튜브
팟캐스트
블로그
페이스북
구글

배급 채널 → 이메일 → 메신저 → 스와이프 업 → Etc.

도표 7-7 나의 주요 쇼가 생기면 청중에게 새로운 에피소드가 있다는 것을 알리기 위해 이메일, 메신저, 스와이프 업 등 배급 채널을 이용할 것이다.

다. 이 장의 나머지는 '마스터 쇼'에 관해 이야기할 것이다. 현재로서는 한 채널에 한 가지 쇼만을 구축해야 한다는 것을 명심해야 한다. 이 시점에서는 두 가지 이상 구축하려고 하지 말아야 한다. 15장에서는 이러한 하나의 주 채널을 활용하여 부가적 채널을 만드는 방법을 설명할 것이다. 하지만 지금은 아니다. 첫 번째 쇼를 성공적으로 만드는 데 모든 노력을 집중해야 한다.

나의 쇼 시작하기(내 목소리 찾기)

2013년 3월 26일 팟캐스트 〈차 안에서 마케팅하기〉의 첫 에피소드를 시작했다. 이날은 뭐든 시작하기에 좋은 날처럼 보였다. 지난 수개월에 걸쳐 회사를 파산시킬 뻔했고, 직원 100여 명을 해고했으며, 내가 IRS에 25만 달러의 빚을 지고 있다는 사실(빨리 지불하지 않으면 벌금이 더 늘어나고 감옥에 갈 수도 있다는 뜻이다)을 알게 되었으며, 엄청나게 쌓인 신용카드 빚과 함께 계좌에는 돈이 거의 남아 있지 않았다는 사실만 제외한다면 말이다. 돌이켜보면 사람들에게 마케팅을 강의하는 팟캐스트를 시작하기에 최악의 시기인 것처럼 보이지만, 나는 했다.

나만의 쇼를 위해서는 내가 꾸준하지 않으면 안 될 것이라 생각했다. 내가 할 수 있는 모든 유형의 쇼(오디오, 비디오, 텍스트) 중에서 간단하게 할 수 있는 것이 아니라면 버티지 못할 것이라 생각했다. 일상에서 어떻게 소화할 수 있을지 생각하던 중에 내가 매일 10분 거리에 있는 회사로 통근하고 있다는 사실을 깨달았다. 운전하면서 휴대전화로 에피소드 한 편을 녹음할 수 있다고 판단했다. 매일 마케팅에 관한 내 생각과 교훈을 공유하면 좋을 것 같았다. 그렇게 해서 팟캐스트 이름이 〈차 안에서 마케팅하기〉가 되었다.

초반 에피소드들은 그다지 좋지 않았다. 실제로 몇 년 뒤에 한 친구가 내게 이렇게 말했다.

"처음 45편의 에피소드들은 좋지 않았지만 그 무렵부터 자기 목소리를 찾은 것 같았어. 갈수록 점점 좋아지기 시작하더군."

첫 45편의 에피소드가 없었다면 본 궤도에 오르기 시작한 에피소드 46까지 해내지 못했을 것이다. 그러니까, 잘하지는 못하더라도 자신의 쇼를 당장 시작하는 것이 중요하다. 자신의 쇼를 하는 과정에서 자신의 목소리를 찾게 될 것이다. 처음 시작했을 때 누가 내 팟캐스트를 듣고 있는지 통계 자료를 확인하는 방법을 몰랐던 것이 얼마나 고마운지 모른다. 만일 알았다면 실망해서 그만두었을 것이 분명했다. 처음에는 통계 자료나 다운로드 수치는 보지 말아야 한다. 이제 막 원대한 무언가를 쌓게 될 토대를 구축하기 시작한 것이기 때문이다. 그러기 위해서는 시간이 필요하다.

팟캐스트를 시작한 지 3년 정도 지난 뒤에 나는 다운로드 통계를 확인하는 법을 배웠고, 수만 명이 듣고 있다는 사실을 알게 되었다. 또한 내가 운영하는 최고 마스터마인드 그룹과 코칭 프로그램에 가입한 사람들 대다수가 팟캐스트 청취자였다는 사실도 발견했다. 코칭 멤버들에게 물어보니 고급 과정에 들어가게 되는 패턴이 대부분 놀라울 정도로 비슷했다. 너무나도 많은 사람이 내게 말하길, 몇몇 에피소드를 듣게 되었고 어떤 이유에선지 한 에피소드가 자기 이야기 같았다는 것이다. 그래서 더 많은 에피소드를 찾게 되었고, 일주일이나 아니면 그보다 많은 시간을 들여 첫 번째 에피소드부터 몰아서 듣게 되었다고 했다.

내 팟캐스트에서는 광고를 팔거나, 나나 다른 사람의 제품(두 가지 모두 쇼를 통해 돈을 벌 수 있고, 아마도 해야 할 일이다)을 홍보하지도 않았고, 단지 내 이야기와 클라이언트의 이야기를 했다. 가끔씩 들르는 팔로워들을 열렬한 팬으로 바꾸어 놓은 것은 무엇보다도 그 팟캐스트였다. 하지만 처음부터 그런 것은 아니었고, 3년이 넘는 기간 동안 꾸준히 콘텐츠를 올리고 부터였다. 지금부터 여러분의 쇼를 성공으로 이끄는 단계를 안내하겠다.

1단계 적어도 1년 동안은 매일 게시하라. 여러분이 해야 할 첫 번째 약속은 꾸준히 하겠다는 것이다. 콘텐츠를 쉽게 만들 수 있는 플랫폼이 없었다면 나는 꾸준히 콘텐츠를 만들지 못했을 것이다. 어떤 플랫폼이 가장 이해하기 쉬운가? 어떤 식으로 언제 게시할 것인가? 아침에 잠에서 깨어 점심 식사 전까지 1000단어짜리 블로그 포스트를 쓰는가? 매일 밤 잠들기 전까지 그날의 교훈을 공유하며 페이스북 라이브를 하는가? 일관성을 유지하는 데 도움이 되는 것은 무엇인가? 1년 동안 매일 게시할 수 있다면 다시는 돈 문제로 걱정하지 않을 것이다. 그 과정에서 여러분은 자신의 목소리를 찾을 것이다. 청중이 여러분을 찾을 때가 올 것이다. 내 친구 네이선 베리는 〈주목받으려면 충분히 오랜 시간을 견뎌야 한다〉라는 포스트를 썼다.

여러분은 시즌 3이나 시즌 4에 훌륭한 TV쇼 프로그램을 발견한 적이 몇 번이나 되나요? 저는 〈왕좌의 게임〉을 시즌 5가 방영된 뒤부터 시청하기 시작했습니다. 팻 플린이 팟캐스트에 100편 이상의 에피소드를 올리고 나서야 저는 그의 존재를 알게 되었습니다. 제가 『하드코어 히스토리』를 발견한 것은 댄 칼린이 그 책을 출판하고 나서 몇 년이 지난 후였습니다. 이것은 매우 흔한 경험입니다. 너무나도 많은 콘텐츠가 생산되기 때문에 우리는 그것을 모두 발견할 수 없습니다. 대신 우리는 시간이 흘러 최고의 콘텐츠가 수면 위로 떠오르기를 기다립니다. 청중을 만드는 1단계가 훌륭한 콘텐츠를 만드는 것이라면 2단계는 주목을 받을 때까지 오래 견디는 것입니다.

세스 고딘은 아주 너그러워서 거의 모든 팟캐스트에 출연합니다. 하지만 먼저 적어도 100회 이상 에피소드를 녹음한 팟캐스트여야 합니다. 그의 기준은 오직 오랜 시간 꾸준한 모습을 보여준 창작자들입니다.

발표하지 않으면 절대 영향력을 행사할 수 없으며, 영향력을 행사하고 싶다면 반드시 발표해야 한다. 이러한 트래픽 플라이휠(성장을 만드는 선순환의 수레바퀴를 일컫는 경영 전략 - 옮긴이)은 사라지지 않는다.

2단계   **여정을 기록하라.** 사람들에게 자신만의 쇼를 시작해보라고 말할 때 대다수의 사람들이 가장 궁금해 하는 것이자 가장 두려워하는 것은 무엇에 관해 이야기해야 할지 모른다는 것이다. 게리 베이너척에게 배운 것 중 가장 강력한 한 가지는 '기록하라, 창작하지 말고'라는 개념이다. 그가 블로그에 올린 글을 보면서 이 개념에 대해 깊게 알아보자.

사람들이 내 말에 귀 기울이게 하고 싶으면 사람들 눈에 자주 띄어야 한다. 영향력은 키우고 싶으면서 제작해 놓은 글이나 영상 혹은 콘텐츠가 충분하지 않은 사람이 너무 많다. 너무나도 많은 '콘텐츠 제작자'들이 자신에게는 오직 한 타석만 남아 있다고 생각한다. 그들은 그 한 번의 기회를 살려 아름다운 영상이나 이미지 혹은 자신의 주장을 올려야 한다고 생각한다. 하지만 그들이 깨닫지 못하는 것이 있다. 완벽한 콘텐츠를 만들고자 하는 갈증이 오히려 그들을 무력하게 만들고 있다는 것이다.
소셜 미디어에 등장하고 싶다면 정기적으로 가치 있는 콘텐츠를 내놓아야 한다. 유튜브 브이로그를 찍거나 팟캐스트 또는 장기적인 형태의 오디오 및 비디오 시리즈를 일주일에 최소 한 번씩 만들어야 한다. 인스타그램이나 스냅챗에 적어도 하루에 6~7번은 포스팅을 해야 한다. 아마도 누군가는 이렇게 생각할 것이다. '우와, 너무 많아! 어떻게 의미 있는 게

시물을 하루에 6~7개나 만들지?'

콘텐츠를 만들기에 관한 가장 좋은 방법은 '창작하지 말고 기록하는 것'
이다. 간단히 말하자면 '기록'과 '창작'의 관계는 리얼리티 TV 프로그램
과 〈스타워즈〉의 관계와 같다. 그리고 혼동하지 말아야 할 것은 기록한
다는 것이 콘텐츠를 만들지 않는다는 뜻은 아니라는 점이다. 기록하기는
스토리나 판타지에 대해 생각하는 대신 실용성에 더 기반을 둔 창작의
한 가지 버전일 뿐이다.

당신은 감추어진 전략에 관해 고민하는 '영향력 있는 사람'으로 자신을
포장할 수 있다. 혹은 있는 그대로의 모습을 보여줄 수 있다. 영향력 있
는 사람처럼 행세하는 게 어렵고 부담이 될지도 모르겠다. 일부 사람들
이 여러분이 만든 영상을 보며 '이 녀석이 뭐라는 거야?' 하고 비웃을 거
라고 생각할 것이다. 콘텐츠를 만들 때 사람들이 저지르는 가장 큰 실수
는 자기 자신을 지나치게 과장해서 말하는 것이다. 그렇게 해야 사람들
의 관심을 받을 거라고 생각하는 것이다.

여러분이 하는 일이 비즈니스 코칭이건 자기개발 강연이건, 또는 창작을
하는 사람이건 나는 여러분이 '생각하는' 실질적인 조언보다는, 여러분이
지나온 과정에 대해 이야기하는 것이 훨씬 유익하다고 생각한다. 여러분
의 여정을 기록하는 것과 여러분 자신의 이미지를 창조하는 것의 관계
는 '이렇게 하는 게 좋겠어'와 '내 직관에 따르면 말이야' 정도의 차이다.
이해가 가는가? 이 차이가 모든 것을 바꿔놓는다. 나는 자신을 '차세대의
거물'처럼 행세하는 사람보다는 자신이 겪은 여정에 대해 기꺼이 토론하
려는 사람이 성공한다. 따라서 하루에 6~7개의 의미 있는 콘텐츠를 만들
라고 말한 것은, 스마트폰을 들고 페이스북 라이브를 열어 내가 가장 중
요하다고 생각하는 것에 관해 말하라는 뜻이다.

많은 사람이 직면하는 가장 중요한 부분이자 가장 큰 장애물은 '시작'이
다. 사람들은 무언가를 만드는 대신 고민하고 계획부터 세운다. 그러지

말고 제발 내 말을 믿고 '기록하기'부터 시작하라.

"좋아요, 저 시작했어요, 게리. 이제 뭘 할까요?" 어떤 사람들은 이렇게 묻는다. 5년만 더 해보고 그때 다시 와서 그 질문을 하기 바란다.

여러분의 쇼를 즐겨 듣는 사람들은 일반적으로 어떤 결과물을 찾고 있다. 그것은 사람들이 여러분이 만든 제품을 사거나, 이메일을 열거나, 콘텐츠를 소비하는 이유와 같다. 사람들이 내 팟캐스트를 듣고, 내가 쓴 책을 읽고, 내가 만든 영상을 보는 이유는 자신의 비즈니스를 홍보할 수 있는 방법을 알아내기 위하여 노력하기 때문이다. 내가 그 주제에 관해 가장 많이 알거나 내가 그 주제에 집착하고 있기 때문이 아니다. 나는 내 회사를 홍보하기 위한 더 새롭고 좋은 방법을 끊임없이 찾고 있다. 그리고 그 방법을 우연히 알게 되거나, 아이디어가 떠오르거나, 좋은 글을 읽으면, 내가 아는 사람들과 공유한다. 내 친구인 리치 쉐프렌은 이렇게 말했다. "우리는 다른 사람 대신 많이 생각하기 때문에 돈을 받는다."

그래서 나는 쇼를 시작하는 여러분에게 다음과 같은 질문을 던진다. "반드시 이루려고 하는 큰 성과가 있다면 그것은 무엇인가? 발견하는

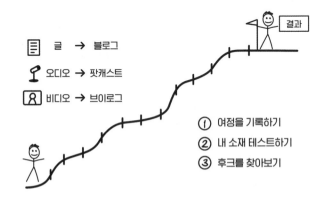

도표 7-8 여러분의 쇼에서 여정을 기록하고, 소재를 테스트하고, 후크를 찾을 수 있다.

것을 기록하면서 배우고 싶은 것이 있다면 그것은 무엇인가?"

팟캐스트 도입부에서 나는 이런 질문을 던진다. "속임수를 써서 벤처 투자를 받지 않은 우리 같은 기업가들은 어떤 사람들인가? 우리 주머니에서 나온 돈을 쓰고 있는 사람들은 누구인가? 어떻게 하면 우리 제품과 서비스와 우리가 믿는 것들을 여전히 수익성이 있는 상태로 마케팅할 수 있을까?' 이것이 우리의 질문이며, 이 팟캐스트에서 그에 대한 해답을 주려고 합니다. 환영합니다. 제 이름은 러셀 브런슨입니다."

도표 7-9 팟캐스트에서 나는 실시간으로 내 여정을 기록한다.

대규모 사업 실패 이후에 이 팟캐스트를 시작하자 많은 사람이 비즈니스 마케팅은 말할 것도 없고 팟캐스트를 시작하기에도 최악의 시기라고 생각했다. 하지만 '기록하라, 창작하지 말고'라는 관점에서 보면 팟캐스트를 시작하기에 최적의 시기였다. 대규모 사업 실패 후 클릭퍼널스를 연간 1억 달러 넘게 벌어들이는 기업으로 성장시키기까지 전체 여정을 기록했다는 것은 얼마나 멋진 일인가? 더욱 중요한 것은 수만 명의 사람들이 우리를 팔로우하면서 그 여정을 따라왔고 내가 그들에게 교훈을 얻었다는 것이다!

3단계 소재를 테스트하기. 최근 와이오밍에서 개인적인 모임에 참석했다. 모두 수십억 달러를 벌며 수백만 명에게 영향력을 행사하는 소수의 영향력 있는 인사들이었다. 어느 날 밤 우리는 모닥불 주위에 모여 앉아 내가 만드는 콘텐츠의 소재를 어떻게 바라보아야 하는지에 대한 통찰을 들었다. 내가 기억하는 딘 그라지오시의 이야기는 다음과 같다.

한 심야 토크쇼에서 어느 훌륭한 코미디언이 무대에 올라 연기를 할 때, 그가 하는 농담은 어떻게 하나같이 모두 완벽할까요? 사람들은 생각합니다. '어쩜 저렇게 재미있지?' 하지만 사람들은 10년 전 그가 훌륭한 코미디언이 되기 위한 여정을 막 시작했을 때, 열 편의 농담을 써서 근처 아무 무대에 올라가 자신이 쓴 농담을 사람들 앞에 선보였다는 사실은 모릅니다. 아마도 열 편의 농담 중에 한두 편은 괜찮았고 나머지는 실패했을지도 모릅니다. 그는 집으로 돌아가 성공한 두 편의 농담은 그대로 두고 나머지 여덟 편은 새롭게 썼겠죠. 그다음 주에 그는 새로운 무대에 올라 열 편의 농담을 사람들 앞에서 연기합니다. 아마도 새로운 농담 중 한 편이 괜찮을지도 모릅니다. 이제 그에게는 써먹을 수 있는 농담이 세 편이 생겼습니다. 그는 다시 집으로 돌아가 같은 과정을 반복합니다. 이것을 매주, 매년 반복하여 열 편의 농담을 찾습니다. 그제야 우리는 그를 봅니다. 세계에서 가장 큰 무대에 올라 모든 농담을 재미있게 해내는 그의 모습을.

첫 책『마케팅 설계자』를 생각해보면, 집필을 마쳤을 때 나는 너무 두려워서 사람들에게 책을 보여주고 싶지 않았다. 사람들은 그 책이 나오기까지 10년의 세월이 걸렸다는 사실을 모른다. 나는 마케팅에 집착했고, 내가 할 수 있는 것이면 모두 읽고, 보고, 들었다. 그런 다음 내가 만들고 있는 작은 비즈니스에 책의 개념과 아이디어를 테스트했다. 또한 컨설턴트로서 다른 사람의 비즈니스에도 테스트했다. 어떤 아이디어는 효과가 있었지만, 실패한 아이디어도 있었다.

나는 소규모의 세미나와 워크숍에서 강의를 하기 시작했다. 개념을 설명하고나서 어느 아이디어를 사람들이 잘 이해하는지, 어느 아이디어를 헷갈려 하는지 관찰했다. 이벤트가 열릴 때마다 나는 개념을 반복해서 강의하면서 아이디어와 스토리를 매번 수정하고 개선했다. 나는 인터뷰와 팟캐스트, 영상, 기사를 참고하며 내 소재를 계속해서 테스트했다. 여러 프레임워크가 나왔다. 나는 10년이 넘도록 내 소재를 테스트하고 있다. 그리고 남들이 정말로 내 책을 읽을까 긴장하기도 했지만, 준비를 마쳤다는 자신감도 들었다.

『브랜드 설계자』에서도 똑같은 일이 일어났다. 나는 2년 동안 내 팟캐스트와 다른 사람의 팟캐스트에서 책의 개념에 관해 이야기했다. 그리고 여러 아이디어를 발전시켰다. 내 비즈니스는 물론이고 다른 사람의 비즈니스에 관한 아이디어를 테스트하는 이벤트와 워크숍, 코칭 프로그램을 운영했다. 그리고 그 최종 상품이 책이었다.

오늘 나는 아내가 운전하고 아이들이 뒷좌석에서 놀고 있는 레저용 자동차 조수석에 앉아 이 책의 원고를 쓰고 있다. 책을 세상에 내보낼 생각을 하니 첫 책을 낼 때만큼 긴장된다. 하지만 나는 2년 동안 내가 접근할 수 있는 모든 플랫폼에서 이 소재를 테스트했고, 준비를 마쳤다.

여러분의 여정을 기록하면서 여러분의 쇼를 매일 게시하는 것은 여러분의 소재를 테스트할 수 있는 기회를 제공한다. 어떤 메시지가 사람들과 연관되어 있고, 어떤 에피소드가 공유되고, 어떤 에피소드는 공유되지 않는지 알게 될 것이다. 어떤 메시지가 사람들이 앞에 나서서 자신의 견해를 밝히게 하는지, 어떤 메시지가 고립되는지 이해하게 될 것이다. 여러분이 꾸준하게 등장하여 게시물을 올리는 바로 이 과정이 메시지를 수정하고, 자신의 목소리를 찾고, 꿈의 고객을 끌어들이는 데 도움을 줄 것이다. 최종 목표가 책이거나 웨비나, 키노트 프레젠테이션, 바이럴 영상, 혹은 다른 무엇이든 게시물을 더 많이 올리고 소재를 더 많이 테스트하라. 그러면 메시지는 더욱 선명해질 것이고 더 많은 사람을 끌어 모을 수 있다.

4단계 드림 100에 대한 소개. 쇼를 시작할 때 일반적으로 처음 몇 편의 에피소드에서는 여러분의 탄생 이야기, 쇼를 만들게 된 이유, 무엇을 기대하면 좋은 곳인지 이야기한다. 초기 에피소드가 중요한 이유는 지금부터 일주일 전의 에피소드, 지금부터 몇 년 전의 에피소드를 찾는 사람들이 있기 때문이다. 그리고 몇 년 동안 찾지 않다가도 다른 사람들이 찾기 시작하거나 중독된다면 대부분의 사람은 첫 에피소드로 되돌아가 그들이 보지 못한 것을 따라잡기 위해 한꺼번에 몰아 보기(혹은 몰아 읽기, 몰아서 시청하기) 시작한다.

초기 에피소드가 끝나면 드림 100에 접근하기 위해 여러분의 쇼를 이용할 때다. 이것은 여러분의 쇼를 위한 새 콘텐츠를 얻는 비결이며, 또한 여러분의 쇼를 성장시키기 위해 드림 100을 게스트로 이용할 수 있는 능력을 제공한다.

이것이 TV에서 어떻게 작동하는지 생각해보라. 〈투나잇 쇼〉에서 사람들이 자신의 쇼를 많이 보게 하려고 한다고 해보자. 그들은 무엇을 할까? 그들은 쇼에 출연해줄 수 있는 가장 적절하고 흥미로운 게스트를 찾으려고 노력한다. 당연하다. 하지만 그들은 거기서 멈추지 않는다. 게

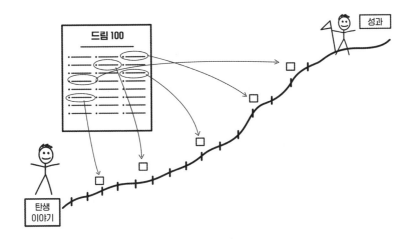

도표 7-10 여러분의 쇼를 성장시키려면 드림 100에게 관심을 보이며 그들의 쇼에 게스트가 될 수 있는지 알아보라.

스트 인터뷰를 하는 날까지 접근할 수 있는 모든 배급 채널에서 게스트를 홍보한다. 광고에서는 누가 〈투나잇 쇼〉에 나오는지 이야기하고, 광고 시간에는 가장 재미있거나 강렬한 장면을 클립으로 만들어 보여줄 것이다.

여러분의 쇼도 마찬가지다. 여러분의 드림 100에서 여러분의 쇼와 관련된 재미있는 이야기를 해줄 수 있고 에피소드를 홍보해줄 수 있는 사람은 누구일까? 여러분은 이제 플랫폼이 있고, 그들은 팔로워 같은 네트워크가 있다. 이것은 서로에게 큰 힘을 주는 '윈윈' 관계다. 자, 여러분은 아마도 이런 생각을 하고 있을 것이다. '훌륭하군, 러셀, 이미 드림 100과 관계가 있는 사람들은 좋겠지만, 나 같은 사람은 어쩌지? 나는 완전 초보인데. 내 쇼는 팔로워가 없다시피 한데 누가 인터뷰하겠어?' 많은 사람이 여러분의 부탁을 거절할 것이다. 그래도 상관없다. 왜냐하면 모든 사람이 필요한 것은 아니기 때문이다. 한 사람만 있으면 된다. 그런 다음 이를 활용하여 다른 게스트를 확보할 수 있다.

몇 년 전 텔먼 크누드슨이라는 사람에게 전화가 왔다. 막 사업을 시작한 사람이었다. 그는 내가 구독자 명단을 가지고 있다는 것을 알고 있었고(보아하니 그의 드림 100 명단에 내 이름이 올라가 있는 것 같았다), 그가 준비 중인 행사를 내가 홍보해줄 수 있는지 물었다. 나는 그가 말하는 아이디어가 나와 어울리지 않는다고 판단해 거절했다. 나는 그게 그에게서 듣는 마지막 소식일 거라고 생각했다. 아마도 그의 드림 100 명단에 있는 사람들 또한 거절했을 거라 생각했기 때문이다. 그에게는 리스트나 플랫폼이 없었다. 다만 아이디어와 약간의 자신감이 있을 뿐이었다. 그런데 약 6개월 후 난데없이 우리 업계에서 높이 평가되는 리스트 운영자들에게서 수십 통의 이메일이 오기 시작했다. 모두 텔먼의 행사를 홍보하고 있었다. 무슨 일이 벌어진 것인지 흥미가 생겨 텔먼에게 전화를 걸었다. 그리고 대체 어떻게 이 많은 리스트 운영자들을 설득한 거냐고 물었다. 그는 이렇게 대답했다.

"이번 홍보를 함께하고 싶은 사람들의 명단을 만들어서 전화를 걸기 시작했어요. 첫 번째 사람은 거절했고, 두 번째 사람도 마찬가지였어요. 저는 계속 전화를 걸었고, 계속 거절당했죠. 그 명단 어디쯤에서 당신이 전화를 받았고, 역시 거절했지요. 하지만 저는 어떤 비용을 감수하더라도 끝까지 해보기로 결심했어요. 그래서 계속 전화를 걸었습니다."

"결국 몇 명한테 전화를 하신 겁니까?" 내가 물었다.

"49명요."

"단지 49명에게 전화를 거신 겁니까?"

"아뇨. 48명에게 거절을 당했지만, 49번째 사람은 좋다고 했어요! 한 명한테 허락을 받고나서 됐다고 생각했죠. 그 사람에게 관심을 가질 만한 다른 사람은 없는지 물었더니 세 사람의 이름을 알려주더군요. 그들에게 전화를 걸었더니 모두 좋다고 했어요. 나는 그들에게 소개를 부탁했고, 그들도 모두 좋다고 했어요! 좋다고 하는 사람이 점점 많아

지면서, 거절했던 사람에게 다시 전화를 하기 시작했고 그들에게 누가 참여하는지 그리고 누가 좋다고 했는지 보여줬어요. 그랬더니 앞서 거절했던 사람들 중 다수가 이번에는 좋다고 했죠. 48명에게 연달아 거절당한 뒤, 그다음 30명에게선 모두 허락을 받아냈습니다."

그렇게 해서 텔먼은 몇 달 지나지 않아 10만 명이 넘는 리스트를 구축했고, 그 리스트 덕분에 온라인 첫 해에 80만 달러가 넘는 매출을 올릴 수 있었다. 이것이 드림 100의 힘이다. 따라서 이제 여러분이 해야 할 일은 드림 100 리스트를 보면서 그들에게 여러분의 쇼에 나와 줄 수 있는지 물어보는 것이다. 많은 사람이 거절하겠지만, 그렇다고 해서 멈추면 안 된다. 단 한 번의 허락만 있으면 된다.

하나로 모으기

이 장에서 많은 개념을 설명했다. 이를 조금 더 구체적으로 요약하려 한다.

1단계　첫 번째 단계는 어떤 유형의 쇼를 하고 싶은지 알아내는 것이다. 여러분이 작가라면 블로그를 시작하는 게 좋다. 영상을 좋아한다면 영상 플랫폼에서 브이로그를 시작하는 것이 좋을 것이다. 오디오를 좋아한다면 팟캐스트를 시작하는 것이 좋다.

2단계　여러분의 쇼는 청중과 같은 목표를 달성하는 과정을 기록하는 것이다. 그 과정을 기록하면서 소재를 테스트하고 사람들이 반응하는 것들에 관심을 기울이게 될 것이다. 1년 동안 매일 게시물을 올리겠다는 약속을 한다면 소재를 테스트하고 자신의 목소리를 찾는 능력이 생길 것이다. 그러면 꿈의 고객이 여러분을 찾아올 것이다.

3단계   여러분의 쇼에서 드림 100을 활용하라. 이를 통해 그들과 관계를 구축하고, 플랫폼을 제공하여 여러분의 쇼에서 그들의 에피소드를 그들의 청중에게 홍보할 수 있다. 또한 그들의 친구나 팔로워에게 다가갈 수 있다.

4단계   비록 이것이 여러분의 쇼이긴 하지만 여러분은 누군가의 네트워크에서 시간을 빌려 쓰고 있다는 것을 잊으면 안 된다. 여기에서 만든 트래픽을 여러분이 '소유한 트래픽'으로 전환하는 데 집중해야 한다.

도표 7-11 나만의 쇼를 만들면서 내가 '획득하거나 통제 가능한 트래픽'을 내가 '소유한 트래픽'으로 전환하는 데 집중해야 한다.

이것으로 이 책의 1부를 마무리한다. 지금까지 우리는 트래픽에 대한 핵심 원칙을 다루었다.

우리는
• 여러분의 꿈의 고객이 누구인지 정확히 파악했다.
• 그들이 정확히 어디에 모이는지 찾아냈다.
• 청중에게 다가가는 방법(획득한 트래픽)과 돈을 이용하여 다가가는 방법(통제할 수 있는 트래픽)에 대해 이야기를 나누었다.

- 여러분이 획득한 트래픽과 구매한 트래픽을, 소유한 트래픽으로 전환하는 방법을 배웠다(나만의 리스트 구축하기).
- 해당 리스트를 후속 퍼널에 연결하여 여러분의 가치 사다리를 통해 이동할 수 있는 방법에 대해 논했다.
- 드림 100에 스며들고, 내 목소리를 찾고, 나만의 쇼를 만들어 팔로워를 늘릴 준비를 마쳤다.

다음 2부에서는 인스타그램, 페이스북, 구글, 유튜브 같은 광고 네트워크에서 트래픽을 얻는 패턴을 터득하고 그들의 알고리즘을 이해하여 무한대의 트래픽과 리드를 얻는 방법에 집중한다.

PART 2

퍼널 채우기

물고기 잡는 법을 터득하라

○
○
○

이 책의 1부에서 우리는 여러분의 꿈의 고객이 누구인지 정확하게 이해하고, 이미 이들을 모은 사람들(드림 100)을 찾아내고, 그들에게 접근하는 방법을 터득하고, 그들을 나의 리스트에 올리는 데 초점을 맞추었다. 2부에서는 다음 네 가지 광고 플랫폼에서 꿈의 고객들로 퍼널을 채울 방법에 대한 전술을 자세히 설명할 것이다.

- 인스타그램
- 페이스북
- 구글
- 유튜브

링크드인, 스냅챗, 핀터레스트, 틱톡, 트위치 등 수십 가지의 다른 플랫폼들도 상세하게 다룰 수 있지만 앞으로 트래픽을 얻고자 하는 모든 플랫폼에서 터득하고 사용할 수 있는 프레임워크와 패턴을 보여주기 위해 앞서 언급한 네 가지 플랫폼만 다룰 것이다. 여러분이 이 책을 언제 읽느냐에 따라 이들 플랫폼 가운데 일부는 더 이상 적절하지 않을 수도 있고, 아직 아무도 들어보지 못한 플랫폼들도 많이 나타날 것 분명하다.

한 플랫폼에 대한 전략과 전술을 설명하는 것은 물고기를 한 마리 주는 것과 같다. 반면 모든 플랫폼에서 트래픽을 얻을 수 있는 프레임워크를 가르쳐주는 것은 물고기 잡는 법을 가르치는 것과 같다. 책을 읽어나가면서 여러분은 패턴을 배우고 현재 가장 중요한 플랫폼에 실제로 적용되는 것을 보게 될 것이다. 이는 꿈의 고객으로 퍼널을 채울 프레임워크를 마스터하는 데 도움이 될 것이다.

'퍼널 채우기' 프레임워크

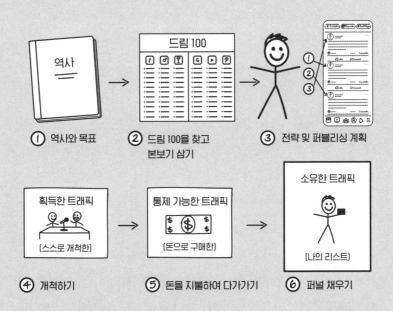

① 역사와 목표　② 드림 100을 찾고 본보기 삼기　③ 전략 및 퍼블리싱 계획

④ 개척하기　⑤ 돈을 지불하여 다가가기　⑥ 퍼널 채우기

도표 8-1　이 그림은 '퍼널 채우기' 프레임워크 안에 있는 6단계를 기억하는 데 도움이 된다.

1단계 플랫폼의 역사와 목적 이해하기: 플랫폼이 가는 방향을 알고 싶다면 그 플랫폼이 어디에서 왔는지 알아야 한다. 구글의 시작은 어땠는가? 페이스북은 어디서 왔는가? 알고리즘은 어떻게 바뀌었고, 더 중요한 것은, 왜 그렇게 바뀌었나? 그 이면에 숨겨진 목적은 무엇일까? 그렇게 바뀐 이유를 이해할 수 있다면 그들처럼 생각할 수 있다. 그들의 목적과 의도를 이해할 수 있다.

이것은 매우 중요하다. 왜냐하면 이 책 어딘가를 읽을 때 알고리즘은 이미 바뀌었을 수도 있기 때문에, 우리가 지금 어디에 있는지 이해하기 위해서는 과거를 이해하는 것이 필수적이다.

과거에 각각의 플랫폼이 어떻게 설계되었는지 알면 그들의 목표가 무엇인지 금세 이해할 수 있다. 모든 플랫폼의 목적은 사용자에게 최고의 사용자 경험을 제공하는 것이다. 그래야 사람들이 계속해서 다시 온다. 구글은 사용자들에게 가능한 최고의 검색 결과를 제공하려고 한다. 페이스북은 여러분이 좋아하는 것이 피드에 반드시 나타나길 원한다. 가능한 최고의 사용자 경험을 제공하는 것이 그들의 목표라는 것을 이해하고 나면 어떻게 해야 그들의 목표에 부합할 수 있는지 물을 수 있게 된다. 스패머spammer의 목표는 늘 알고리즘을 해킹하여 원하는 것을 얻는 것이다. 이는 언제나 단기적인 이득을 제공한다. 스패머의 존재가 식별되면 그동안 이용해왔던 허점이 제거되기 때문이다. 대신 네트워크의 의지에 맞게 원하는 것을 제공한다면 그들은 여러분이 원하는 대량의 트래픽을 줄 것이다.

2단계 　드림 100을 찾아 본보기로 삼기: 다음 질문은 '이 플랫폼에서 누가 이것을 알아냈는가', '이 플랫폼에서 꿈의 고객을 식별한 사람은 누구인가', '누가 고객들에게 게시물을 올리는가', 그리고 "많은 조회 수와 '좋아요'를 받아서 보상을 받는 사람은 누구인가?" 등이다. 이 부분에서 여정을 시작하는 여러분에게 1부에서 우리가 던졌던 핵심 질문으로 되돌아가 보자.

> **질문 1** 　꿈의 고객은 누구인가?
> **질문 2** 　그들이 모이는 곳은 어디인가?

이 두 질문은 다음 질문으로 이어진다.

> **질문 3** 　이 플랫폼에서 이미 꿈의 고객을 모은 드림 100은 누구인가?

내가 처음 페이스북이나 인스타그램을 했을 때(그리고 트위터나 링크드인 같은 다른 네트워크를 했을 때), 나는 이미 그 플랫폼을 장악한 드림 100을 볼 수 있었다. 누가 대규모의 팔로워를 거느리고 나의 꿈의 고객과 활발한 교류를 하고 있을까? 나는 각 플랫폼마다 드림 100 리스트를 만들었다. 그리고 그들을 팔로우했다. 그들이 정확히 무엇을 하고 있는지 보아야 했다. 왜냐하면 그들이 성공하고 있다면, 알고리즘의 선두에 있다는 의미기 때문이다. 드림 100이 플랫폼이 원하는 일을 하고 있는 중이므로 플랫폼이 오늘 무엇을 원하는지 실시간으로 알고 싶다면 그들이 무엇을 하는지 실시간으로 자세히 관찰해야만 한다. 다음은 퍼널 해킹 소셜 알고리즘을 구현하는 데 필요한 세 가지다.

1. 드림 100 리스트에 있는 사람들을 모두 팔로우하고 매일 10분 동안 그들이 무엇을 하고 있는지 관찰한다. 그리고 다음 질문에 답을 적는다. 그들은 무엇을 포스팅하는가? 그들은 어떻게 자신이 올린 포스트에 사람들이 참여하게 하는가? 그들이 운영하는 유료 광고는 무엇인가?
2. 이 10분 동안 그들이 하는 일마다 가능한 한 많은 댓글, '좋아요' 등으로 참여한다.
3. 바로 지금 작동하는 패턴을 인지하고 그것을 내 포스트의 본보기로 삼는다(퍼널 해킹). 이렇게 하면 바로 지금 플랫폼에 있는 시장의 박동을 느낄 수 있다. 또한 알고리즘이 무엇을 보상하고 있는지 볼 수 있는 능력이 생긴다.

더 깊게 들어가기 전에 모델링과 퍼널 해킹에 관해서 이야기하고 싶다. 안타깝지만 많은 사람이 위에 내가 쓴 글을 읽었을 것이다. 그래서 사람들은 다른 사람이 올린 포스팅을 보고 영감을 주는 글귀나 영상을 복사하기 시작할 것이다. 그런 다음 나를 찾아와서 말할 것이다. "러셀, 말한 대로 그대로 따라했는데 효과가 없네요."

퍼널 해킹은 따라하는 것이 아니다. 퍼널 해킹은 모델링이다. 그리고 따라하기와 모델링에는 큰 차이가 있다. 나는 매일 100명이 넘는 사람들의 포스트와 영상, 광고, 인용을 보는데, 그것은 내가 만들 것에 대한 영감을 얻는 데 도움이 된다. 예를 들어 몇 년 전 페이스북 피트니스 시장에서 내가 팔로우 하는 사람들 중 일부가 지금은 '밈 영상memed video'이라고 불리는 것을 만들었다. 그 영상은 실제 영상에 헤드라인을 추가한 것으로, 당시에는 신선했다. 그리고 이런 영상을 만드는 사람이 많지 않았다. 어떤 이유에선지 그 스타일과 화면 배치는 조회 수가 엄청나게 많았고, 수많은 댓글이 달렸으며, 수많은 사람이 공유해갔다 (페이스북이 좋아하는 모든 것).

도표 8-2　밈 영상은 수많은 댓글과 좋아요, 공유하기 등을 우리에게 남겨주었다.

이처럼 새로운 패턴 깨기pattern interrupt는 효과가 좋았다. 그래서 우리는 이 개념을 빠르게 모델링, 혹은 '퍼널 해킹'하여 우리만의 밈 영상을 만들기 시작했다. 마케팅 업계에서 이것을 활용한 것은 우리가 최초는 아니더라도 꽤 앞서는 편이었다. 쉽게 본 적이 없었기에 이러한 형식으로 게시하는 모든 영상에 댓글이 많이 달렸고 참여자도 많았다.

하지만 얼마 지나지 않아 사람들은 이 패턴 깨기가 얼마나 잘 작동하는지 알게 되었고, 그것을 본보기로 삼았다. 몇 달 안에 수백 명의 마케터들이 이 패턴 깨기를 하고 있었고, 내 피드의 대부분은 밈 영상으로 가득해졌다.

패턴 깨기가 패턴이 되면 더 이상 효과가 없어진다. 작동하지 않는다는 말은 아니다. 다만 효과가 줄어들 뿐이다. 따라서 드림 100이 무언가를 하고 있다면 여러분은 계속해서 그들이 하는 일을 본보기로 삼아야 한다. 새로운 패턴 깨기만큼 효과적이지는 않겠지만 그것은 현재 작동하고 있는 패턴이다. 그러므로 그곳이 시작점이다.

작동중인 패턴을 모델링하고 나면, 소셜 알고리즘 퍼널 해킹의 다음 단계는, 패턴 깨기가 될 아이디어를 찾고 테스트하는 것이다. 예를 들어 몇 주 전 나는 드림 100 중 일부가 인스타그램에 이상한 포스트를 올리기 시작하는 것을 알게 되었다.

이런 것은 본 적도 없고 솔직히 말해서 별로 마음에 들지 않았다. 하지만 패턴 깨기를 테스트해서 효과가 있는지 보기로 했다. 나는 이런 스타일을 모델링한 첫 포스트를 작성했고, 아니나 다를까 성공적이었다. 드림 100을 팔로우 하면 각 플랫폼에서 현재 무엇이 효과가 있는지 잘 알 수 있다. 그들이 시도하는 아이디어를 모델링하고, 여러분만의 독특한 아이디어를 제시한 다음 두 가지 모두 테스트하여 어느 쪽이 끝까지 남는지 볼 수 있다.

알고리즘은 언제나 변화하기 때문에 드림 100 회원들과 꾸준히 연락하고 가깝게 지내는 것이 중요하다. 그들은 알고리즘의 변화 역시

Russell Brunson
@russellbrunson

The greatest motivation comes from seeing the results of the people you're trying to help.

Russell Brunson
@russellbrunson

What are your recent accomplishments that make you feel proud?

도표 8-3 우리는 이러한 인용문 카드가 우리 독자들에게 패턴 깨기를 일으킨다는 사실을 깨달았다.

미리 알 수 있을 것이다. 향후에 있을 불가피한 변화를 겪을 때에도 시장에 의견을 나눌 사람이 있다는 것은 정말 유용하다.

3단계 퍼블리싱 전략을 파악하고 계획을 만든다: 플랫폼마다 콘텐츠를 게시하는 여러 방법이 있으므로 각 섹션의 전략과 이를 일간 배포 일정에 통합하는 방법을 이해하는 것이 중요하다. 예를 들어 인스타그램은 여러분에게 리얼리티 쇼와 유사한 이야기를 할 수 있게 해준다. 이런 질문이 생길 수 있다. "얼마나 자주 '스토리'를 이용해야 하지? 프로필에는 무엇을 올려야 하지? 얼마나 자주 게시물을 올려야 하지?" 또한 인스타그램은 팔로워들을 대상으로 하는 토크쇼와 유사한 '라이브'를 할 수 있게 해주고 '~하는 법' 콘텐츠를 위한 IGTV를 제공한다. 다양한 가능성이 있으므로 각 플랫폼의 퍼블리싱 기회를 이해하고, 어떤 것에 초점을 맞출지 결정하고, 선택한 플랫폼에서 꾸준하게 퍼블리싱 할 수 있는 계획을 생각해내야 한다.

4단계 서서히 다가가기(스스로 개척하기): 각 플랫폼에서 퍼블리싱을 시작하고 내 꿈의 고객들이 볼 수 있는 콘텐츠를 확보한 후에 드림 100 회원들에게 다가갈 방법을 찾는다. 이런 질문을 던질 수 있다. '어떻게 하면 내 꿈의 고객들을 모아 놓은 사람들에게 자연스럽고 자유롭게 노출할 수 있을까? 그리고 어떻게 내 리스트에 가입하게 하여 내 소유의 트래픽이 되게 할 수 있을까?'

5단계 돈을 써서 다가가기: 고객을 개척하는 도중에 가능한 빠르게 성장을 촉진하고 싶을 때 좋은 방법은 드림 100의 팔로워들을 타깃으로 하는 광고를 구매한 다음 이 사람들을 내 리스트에 가입하게 하고 내 소유의 트래픽이 되게 하는 것이다. 나는 이 책에서 돈을 주고 청중에게 다가가는 방법에 대해 논의하지만, 9장에서는 각 플랫폼에서 유료 광고를 마스터하기 위해 사용할 수 있는 유료 광고 프레임워크를 더욱 깊게 설명하고 있다.

6단계 퍼널 채우기: 게시물을 업로드하고, 즉 퍼블리싱을 하고, 청중에게 다가가고, 유료 광고를 이용하는 목적은 언제나 모든 트래픽과 관심을 내 소유의 트래픽으로 전환하는 것이다. 그렇게 하기 위해서는, 연락처 정보를 구할 수 있는 퍼널에 몰아넣거나, 시작 제품을 판매하거나, 후속 퍼널을 통해 가치 사다리의 높은 곳으로 올라갈 수 있게 하는 방법이 있다.

이 6단계는 '퍼널 채우기' 프레임워크를 구성하고, 모든 플랫폼을 마스터하고 그 순간의 상황을 파악하는 데 도움을 줄 것이다. 나는 각 플랫폼이 어떻게 작동하는지 기록한 다음 이 프레임워크를 플랫폼에 적용했다. 그렇게 하면 내가 어떻게 생각하는지 이해할 수 있고, 내 퍼블리싱 계획을 세우면서 어떻게 하면 드림 100의 팔로워를 개척하고 어떻게 하면 유료 광고를 이용하여 접근할 수 있는지 알아낼 수 있다. 내 목적은 이 패턴이 너무나도 익숙해져서 책을 다 읽을 때 즈음 여러분이 '물고기 잡는 법'을 깨닫게 하는 것이다.

퍼널 채우는 방법

자연적으로 퍼널 채우기

오늘날 우리가 인터넷을 사용하는 방식이 소셜 미디어가 없던 때와 많이 달라졌지만 그리 오래 전의 일은 아니다. 예전에는 포럼과 게시판에서 사람들이 서로의 생각과 아이디어를 나눌 수는 있었지만, 대부분은 찾고 싶은 것을 검색하기 위하여 온라인에 접속했다. 그러다가 프렌스터 같은 사이트가 처음 등장하고, 곧 페이스북, 트위터가 뒤를 이어 나타났다. 우리 마케터들은 모두 이 플랫폼들을 활용하면 돈을 벌 기회가 있다는 것을 알았지만, 그 방법이 무엇인지는 알지 못했다. 우리가 초창기에 시도했던 것들은 대부분 링크를 올려 우리 퍼널에 오게 하는, 요즘에는 스팸으로 간주되는 것들이었다. 엄청나게 많은 사람들이 모여 있었고, 우리는 온 힘을 다해 그들에게 메시지를 전달하려고 노력했다. 우리가 시도했던 것들은 대부분 효과가 없었다. 장기적으로 볼 때 그랬다.

새로운 소셜 플랫폼을 보고 너무나도 실망했다. 트래픽을 전달하는 역할을 제대로 수행하지 못한다고 생각했기 때문이다. 어쩔 수 없이 노력을 멈추어야 했다. 대신 무료 및 유료 광고와, 배너 광고, 이메일 마케팅에 내 에너지를 집중했고, 소셜 미디어는 마치 전염병을 대하듯 멀리했다.

이때쯤 트위터가 큰 인기를 끌기 시작했다. 트위터가 당시 가장 빠르게 성장하는 소셜 네트워크가 되자 모두들 시류에 편승하기 시작했다. 유행에 뒤처질까 두려워 나도 트위터를 시작했다. 처음에는 이해가 가지 않았지만 잘나간다는 사람들이 모두 트위터를 하기에 나도 해본 것이다. 팔로워를 늘리고 나니 마케터에게 남은 일은 제품을 홍보하는 일밖에 없었다. 하지만 유감스럽게도 매출은 거의 올리지 못했고, 마케팅 때문에 나를 팔로우하던 소수와의 관계도 깨지고 말았다. 그때 드림 100에 올라와 있던 페리 벨처가 트위터에 들어왔다. 몇 달만에 그는 10만 명이 넘는 팔로워를 확보했고, 팔로워들을 대상으로하는 웨비나를 시작해서 2만 명이 넘는 가입자를 유치해 한 웨비나로 100만 달러가 넘는 매출을 올렸다!

나는 경외감을 가지고 그가 하는 일을 지켜보았다. 그리고 퍼널 해커라면 해야 할 일을 했다. 그가 거쳤던 과정을 리버스 엔지니어링(장치 또는 시스템의 기술적 원리를 구조 분석을 통해 발견하는 과정)한 것이었다. 그런데 그가 했던 일을 깊이 파고 들수록 나는 혼란에 빠졌다. 그는 아무런 광고도 하지 않았다. 자신의 제품에 대한 이야기도 하지 않았다. 그가 포스트를 올릴 때마다 수천 개의 댓글이 달리고 공유되며 단지 브랜드가 커지고 있었다. 마침내 그와 연락이 닿아서 어떤 전략인지 설명해줄 수 있느냐고 물었다. 다행히도 그는 그러겠다고 했다. 우리는 곧 전화 통화를 했고, 이런 대화를 나누었다.

"페리, 안녕. 나는 소셜 네트워킹을 이용해서 어떻게 돈을 벌 수 있는지 알아내려고 애썼지만 소용이 없었어. 외부에서 네가 하는 일을 보고 있는데, 모든 게 뒤바뀌어 있는 것 같아. 홍보도 안 하고, 물건을 팔지도 안 하는 데 큰돈을 벌고 있잖아. 무엇을 하고 있는 거야?"

페리는 조금 웃더니 말했다. "그게 너의 문제야, 러셀. 내가 소셜 네트워킹을 해서 돈을 얼마나 벌려고 하는지 추측해봐."

"최대한 많이?" 내가 말했다.

페리가 피식 웃는 소리가 나더니 말했다. "없어. 0이라고. 그게 소셜 네트워킹을 이용해서 벌려고 하는 액수야. 소셜 네트워킹은 돈을 벌려고 하는 게 아니야. 친구를 사귀려고 하는 거지. 그건 우리가 직접 사업을 하는 것과 같아. 내가 소셜 미디어를 어떻게 바라보는지, 그리고 소셜 미디어를 이용해서 어떻게 회사를 성장시키는지 설명해볼게. 소셜 네트워크에는 페이스북, 트위터, 유튜브 등이 있어. 내가 보기에 이 네트워크들은 모두 파티에 가는 것과 비슷해. 따라서 트위터에서 메시지를 포스팅하고 답장을 하는 게, 마치 내가 파티에 있을 때와 비슷해. 이해가 가?"

"음, 그런 것 같아." 내가 대답했다. "하지만 그렇게 해서 어떻게 돈을 번다는 건지 아직도 모르겠어."

"자, 너는 파티에 가면 네가 하는 일 얘기만 하니? '안녕, 난 페리라고 해. 물건을 팔지. 좀 팔아줄래?' 아니지. 당연히 안 그러지. 그랬다가는 파티에서 가장 멍청한 인간이 될 거야. 다들 너를 피할 거라고. 그리고 지금 네가 소셜 미디어에서 하는 짓이 그렇고, 러셀. 나는 널 지켜보고 있었어. 그래서 네 밑에서 일하지 않으려고 하는 거야."

"좋아, 그러면 우리는 소셜 네트워킹 사이트에서 무슨 말을 하는 거야? 나는 내성적이어서 그런지, 현실에서도 알고 지내는 경우는 절대 없어. 그래서 무슨 말을 어떻게 해야 하는지 모르겠어."

"살면서 일어나는 이야기를 해." 페리가 대답했다.

"가족 이야기를 해봐. 사람들에게 이야기를 들려주고, 즐겁게 해주고, 질문을 하고, 파티에 온 다른 멋진 사람들에게 소개해주는 거야. 기본적으로 현실에서 사람들과 만나서 하는 일을 모두 하는 거야. 소셜 네트워킹은 큰 파티일 뿐이야. 그게 가장 중요한 부분이야."

나는 머릿속에 정리가 되었는지 확인하려고 낙서를 끄적였다. 또한 페리와 드림 100의 다른 모든 사람들이 각각의 소셜 네트워크에서 어

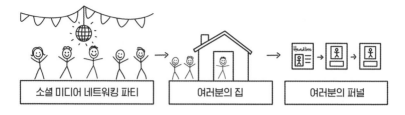

| 소셜 미디어 네트워킹 파티 | 여러분의 집 | 여러분의 퍼널 |

도표 8-4 소셜 네트워킹의 목적은 사람들을 집으로 초대해서 여러분의 퍼널로 인도하는 것이다.

떻게 포스팅하고 대화하는지 관찰하기 위하여 노트를 만들어 이러한 '파티'에서의 교류를 모델링하기 시작했다.

"두 번째는 각각의 소셜 플랫폼에서 내 프로필을 이용하는 방법이야." 페리는 이어서 말했다. "내 프로필은 나의 집이자 가정이고, 내가 사는 곳이야. 거기에는 내 생각과 정보, 내가 흥미를 느끼는 것에 대한 거의 모든 것이 있어. 내가 모은 사진, 영상, 친구들과 함께했던 재미있는 일들 말이야. 사람들이 내가 사는 집에 오면 내가 관심을 가지는 것이 무엇인지 알게 되지. 내가 말하고 싶어 하는 것을 알 수 있어. 자, 이제부터 어떻게 작동하는지 설명할게. 나는 어떤 집단에 들어가면 네트워킹을 시작하지. 그러니까 내 피드에 올라온 다른 사람의 포스트를 보게 되고, 나는 가서 대화에 참여하고 친구가 돼. 꾸준하게 내 모습을 보여주면 사람들은 내가 사는 집에 들러보고 싶어 하고 내가 어떤 사람인지 알게 돼. 사람들에게 과자 같은 것(무료 콘텐츠)을 제공해서 집에 오게 하는 거야. 사람들이 우리 집에 오면 그곳에서 나와 같이 행동할 수 있는 일에 초대하는 거야. 웨비나에 등록하거나, 행사에 참석하거나, 내가 쓴 책을 읽거나 뉴스 레터 리스트에 가입하는 거지. 이렇게 집에 온 사람들을 퍼널로 초대하는 거야. 물건을 팔기 위한 대화들은 소셜 미디어에는 자리가 없지만, 집에서는 할 수 있지. 개인 프로필에서 만든 포스트에서 퍼널로 사람들을 안내하는 거야. 소셜 플랫폼에서 가치를 제공하면 나에 대해 더 알고 싶은 사람들은 집으로 달려올 것이고, 거기서 퍼널로 흘러들어가는 거야."

이것이 바로 내가 찾던 큰 '깨달음'이었다. 소셜 네트워크는 판매를 위한 곳이 아니었다. 친구를 사귀는 곳이었다. 나는 전술을 수정해서 내 제품을 판매하려고 했던 포스트를 모두 삭제하고, 봉사하고 교류하고, 즐거운 시간을 보내면서 팔로워들과 재미있게 지내기 시작했다. 이후에 찾아온 친구들과 팬들, 팔로워들은 모두 파티 인생의 직접적인 부산물이었다.

특정 네트워크를 논하기 전에 여러분에게 이와 같은 맥락을 알려주고 싶었다. 왜냐하면 이것이 우리가 '개척하는 방법'이기 때문이다. 이것은 여러분이 어느 플랫폼에 초점을 맞추고 있든지 관계없이 소셜 미디어를 이용해서 성공하고 싶다면 마스터해야 할 핵심 개념이다. 자신의 메시지를 팔로워들에게 스팸으로 보내는 사람들은 늘 소셜 미디어가 효과가 없다고 생각할 것이다. 약간의 단기적인 성과를 얻는다 하더라도 그러한 성과는 지속되지 않는다. 반면 더 오랫동안 게임을 하고 팔로워들과 함께 씨앗을 뿌리는 사람들은 그들의 퍼널로 트래픽이 끊임없이 밀려올 것이다.

소비자가 아닌 생산자

나는 지체 없이 경고하고 싶다. 아마도 이 책을 읽는 사람 중에는 벌써부터 이런 생각을 하는 사람이 있을 것이기 때문이다. '러셀, 난 지금 이미 너무 많은 시간을 소셜 미디어에 쓰고 있어. 내가 파티의 스타가 된다면 내 인생 전체가 소셜 미디어에 허비되고 말 거야.' 맞다, 여러분은 지금 너무나도 많은 시간을 소셜 미디어에 쓰고 있다. 여러분이 누구인지 나는 상관하지 않는다. 아마도 너무나도 많은 시간을 소셜 미디어에 소비했을 것이다. 하루에 10분 이상을 소셜 미디어에 소비하고 있다면 여러분은 시간을 낭비하고 있는 것이다. 여기서 키워드는 '소비'라는 말이다.

이제 여러분은 더 이상 소셜 미디어의 소비자가 아니다. 여러분은 소셜 미디어의 생산자다. 둘 사이에는 큰 차이가 있다. 소셜 미디어를 소비하는 것은 여러분이나 여러분의 청중에게 도움이 되지 않는다. 소셜 미디어를 생산하는 것은 사람들에게 도움이 된다.

이 프로세스의 첫 번째 단계는 소셜 미디어를 리셋하는 것이다. 트래픽을 만들기 위해서 이용하고 있는 모든 플랫폼에서 거의 모든 사람과 친구 및 팔로워와 관계를 끊으라는 말이다. 그렇게 하면 주위 사람들이 포스팅하는 말도 안 되는 소리에 주의가 산만해지는 일은 없을 것이다. 이제부터 소셜 미디어는 사교 도구가 아니라 비즈니스 도구로서 사용할 것이다. 친구를 모두 끊고 나서 각각의 플랫폼에서는 드림 100만 팔로우하는 게 좋다. 그렇게 하면 어느 플랫폼에 로그인을 하더라도 그들이 포스팅한 것을 재빨리 훑어보고, 본보기로 삼을 수 있는 제대로 작동하는 것들에 대한 아이디어를 얻을 수 있을 것이다. 또한 포스트에 댓글을 달고 메시지를 보내 이들과 함께 우물을 팔 수 있을 것이다.

이제 소셜 피드가 정리되었으니 가장 많은 사람들이 참여하는 소셜 파티를 찾아본다. 수십여 명밖에 참여하지 않는 파티 대신 노력한 만큼 가장 노출이 잘 되는 도심지의 가장 큰 파티를 찾아야 한다. 플랫폼에 따라 가장 큰 그룹이나 팟캐스트, 블로그, 영상, 팬 페이지 등 파티의 스타가 될 수 있는 곳을 찾아야 한다. 이러한 그룹에 참여하면 사람들은 자연스럽게 여러분의 집으로 돌아오기 시작할 것이다.

앞으로 나올 장에서 나는 평생을 소비하지 않는 방식으로 효과적으로 소셜 미디어의 생산자가 될 수 있는 방법을 보여줄 것이다. 그리고 각 소셜 네트워크의 구체적인 퍼블리싱 계획을 설명할 것이다. 이대로만 하면 여러분의 소중한 시간을 낭비하지 않고 청중에게 봉사하는 데 초점을 맞출 수 있다.

다음 장에서 우리는 유료 광고를 이용하여 여러분의 퍼널을 채우는 방법에 대해 알아볼 것이다. 그런 다음 현재 가장 큰 소셜 네트워크인 인스타그램과 페이스북으로 넘어갈 것이다. 나는 양 플랫폼에서 드림100을 찾고, 플랫폼의 전략을 이해하고, 퍼블리싱 계획을 만들고, 팔로워 수를 늘리고 퍼널을 채우는 방법을 논의할 것이다.

돈을 써서 퍼널 채우기

'개척하기'와 자연스럽게 무료 트래픽을 얻는 방법에 대한 중요 전략을 살펴보았다. 이제 유료 광고를 이용해서 퍼널을 채우는 전략을 설명하려 한다. 이 두 가지 핵심 원칙을 이해하고 나서 각 트래픽 플랫폼(인스타그램, 페이스북, 구글, 유튜브)에 대해 자세히 알아보고 두 가지 전략을 모두 사용하여 꿈의 고객을 찾아 퍼널로 끌어들이는 방법을 설명할 것이다.

짐작하겠지만 나는 사적인 시간의 대부분을 드림 100을 관리하고, 리스트를 구축하고, 소통하고, 팬과 팔로워를 구축하고 콘텐츠를 퍼블리싱하는 데 쓴다. 사실 우리 회사는 처음 10년 동안 유료 광고는 운영하지 않았다. 우리 제품을 홍보하기 위해 제휴 회사에 돈을 지불했고 나중에 배우게 될 성장 도구를 사용했지만 실제로 광고 비용을 지불한 적은 없다.

우리는 이 방법들을 이용하여 많은 트래픽을 유도할 수 있었다. 하지만 일관성이 있다고 보기는 어려웠다. 대대적인 프로모션을 실시하여 많은 트래픽을 유도해 큰 매출을 올렸지만, 프로모션이 끝나면 트래픽은 서서히 줄어들었고 우리는 다시 처음부터 새로운 프로모션을 제안해야 했다. 트래픽의 기복이 수년간 지속되자 어느 날 나는 여기서 벗어나기로 했다.

나는 사무실로 가서 트래픽의 기복에서 벗어나 더 일관성 있는 마케팅을 할 수 있도록 유료 광고에 대해 알아보라고 말했다. 그리고 페이스북과 구글을 마스터하는 데 관심 있는 사람이 있냐고 물었더니 한 명이 손을 들었다. 그의 이름은 존 파크스로, 유료 광고에 집중하는 첫 번째 부서를 창설했다. 처음 몇 년 동안은 그 혼자였지만, 각 네트워크에서 작동하는 모델을 알아낸 다음 그는 클릭퍼널스를 현재의 위치까지 성장시키는 데 중추 역할을 한 팀을 구축했다.

지금까지 배워온 전략에 유료 광고를 추가하는 것은 숯에 기름을 부어 불을 붙이는 것처럼 효과가 좋았다. 홍보하는 퍼널의 결과를 빠르게 받아볼 수 있고 장기간에 걸친 매출을 예측 가능하게 통제할 수 있었다.

나의 광고 예산은 얼마인가?

유료 광고에 관해 이야기를 할 때마다 사람들에게 가장 많이 듣는 질문은 언제나 광고를 운영하기 위해 얼마나 많은 규모의 예산이 필요한가에 대한 질문이었다. 나는 언제나 웃으며 지금까지 내 조언을 잘 따라왔고 손익분기점에 도달했다면 광고에 쓰는 돈은 모두 즉시 되돌아온다고 말한다. 손익분기점에 도달했거나 수익이 나고 있는 퍼널이 있다면 추가 광고 예산은 없는 것이다. 우리의 목표는 최대한의 수익이 날 만큼 지출하는 것이다. 지출하는 것보다 더 많이 벌기 때문이다.

이것이 작동하는 방식을 설명하기 위하여 짧은 이야기를 하나 하겠다. 최근 우리는 LeadFunnels.com에 새로운 시작 퍼널을 출시했다. 그것은 37달러짜리 '돌출 주문서order bump(체크아웃 단계에서 간편하게 추가 주문을 할 수 있게 한 것으로, 『마케팅 설계자』에서 상세히 설명하고 있다—옮긴이)'와 100달러짜리 '단 한 번의 제안one-time offer, OTO'으로 구성된 7달러짜리 보고서였다. 퍼널이 활성화되고 나자 우리는 그것이 동작하는지, 기술적인 문제는 없는지, 실제로 수익을 올리게 될 것인지 확인하고 싶었다. 그래서 우리는 초기의 광고 예산을 100달러로 책정했다. 페이스북 광고를 운영하기 시작했고 약 하루 만에 100달러를 다 써버렸다. 그리고 100달러를 벌었는지 보기 위해 매출을 확인했다. 첫 광고 지출을 통해 위는 약 100번의 클릭과 7건의 보고서(7달러×7건=49달러)를 얻었고, 두 사람이 돌출 주문서를 구입했고(37달러×2건=74달러), 한 사람이 100달러짜리 OTO를 구입했다. 총 판매는 223달러였다. 광고비 100달러를 제하고 나니 우리가 번 돈은 123달러였다!

보이는 것처럼 이 퍼널은 더 이상 광고 예산이 없다. 우리는 수익이 나기만 한다면 계속해서 광고를 운영할 것이다. 만일 어떤 이유에선지 우리가 이 테스트에서 돈을 잃으면 광고를 끄고 퍼널을 다시 작업한 다음 100달러를 추가하여 다시 테스트할 것이다.

나는 언제라도 큰돈을 잃을 수 있는 위험을 감수하고 싶지 않다. 그래서 새로운 퍼널이 활성화될 때마다 몇 가지 광고를 설정하고, 소규모 테스트 예산을 들인 다음 어떤 일이 일어나는지 확인한다. 실패한 퍼널들은 처음으로 되돌려 보내고 작동하는 퍼널은 얼마나 많은 수익을 올릴 수 있는지 확인한 다음 조정 과정을 거친다.

잠재 광고 VS 리타기팅 광고
....

광고에 관한 이야기를 시작하기 전에 잠시 잠재고객prospecting 광고와 리타기팅retargeting 광고의 차이를 설명해야 한다.

존은 이렇게 설명한다. "잠재고객 광고는 여러분을 잘 모르는 사람에게 다가가, 그의 관심을 얻을 수 있을 만큼 충분히 긴 시간 동안 유혹하는 행동입니다. 그들의 관심을 얻어 우리와 교류하게 되면 우리

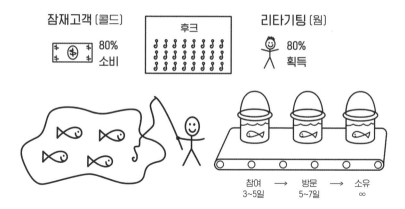

도표 9-1 유료 광고로 최선의 결과를 얻으려면 잠재고객 광고에 그쳐서는 안 된다. 계속해서 리타기팅 광고를 이용하여 호감을 가지고 있는 청중에게 또 다른 구매 기회를 제공해야 한다.

는 그들을 '잠재'고객에서 '리타기팅' 고객으로 이동시킵니다. 그런 다음 이들에게는 다른 식으로 광고하고 우리의 가치 사다리에 올려놓습니다. 그럼 이들이 어떻게 함께 작동하는지 설명해보겠습니다. 예를 들어 효과적인 양육 방식에 관한 책을 팔아야 한다고 해보지요. 잠재고객 광고는 부모가 될 가능성이 높은 신혼부부(혹은 곧 부모가 될 사람들)에게 달려가서 그 책의 개념을 소개하는 것을 말합니다. 그러한 광고를 통해 사람들과 교류하게 되면 어떤 사람들이 여러분이 하는 말에 관심을 보이는지 알게 될 겁니다. 그러한 사람들 가운데 소수는 즉시 그 책을 살 수도 있지만, 대다수는 당장 사려고 하지는 않을 겁니다. 이처럼 교류한 적은 있지만 구매하지 않은 사람들은 리타기팅 그룹으로 분류합니다. 그러면 우리는 이들을 사전에 접촉하거나 다른 후크를 테스트하거나 다른 스토리를 이용하거나 과거에 했던 제안들을 떠올리게 하여 우리의 퍼널로 유입시킬 수 있습니다."

1단계 꿈의 고객을 '유혹하기 위한' 다수의 잠재고객 광고

처음 유료 광고를 이용하기 시작하면서 우리는 일단 훌륭한 광고를 만들기만 하면 수천 명의 꿈의 고객을 유치할 거라는 생각을 했다. 하지만 실수였다. 나는 어마어마한 시간을 들여 완벽한 후크를 만들려고 노력했다. 그리고 여러 네트워크에 광고를 했다. 하지만 절반은 실패하고 말았다. 효과가 있기도 했지만 잠깐이었다. 존은 실망하며 광고에 사용할 수 있는 사진과 영상을 더 찍게 해달라고 요청했다. 나는 때때로 그렇게 했지만, 대부분은 유료 광고가 기대한 만큼 효과가 없다고 생각했다.

몇 달 뒤, 나는 친구인 딘 그라지오시에게 전화를 걸어 우리가 책과 온라인 코칭 프로그램을 팔기 위해 하는 일을 공유하기로 했다. 딘은 내 드림 100 명단에 처음으로 올랐던 사람으로, 딘과 통화 중에 나는 이런 자랑을 했다.

"유료 광고를 이용해서 매주 우리 책을 1200부 정도 팔고 있어요. 그쪽은 어때요?"

"우리는 일주일에 5000부 정도인데 몇 달 동안 꾸준히 유지하고 있어." 딘이 답했다.

'우와, 우리보다 네 배나 많이 파네.' 나는 생각했다. 딘과 전화를 하면서 나는 존에게 문자를 보내 우리가 무엇을 잘못하고 있는지, 딘이 정말로 그렇게 많이 팔고 있는지 확인해보라고 했다. 몇 분 뒤에 존에게 메시지가 왔다.

"5000부요? 그의 광고를 어디서나 볼 수 있지만 우리보다 광고를 더 많이 할 방법은 없어요. 그에게 어떻게 하면 그렇게 많이 팔 수 있는지 물어보세요."

딘과 나는 오랫동안 이야기를 나눴지만 어떻게 우리보다 네 배나 많은 매출을 올리는지 알 수 없었다. 통화를 마치면서 우리는 비행기를

타고 가서 딘의 팀원들과 하루를 보내는 게 가장 좋을 것이라고 판단했다. 그렇게 하면 나는 그들에게 우리가 하고 있는 멋진 퍼널을 보여줄 수 있을 테고, 그들은 우리에게 그들이 일하고 있는 모습의 이면까지 보여줄 수 있을 터였다.

몇 주 뒤에 나는 팀원들과 함께 책의 매출을 네 배 이상 올릴 방법을 알아낼 수 있을지도 모른다는 부푼 마음을 안고 비행기를 타고 애리조나로 날아갔다. 양쪽의 팀원들이 회의실 테이블에 모였다. 우리는 그들에게 우리의 가장 좋은 것을 보여주었고, 그러자 그들은 광고 계정을 공개하고 우리가 볼 수 있게 해주었다. 처음에는 사막에서 바늘 찾기만큼 어려웠다. 그들의 광고는 우리와 비슷했고, 대상도 비슷해보였다. 우리와 같은 전략인 것 같았다. 그때 우리는 그것을 발견했다. 지나쳐버릴 뻔했던 그것은 밖에서 안을 들여다볼 때는 알 수 없는 것이었다. 딘과 그의 팀원들은 사실 우리보다 네 배나 많은 광고를 운영하고 있었다.

"광고를 몇 개나 운영하고 있는 거죠?" 내가 물었다.

"많이. 매일 새 광고를 몇 개씩 만들라고 했어." 딘이 말했다.

"매일요?"

"그래, 하루 내내 나는 책을 가지고 다닌다네. 그리고 멋진 장소를 발견하면 휴대전화를 꺼내 새 광고를 만드는 거지. 딸아이의 소프트볼 게임에서 한 장, 집에서 한 장. 이건 공항이고, 이건 저녁 식사 때."

이것이 비밀이었다니 믿을 수가 없었다. 훨씬 창의적이었고, 후크도 많았고, 광고의 수도 많았다.

여러분의 제품이나 서비스를 필요로 하는 사람들은 모두 다양한 이유가 있다. 하나의 후크만 만들려고 한다면 당분간은 살아남아 그 후크를 찾는 사람들을 사로잡을 수 있을지는 모르지만, 금세 사라지고 말 것이다. 광고를 만들 때는 많이 만들어야 한다. 주머니 속 휴대전화는 광고를 제작하고, 창의력을 표현하고, 후크를 개발하는 기계가 되어야 한다. 어디를 가든 광고로 전환할 수 있는 제안의 기회를 살펴야 한다. 그날 딘의 사무실을 나서면서 우리는 우리의 광고와 회사를 다음 단계로 도약하는 데 필요한 보물을 얻었다. 수많은 잠재고객의 바다에 더 많은 창조물을 넣을수록 더 많은 물고기, 즉 꿈의 고객을 잡을 수 있다.

잠재광고의 타기팅

창의력을 발휘한 다음 단계는 누가 볼 것인지 알아내는 것이다. 존은 이렇게 설명한다.

○ **드림 100**: 시작하기에 최적의 장소는 해당 플랫폼의 드림 100 명단이다. 페이스북과 인스타그램에서 광고를 운영한다면 특정한 사상적 지도자, 브랜드, 유명 인사 등에 관심이 있는 사람들을 대상으로 할 수 있다. 전부라고 할 수는 없지만 다수의 드림 100의 팔로워들을 대상으로 삼을 수 있다. 유튜브의 경우에는 여러분의 광고가 개별적으로 혹은 채널 전체가 드림 100의 영상 앞에 보이게 특정할 수 있다.

○ **꿈의 고객 아바타**: 두 번째 타깃은 꿈의 고객 아바타다. 그들의 관심사, 나이, 직업, 가정생활 등 여러분이 파악하고 있는 것들을 생각해보자. 이들 광고 플랫폼은 대부분 광고를 보여줄 대상을 꽤 구체적으로 정할 수 있다.

○ **다수의 대상이 겹치는 부분**: 일부 광고 네트워크는 다수의 기준을 적용해 교집합을 찾아 그 부분만 구체적으로 대상으로 삼는다. 겹치는 세 개의 원이 있으며, 각자의 원은 한 대상만을 나타낸다고 생각해보자. 그리

고 중앙 지역에서 모두 겹치는 부분을 상상해보자. 이 중심 부분은 꿈의 고객이 있을 가능성이 가장 높은 지점이다. 예를 들면 한 캠페인에서는 '토니 로빈스의 팔로워'를, 다른 캠페인에서는 '기업가'를, 또 다른 캠페인에서는 '35세에서 55세 사이의 여성'을 대상으로 삼는 게 아니라 세 가지 범주에 속한 대상에게 광고가 노출되어야 하는 것이다.

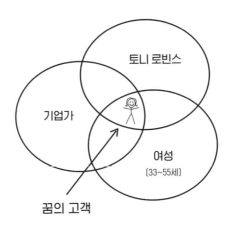

도표 9-2 고객을 계층화하여 공통점이 많은 사람들만 대상으로 삼으면 광고 비용을 낮추고 더 좋은 결과를 얻을 수 있다.

○ 알고리즘: 마지막은 솔직히 말해서 네트워크들이 지향하고 있는 지점인데, 여러분이 하는 일을 대신 하기 위해 알고리즘에 의존하는 것이다. 수백 명의 사람들이 여러분의 포스트를 클릭하고 참여해서 퍼널로 유입되거나 잠재고객 혹은 구매자가 되면 데이터 풀이 생성된다. 광고에 반응하는 사람이 정확히 누구인지 분석하는 것이다. 플랫폼 알고리즘은 이 데이터를 작동시켜 실제로 광고의 대상을 지정하는 업무에 도움을 준다. 이들이 분석한 대상을 '유사 타깃'이라고 한다. 모두 어느 쪽을 소스로 사용할 것인지 정하고, 알고리즘이 그 사람들이 누구인지 자세히 조사한 다음 정해진 범위 안에서 그들과 가장 유사한 사람을 판별한다.

80/20규칙

잠재고객 광고를 운영할 때 주의해야 할 한 가지는 이러한 유형의 광고가 비싸다는 점이다. 하지만 다음 두 가지 이유에서 잠재고객 광고는 필수적이다. 첫째, 잠재고객을 발굴하여 실제로 광고에 반응하는 사람을 찾아내어 타기팅이 더욱 정확해진다(이는 비용을 줄여준다). 둘째, 리타기팅 목록을 채워준다. 잠재고객 발굴을 중단하면 곧 리타기팅할 대상이 없어진다.

다음은 잠재고객 광고를 운영하기 전에 알아두어야 할 존의 경고다.

소규모 사업주와 기업인들을 대상으로 유료 트래픽에 대해 여러 해 동안 코칭을 했다. 나는 광고비가 너무 비싸서 광고를 이용해 매출을 올릴 수 없다고 생각하는 사업주와 반대 입장에 서 있었다. 너무 성급한 사업주들은 너무 서둘러서 광고 캠페인을 그만둔다. 하지만 나는 그들이 80/20 규칙을 광고에 적용하면 광고에서 무엇을 기대해야 하는지 더 잘 알게 될 것이라고 생각한다.

처음 광고를 게재하면 대부분의 사람은 여러분이 누구인지 어떤 제안을 하는지 알지 못한다. 이런 사람들에게 광고를 하는 것은 비용도 많이 들고 효율도 많이 떨어진다. 하지만 처음 시작할 때는 선택의 여지가 없다. 다른 방법으로 잠재고객을 확보하고 싶겠지만 노력에 비해 성과는 더디게 나올 것이고 잠재고객을 생성하거나 매출을 올리는 데 드는 비용은 훨씬 늘어날 것이다(때로는 그 비용이 너무 많이 들어서 손해를 보기도 한다). 실제로 잠재고객 광고에만 광고 예산의 80퍼센트를 썼는데 그 결과가 20퍼센트에 불과하더라도 놀라서는 안 된다. 하지만 강하게 버틴다면 터널 끝에서 빛을 보게 될 것이다. 잠재고객 확보 캠페인의 한 가지 목적은 리드와 선매출을 생성하는 것이다. 하지만 더 큰 목적은 리타기팅 대상을 만드는 것이다(여기에는 소셜 팔로워와 리스트가 포함된다). 사람들이 여러분의 광고에 참여하기 시작하면서 구독이나 팔로우(여러분이 통제할 수 없다)를 할 뿐만 아니라, 리타기팅 대상(여러분이 통제할 수 있다)이 될 수도 있다. 이 새로운 팔로워들과 리타기팅 대상에게게서 예산의 20퍼센트만 사용하면서 결과의 80퍼센트를 볼 수 있는 경우가 많다. 이두 가지 전략을 병행해서 사용하면 원하는 비용으로 여러분의 비즈니스를 효율적으로 성장시킬 수 있다.

2단계 리타기팅 퍼널을 이용하여 고객 생성하기

꿈의 고객을 찾기 위하여 잠재고객을 찾는 광고에 돈을 써왔다. 현재 여러분에게 최고의 고객은 이미 여러분의 제품을 구입한 사람일지 모른다. 하지만 약간의 '부추김nudge'만 있으면 구매할 가능성이 큰 사람이 너무나도 많다. 6장에서 우리는 이메일 주소를 이용하는 후속 퍼널을 통해 잠재고객에게 보내는 사후 관리의 힘에 대해 이야기했다. 하지만 여러분의 영상을 보거나 퍼널을 방문을 하는데도 이메일 주소를 알려주지 않는다면 어떻게 해야 할까? 어떻게 하면 그들을 모두 추적할 수 있을까? 해답은 리타기팅 광고를 이용하는 것이다.

다음은 이것이 어떻게 작동하는지 설명하기 위해 존이 보내준 사례이다.

- 광고비로 2000달러를 사용한다고 해보자.
- 그 결과 10만 명이 실제로 그 광고를 본다.
- 광고의 성과가 좋아서 10만 명 중 4퍼센트가 광고에 참여한다.
- 또한 원래 10만 클릭 중 2퍼센트가 광고에 있는 링크를 클릭하여 퍼널(2000클릭)로 이동한다.
- 이들 중 30퍼센트가 이메일 주소를 제공한다(600리드, 즉 600명의 잠재고객).

· 10퍼센트가 구매자가 된다(60명의 구매자).

그 결과 3940명은 광고에는 참여했지만 리드나 구매자가 되지 않았다. 모든 사람의 관심을 사로잡을 수는 없지만 보다 더 많은 사람에게 다가갈 수는 있다. 어떻게? 여기서 리타기팅이 등장한다. 사람들에게 다가가려는 노력은 결과적으로 극히 일부의 구매로 이어진다. 그래서 적합한 조건을 갖추고 있지만 구매로 이어지지 않은 사람들에게 다시 다가갈 수 있는 구체적인 캠페인이 있어야 한다. 이를 제대로 수행하려면 맞춤 잠재고객을 구축해야 한다. 큰 성과를 낼 수 있는 리타기팅 계획에 필수적인 세 가지 대상자가 있다.

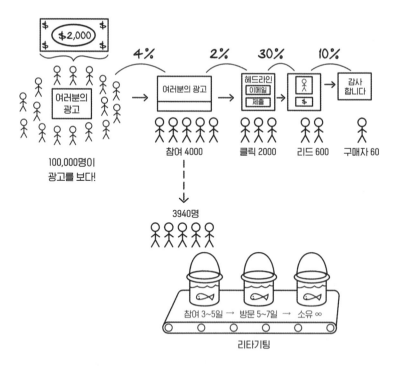

도표 9-3 리타기팅을 통하면 처음에 광고를 보았을 때 구매하지 않았던 사람들에게도 접근할 수 있다.

○ **참여:** 여러분이 구축하려는 첫 번째 리타기팅 대상자는 여러분의 광고 시청자를 바탕으로 한다. 여러분의 광고 시청자들은 이번 주에 유튜브 영상을 얼마나 봤을까? 이들은 광고를 보고 댓글을 얼마나 달았을까? 이들은 여러분의 광고에 참여는 했지만 여러분의 제안을 따르기 위해 플랫폼을 떠난 적은 없다. 이들은 여러분에게 가벼운 약속 정도는 하지만 진지하지는 않다. 이들에게는 어느 정도 광고비를 써야 할 만한 가치가 있다. 하지만 너무 많이 쓰거나 너무 오랫동안 써서는 안 된다. 나는 이들을 타깃으로 광고를 5일 이내로 운영하는 경우가 많다. 그때까지 우리의 랜딩 페이지를 방문하지 않은 사람이라면, 그는 리타기팅 대상자들과 분리하여 다시 잠재고객으로 되돌아가게 한다.

○ **방문:** 여러분이 구축하려는 두 번째 리타기팅 대상자는 페이지를 클릭하여 방문한 사람들로 구성된다. 이들은 플랫폼을 떠나 판매 퍼널을 방문한 사람들이다. 호기심 때문에 여러분을 믿고 페이지를 방문했지만 참여나 구매 등 더 이상의 추가적인 행동은 하지 않았다. 대개의 경우 최대 7일 동안 이들에게 광고를 운영하며 그들을 돌아오게 해서 나의 리드 마그넷을 따르게 한다. 이번에도 7일 이내에 동의하거나 구매하지 않으면 리타기팅 대상자들과 분리한다.

○ **소유:** 세 번째는 리드 마그넷을 선택한 사람들과 상품을 구매한 사람들로 구성된다. 이들은 진지하게 약속을 하고 여러분의 상품을 구입하며, 대신 여러분에게 이메일 주소와 신용카드 번호를 맡긴다. 이들은 현재 여러분이 소유한 트래픽이며 여러 면에서 유용하고 수익성이 좋다. 그들은 현재 후속 퍼널 시퀀스에 있을 뿐만 아니라, 다음 제안이나 가치 사다리 한 단계 위의 제안을 위한 광고를 볼 수 있는 주요 후보이기도 하다. 잠재고객 광고가 가능한 한 새로운 상상력을 자주 발휘해야 하는 것

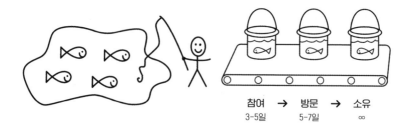

참여 → 방문 → 소유
3-5일 5-7일   ∞

도표 9-4 리타기팅 광고 캠페인에 포함하는 세 가지 유형의 대상자에는 참여 잠재고객, 방문 잠재고객, 소유 잠재고객이 있다.

과 달리 리타기팅 캠페인의 경우에는 한 번만 집중해서 만들면 다시는 손 댈 일이 없다.

리타기팅 캠페인은 한 번 쓰면 영원히 지속되는 후속 퍼널 내부에 있는 '연속극 시퀀스'와 유사하다. 리타기팅 대상자들을 퍼널로 이동시킬 때 앞에서 배운 것과 동일한 세 가지 마무리를 사용한다. 감정으로 시작하여 논리로 이동하고 두려움으로 끝나는 것(긴박성/희소성)이다. 이것이 우리가 각각의 리타기팅 캠페인을 통하여 사람들을 행동으로 이끄는 방법이다.

요약하면 효과적인 리타기팅은 세 부류의 잠재고객(참여, 방문, 소유)이 있으며 최종 목표는 광고 대상이 되는 잠재고객의 유형에 따라 결정되어야 한다.

- 참여 → 클릭을 판다: 지난 5일 동안 여러분의 게시물과 상호작용한 모든 사람. 이들로 이루어진 맞춤 잠재고객을 모으고 싶다면 네트워크에 알려 이 잠재고객에게 후크와 스토리가 있는 광고를 보여준다.
- 방문 → 선택 판매 또는 구매: 지난 7일 동안 클릭을 통해 랜딩 페이지에 도달한 모든 사람. 이들로 이루어진 잠재고객을 모으고 싶

다면 네트워크에 알려 이 잠재고객에게 선택 또는 구매를 판매하는 후크와 스토리가 있는 광고를 보여준다.

- 소유 → 다음 단계를 판다: 판매로 전환한 모든 사람. 이들로 이루어진 잠재고객을 모으고 싶다면 네트워크에 알려 이 잠재고객에게 다른 시작 제품을 제공하거나 가치 사다리의 다음 단계로 안내한다.

이것을 더 잘 이해하기 위해 컨베이어 벨트에서 움직이는 사람들을 생각해보라. 어떤 컨베이어 벨트 위에 그들이 있을 때, 그들과 관련 있는 광고가 나온다고 생각해보자. 여러분은 그 사람들이 여러분의 후크에 걸려 후속 컨베이어 벨트에서 새로운 잠재고객이 되길 바란다. 그들이 후크를 선택하지 않으면 그 벨트에서 잠시 벗어나 잠재고객 풀로 되돌려 보낸 뒤 흥미를 끄는 다음 후크를 던져야 할 것이다.

여기서 설명한 것은 구글, 유튜브, 인스타그램, 페이스북을 비롯하여 다른 광고 플랫폼에서 작동하는 매우 효율적인 전략이다.

광고의 효율성을 증가시키기 위해 할 수 있는 다양한 전술과 소규모 방법들이 많이 있지만, 여기서 설명한 전략을 따르기만 하면 적절한 시기에 적절한 메시지를 적절한 사람에게 전달하고 있음을 언제나 확신할 수 있을 것이다.

이제 플랫폼별, 즉 인스타그램, 페이스북, 구글, 유튜브까지 아주 상세히 살펴볼 것이다. 그리고 이 플랫폼들 중 하나가 어느 날 갑자기 사라진다고 해도 상관없을 전략을 소개할 것이다. 여러분은 물고기를 잡는 방법을 배울 것이다.

인스타그램 트래픽의 비밀

지난 몇 년 동안 내가 개인적인 시간을 보내기 가장 좋아하는 소셜 플랫폼은 인스타그램이었다. 인스타그램의 핵심 기능 가운데 하나인 '스토리'는 내 일상을 기록하는 가장 좋아하는 방식이다. 개인적으로 나는 인스타그램 스토리가 모든 소셜 도구 중에서 나, 즉 매력적인 캐릭터the Attractive Character와 독자 사이의 관계를 구축하는 가장 강력한 도구라고 생각한다. 처음 계정을 만들 때 많은 전략을 내 친구이자 훌륭한 기업인인 제나 쿠처에게 배웠다. 이 장에서는 제나의 허락을 받아 그녀에게 배운 다수의 개념을 공유할 것이다.

1단계 역사와 목표 이해하기

인스타그램은 2010년 10월 6일에 처음 선을 보였다. 인스타그램의 빠른 성장 속도는 전례를 찾아보기 어렵다. 첫 주에 회원 10만 명, 2개월 만에 100만 명, 첫 해에 1000만 명, 그리고 2019년 6월에는 10억 명을 넘어섰다!

2012년에는 페이스북이 현금과 주식 10억 달러에 인스타그램을 사들였다. 그 이야기도 흥미진진하지만, 내 생각에는 2013년 마크 저커버그가 스냅챗을 30억 달러에 사겠다고 제안했을 때 일어났던 일이 훨씬 재미있다. 스냅챗의 설립자에게 인수를 거절당한 후에 페이스북은 스냅챗을 사들이는 대신 스냅챗과 정면 승부를 벌이기로 했다. 이후 몇 년에 걸쳐 페이스북은 스냅챗의 모든 핵심 기능을 인스타그램에 추가했다. 2016년 8월 페이스북은 치명적인 펀치를 날렸다. 인스타그램 스토리를 출시하여 스냅챗의 대표적인 기능을 대체한 것이다. 곧 스냅챗의 주가는 폭락했고, 사용자들은 스냅챗에서 인스타그램으로 무리를 지어 이동했다. 인스타그램은 하룻밤 사이에 세계에서 두 번째로 큰 소셜 네트워킹 사이트가 되었다.

인스타그램을 인수하고 스냅챗의 기능을 모방했을 때, 마크 저커버그가 하고자 했던 것은 사람들이 주목하는 곳을 찾아 그곳에 광고를 배치하는 것이었다.

여러분이 '고객을 개척하는 중'이라면 이 게임에서 이기기 위해서는

- 팔로워를 끌어들여야 한다.
- 콘텐츠를 만들어 사람들의 참여를 활성화하고, 그 이상을 위해 계속해서 플랫폼을 방문하게 한다.

이렇게 하면 사람들의 주목을 이용하여 퍼널에 자연스러운 무료 트래픽을 얻을 수 있다. '유료 광고를 이용하여 트래픽을 유도'하는 경우, 드림 100 팔로워들에게 광고를 보여주고 퍼널로 유입시켜서 승리할 수 있다. 모든 플랫폼이 그러하듯 우리는 '개척하는 경우'와 '유료 광고를 이용하는 경우' 두 가지를 모두 진행해야 한다.

2단계 이 플랫폼에서 드림 100 찾기

곧 모든 플랫폼에서 보겠지만 첫 단계는 시작하려는 플랫폼에서 여

러분의 꿈의 고객을 이미 모아 놓은 드림 100을 식별하는 것이다. 드림 100의 구성원을 모두 팔로우하고 매일 그들의 스토리, 포스트, 광고를 몇 분 동안 볼 수 있도록 계획을 수립한다. 이렇게 하면 이들이 성공하는 패턴을 파악하는 데 도움이 될 것이다. 매일 3분에서 5분 정도 드림 100의 게시물을 보며 다음과 같은 질문을 던져본다.

- 어떤 사진이 나를 '사로잡아' 캡션을 읽어보게 하는가?
- 어떤 캡션들이 나를 행동으로 이끄는가?

동시에

- 매일 드림 100 구성원이 올리는 게시물에 '좋아요'를 표시한다.
- 매일 드림 100 구성원이 올린 게시물에 최소한 10개의 댓글을 단다(내 우물 파기)

또한 5분 동안 드림 100 회원이 올리는 인스타그램 스토리를 보면서,

- 사람들을 끌어들이는 방법에 대한 멋진 아이디어를 찾는다.
- 그들이 나를 어느 카테고리로 분류하는지 확인한다.
- 10개 이상의 영상에 대해 메시지를 보낸다(내 우물 파기).
- 노출되는 광고를 찾아서 퍼널 해킹 해본다.

여러분은 이제 소셜 미디어의 소비자가 아니라 생산자라는 사실을 잊지 말자. 정신을 산만하게 하고 시간을 낭비하게 하는 수많은 재미 있는 사람들을 팔로우하는 함정에 빠지지 말자. 내가 서비스하고 싶은 시장에 이미 성공적으로 서비스하고 있는 사람들만 팔로우하면 그들

이 공유하는 메시지를 이해할 수 있다. 그러면 해당 생태계 안에서 나의 고유한 관점이 어디에 위치하는지 알 수 있다.

3단계 퍼블리싱 전략을 이해하고 계획 수립하기

인스타그램에 콘텐츠를 업로드하는 방법은 많다. 그리고 플랫폼의 섹션마다 업로드하는 방법과 수익을 창출 방법이 다르다. 간단히 말하자면 인스타그램에 있는 핵심 섹션을 세분화하고 각 섹션을 사용하는 방법에 대한 전략을 설명할 것이다.

다음은 우리가 집중해야 할 플랫폼의 핵심 영역이다. 첫 번째는 내가 '콘텐츠 후크'라고 부르는 것으로, 꿈의 고객들을 사로잡아 팔로워로 만드는 이미지와 영상을 제작한다. 우리는 이 콘텐츠에서 실제로 아무것도 팔지 않는다. 다만 '좋아요'와 댓글, 팔로우에만 집중한다. 앱의 다음 두 섹션에서 이 작업을 한다.

- 인스타그램 프로필(나의 갤러리)
- 인스타그램 라이브(제작된 영상 콘텐츠)

두 번째 섹션은 여러분의 집이다. 여기서는 사람들을 여러분의 퍼널로 인도하여 실제로 판매를 한다. 이 장에서는 우리가 판매하는 방식 이면에 숨겨진 전략을 설명할 것이지만 지금은 여러분이 제품과 서비스를 판매할 수 있는 영역이 다음과 같다는 점을 이해해야 한다.

- 인스타그램 스토리(리얼리티 쇼)
- 인스타그램 라이브(라이브 쇼)

다시 한번 말하지만 이러한 플랫폼과 그 기능, 그리고 이를 위한 전략은 늘 발전하고 바뀐다. 그러므로 이 장을 하나의 기준선으로 보고 드림 100을 면밀하게 관찰하면서 앞으로 어떠한 알고리즘 변화에도 여러분이 모델링하고 혁신할 수 있도록 해야 한다.

여러분의 피드
다른 사람들을 보는 것

여러분의 프로필
남들이 여러분을 보는 것

도표 10-1 인스타그램에서는 두 가지 방법으로 플랫폼과 상호작용한다. 다른 사람들의 콘텐츠를 보거나 나만의 콘텐츠를 포스팅하는 방법이 그것이다.

사람들에게 드림 100을 모델링하라고 말할 때 내가 가장 염려스러운 점은 사람들이 그 말을 드림 100을 '모방'해야 한다는 뜻으로 여기는 것이다. 다시 말하지만 모방이 목적은 아니다. 모방은 불법이며 비도덕적이다. 모델링은 시장에 있는 사람들이 무엇을 하는지 지켜보며 그곳에서 자신이 무엇을 할 수 있는지 아이디어를 얻는 것이다. 인스타그램이나 다른 플랫폼에서 성공하기 위해서는 나의 브랜드와 인성을 키워야 한다. 제나 쿠처가 이런 말을 한 적 있다. "브랜드는 비즈니스 제안에 적용되는 이미지와 개성이다." '매력적인 인물'은 회사의 목소리다. 그리고 소셜 미디어에서 내가 하는 행동으로 사람들을 나의 퍼널로 이끌 수 있다.

인스타그램을 설정할 때 첫 번째 단계는 매력적인 인물로 보이도록 자기소개를 하는 것이다. 사람들이 인스타그램에서 나를 발견하면 첫 번째로 하는 행동은 자기소개를 확인하는 것이다. 첫인상을 전달하거나 '팔로우' 버튼을 클릭하게 하는 데 내가 할 수 있는 행동은 150자 이내의 글만 보여줄 수 있다는 것이다. 또한 (얻은 트래픽에서 소유한 트래픽으로 전환하는) 퍼널 가운데 하나로 들어갈 수 있게 안내하는 링크를 보여줄 수 있다. 자기소개에 무엇을 쓸 수 있는지 또는 무엇을 써야 하는지에 관한 여러 가지 생각들이 있겠지만, 드림 100의 자기소개를 보며 무엇이 효과적인지 이해하고, 내가 좋아하는 것을 선택하여 나만의 독특한 자기소개를 만드는 데 본보기로 삼으라고 추천하고 싶다.

인스타그램 프로필 전략(나의 갤러리)

인스타그램 프로필은 여러분의 인스타그램 전략의 핵심 토대다. 왜냐하면 프로필은 팔로워를 늘리기 위한 열쇠고 인스타그램 라이브, IGTV 등을 이용해 인스타그램 스토리에 힘을 불어넣어줄 것이기 때문이다.

○ 후크(여러분의 사진): 누군가 여러분의 자기소개를 보고 나서 그 다음에 보는 것은 여러분이 게시한 사진과 동영상이다. 각각의 사진은 화면을 스크롤하고 있는 사람을 붙잡아서 여러분의 퍼널로 끌어당길 수 있는 후크다. 사람들은 무심코 내 프로필에 있는 사진을 모두 볼 수 있다.

인스타그램을 처음 시작했을 때 어떤 유형의 사진을 포스팅해야 하는지 막막했다. 그 결과 내가 무엇을 하고 있는지 몰랐기 때문에 사람들의 참여도가 낮았다. 얼마 지나지 않아서 제나 쿠처가 'JK5 방법' 프레임워크를 설명해줬다. 나도 몇 년 전부터 이용하고 있는데 간단하고 재미있게 프로필에 포스팅할 수 있어서 요즘까지 계속 이용하고 있다. JK5 방법을 이용하면 단지 여러분이 팔고 있는 것을 넘어서는 관계를 형성하게 도와줄 것이다. 그러기 위해서는 단지 '일' 이상의 것을 포스팅 해야 한다.

JK5 방법을 구현하려면 먼저 내가 열정을 가지고 있는 다섯 가지 주요 카테고리를 만들어야 한다. 이렇게 하면 브랜드를 제공하는 데 도움이 되며 이미지를 포스팅 할 때 카테고리를 번갈아가면서 하면 팔로워들이 내가 판매하는 것을 넘어 내가 누구인지 잘 이해할 수 있다.

제나의 다섯 가지 카테고리는 결혼, 신체 긍정, 사진, 패션, 여행이다. 그녀의 프로필을 스크롤하면 제나가 이 카테고리를 순환하고 있다는 것을 알 수 있다. 카테고리를 만들면서 세상과 공유하고 싶은 중요한 것들에 관해 생각했다. 내 브랜드에 대해 생각해낸 카테고리는 가족, 퍼널, 신념, 기업가 정신 및 자기개발이었다. 제나는 JK5 방법이 왜 내 브랜드를 키우고 독자를 늘리는 데 도움이 되는지 이렇게 설명했다.

이 방법을 채택하면 여러분은 다재다능하고 원만하며 일관성 있는 브랜드를 만드는 것은 물론이고 판매 능력을 얻을 수 있는 흥미로운 피드도 만들 수 있을 것이다. 두 가지 카테고리가 서로 이웃하지 않고 있어서 시각적인 요소를 추가로 얻을 수 있을 뿐만 아니라, 현재 시장에 있지 않더라도 사람들과 연결될 방법을 찾을 수 있다. 그들이 나를 알게 되고 나를 좋아하고 나를 신뢰하며 미래의 유료 고객이 되도록 준비시키는 동안, 때때로 누군가는 카테고리 중 하나만 보고도 나를 팔로우할 것이다. 그리고 나의 사진에서 느껴지는 전반적인 감정 상태에 관해 이야기하는 것은 중요하다. 본질적으로 사진 갤러리는 사용자들이 스크롤하면서 훑어볼 때 보인다. 격자 구조의 아름다움에 집착하기 쉽지만, JK5를 좋아하는 이유는 프로필을 보기 위하여 클릭했을 때 여러분의 브랜드를 지배하는 관점을 제공한다는 점이다. 다섯 가지 카테고리를 충실히 따른다면 단지 여러분이 판매하는 것 이상을 볼 수 있을 뿐 아니라 여러분을 팔로우할 만큼 계정에 연결할 수 있는지 볼 수 있다. 누군가 내 페이지를 방문하여 팔로우할 것인지 결정하는 데 10초 정도 걸린다. 따라서 즉시 관계를 형성하기 위해서는 이러한 격자 구조가 필요하다!

도표 10-2 포스트를 올릴 때 JK5 카테고리 사이를 번갈아가며 올리기 때문에 팔로워들은 내가 가족, 퍼널, 신념, 기업가 정신, 자기개발에 관심을 가지고 있다는 사실을 명확히 알 수 있다.

프로필을 올릴 때는 절대 실시간으로 올려서는 안 된다. 실시간 포스팅은 인스타그램 스토리에 어울린다. 포스트는 심사숙고해야 하고 전략적이어야 한다. 대부분의 휴대전화는 사진을 정리하기 위한 개별 앨범을 설정할 수 있다. JK5의 다섯 가지 카테고리마다 새로운 앨범을 만드는 것이 좋다. 이 연습만으로도 오늘 당장 사용하기 시작해서 몇 달 동안 쓸 수 있는 완벽한 이미지를 얻을 수 있을 것이다. 앞으로 휴대전화에 새로운 사진을 찍으면 항상 이 앨범에 저장하고, 매일 게시할 새 사진을 찾을 때 이 앨범을 둘러보면 금세 완벽한 사진을 손에 넣게 될 것이다. 사진 외에도 60초 이하의 동영상을 인스타그램에 올릴 수 있으므로 JK5에 어울리는 짧은 영상도 캡처하여 앨범에 저장할 수 있다.

하지만 사진이나 영상을 포스팅하기 전에 제나의 'ABCDQ 테스트'를 이용하여 개인 브랜딩에 도움이 되는 행동인지 보고 프로필에 올릴 만한 가치가 있는 것인지 판단하기를 강력히 추천한다. 테스트는 다음과 같다.

- Aesthetic(아름다움): 시각적으로 내 브랜드의 개성에 어울리는 것을 보여주고 있는가?
- Brand(브랜드): 나의 꿈의 고객에 어울리는가? 혹은 그들이 참여할 만한 것인가?
- Consistent(일관성): 내 피드 전반에 어울리는 색상이나 품질인가?
- Diversity(다양성): 최근에 내가 게시한 것과 다른가? 내가 파는 것 이상의 인지도가 생길까?
- Quality(품질): 이것이 고객/팔로워가 기대한 품질에 부합할까? 이것 하나만으로 내 브랜드에 어울릴까?

○ 스토리(캡션): ABCDQ 테스트를 마치고 이미지를 게시할 준비

를 하고 나면, '이 사진에 대해 뭐라고 말을 해야 할까?'라는 질문이 떠오를 것이다. 사진은 사람들을 끌어들여 그들의 시선을 사로잡는 후크다. 하지만 캡션은 여러분이 제안을 하거나 행동 유도 문구, 즉 CTA를 하기 전에 이야기를 들려주고 읽는 이를 끌어들이는 역할을 한다.

여러분이 만드는 포스트는 하나의 목표가 있어야 한다. 사진을 게시하고 캡션을 쓰면서 처음 하는 일은 그 사진의 후크가 영감을 주는 것인지, 교육을 하려는 것인지, 즐겁게 해주려는 것인지 판단하는 것이다.

- **영감**: 사람들이 영감을 느끼거나 큰일을 할 것 같은 느낌이 들게 한다.
- **교육**: 어떤 주제에 관하여 팔로워를 가르치거나 교육한다.
- **엔터테인먼트**: 팔로워들에게 즐거움을 선사한다.

포스트의 목적을 정하고 나면 게시할 캡션의 유형을 알아내려고 노력해야 한다. 제나에 따르면 가장 흔한 세 가지 유형의 캡션과 비즈니스에서 이를 이용하는 방법은 다음과 같다.

- **스토리텔링**: 인스타그램에서 가장 잘나가는 게시물은 한 가지 공통점이 있다. 그 게시물들은 여러분을 스토리로 초대하고 화면 너머에서 마치 그것을 경험하는듯 느끼도록 한다. 때때로 일상에서 일어나는 소소한 것들과 생각을 캡션을 통해 짧은 이야기로 바꿔놓는다. '옛날 옛적에' 같은 유형의 이야기를 말하는 것이 아니라, 다른 사람들이 교감할 수 있는 삶의 경험을 말하는 것이다.
- **질문하기**: 10명이든 1000명이든 독자들이 생기면 완벽한 제안을 만드는 데 도움이 되는 사람들과 가까워질 수 있다. 무엇을 포스팅해야 할지 모를 때는 질문을 한다. 사람들은 남의 말을 듣고 의견을 나누는 것을 좋아한다. 대개 '최근에 읽은 책 중에 가장 좋았던 것은 뭔가요?' 같은

단순한 질문들이다. 혹은 '인스타그램에 관련하여 힘든 일이 있으면 제가 도울 수 있도록 말씀해주세요'처럼 복잡한 것도 있다. 질문은 독자들과 소통하는 또 다른 방법이다. 질문은 독자들로 하여금 여러분의 피드에 참여를 유도한다.

- **리스트 만들기**: 짧은 리스트를 만들어 제목을 붙여 서로 공유하면 즐거운 시간을 보낼 수 있다. 몇 가지 예를 들어보면 다른 사람은 모를 수 있는 나에 관한 사실 세 가지, 나의 회사에 관한 다섯 가지 사실, 우리 제품을 사용하는 세 가지 방법, 지금까지 읽었던 최고의 책 일곱 가지 등이다. 리스트는 읽기 쉽고 흥미로운 캡션을 전달하는 재미있는 방법이다. 또한 당신이 말하는 전통적인 브랜드 스토리를 뛰어넘어 예상치 못한 방식으로 팔로워와의 관계를 더 끈끈하게 연결해준다.

그렇다면 해시태그는 무엇이고, 해시태그는 왜 필요한가? 인스타그램을 커다란 파일 캐비닛이라고 생각한다면 해시태그는 파일 폴더다. 누군가 어떤 해시태그를 검색하면 인스타그램은 동일한 해시태그를 사용하는 이미지를 모두 찾아서 보여준다. 예를 들어 내가 '#감자총'이라는 해시태그와 함께 사진을 포스팅하고 누군가 '#감자총'이라는 해시태그를 검색하면, 내가 포스팅한 사진이 '#감자총'이라는 사진 갤러리에 나타난다. '#감자총'이라는 해시태그를 팔로우하면(감자총을 좋아하는 사람들이므로) 저 해시태그를 붙인 새로운 사진이 뉴스 피드에 나타나게 할 수 있다.

각 포스트에 최대 30개의 해시태그를 사용하면 이미지, 즉 후크를 꿈의 고객의 피드에 나타나게 할 수 있다. 해시태그는 검색엔진의 키워드와 같은 것이다. 때로는 사람들이 볼 수 있는 실제 캡션에 해시태그를 넣을 수 있지만(이것을 공개overt 해시태그라고 부른다), 일반적으로 대부분의 해시태그들은 이미지를 포스팅하고 나서 첫 번째 댓글에 게

도표 10-3 도달률을 높이기 위해 포스트에 몇 개의 공개 키워드를 넣는다. 대부분의 비밀 키워드는 첫 번째 댓글에 넣는다.

시한다(이것을 비밀covert 키워드라고 한다).

내가 올린 포스트에 가장 좋은 해시태그가 무엇인지 알아내는 데 도움이 되는 수많은 온라인 연구 도구가 있다. 나는 그것을 사용하라고 추천하지만, 사실 가장 쉬운 방법은 드림 100으로 돌아가는 것이다. 그들은 이미 꿈의 고객들에게 서비스를 제공하고 있다. 그렇다면 그들이 어떤 해시태그를 사용하여 그들 앞에 등장하는 것일까? 매일 그들의 해시태그를 보고 조사하면서 도움이 되는 해시태그 목록을 만들어 관리하라.

○ 제안: 포스트를 만들기 위한 마지막 단계는 '행동 요구 문구CTA'다. 모든 포스트에는 CTA가 필요하며, 아주 사소한 것부터 큰 CTA까지 다양하다. 사소한 것의 사례에는 '좋아요 버튼 누르기', '이모지 올리기', '댓글' 등이 있다. 큰 CTA의 사례에는 '이 포스트를 공유하시오',

'친구 3명을 공유하시오', '자기소개에 있는 링크를 클릭하시오', '~에 회원 가입하라' 등이 있다.

사용자의 반응을 유도하는 행위는 여러 가지 이유에서 중요하다. 그것은 궁극적으로 사용자를 인스타그램에서 내 리스트로 이동하도록 도와준다. 하지만 더 중요한 것은 알고리즘에게 학습시킨다는 것이다. 내 독자들이 댓글을 달고, '좋아요'를 누르고, 내가 올린 포스트에 참여하면 알고리즘은 내가 사람들이 원하는 콘텐츠를 만들고 있다고 가정하고 더 많은 노출로 보상해준다. 그래서 사람들이 댓글을 달면 그들의 댓글에 반응해야 한다. 이렇게 하면 향후에 사람들이 더 많은 댓글을 달 가능성이 커질 것이고, 다른 사람들도 댓글을 달게 하는 동기부여가 될 것이다.

그러면 인스타그램 프로필에 올릴 포스트를 작성할 때 따라야 할 기본적인 절차를 짧게 요약해보자.

- JK5 방법론을 따라서, 내가 열정적인 관심을 가지고 있는 다섯 가지 주요 카테고리를 생성한다.
- 매일 두 장의 사진을 게시한다(JK5 카테고리를 번갈아가며).
- 각 포스트에 목적을 부여한다(영감, 교육, 엔터테인먼트).
- 캡션의 유형을 정한다(스토리, 질문하기, 리스트 만들기).
- 꿈의 고객에게 내 포스트가 보이게 할 해시태그를 선택한다.
- CTA를 추가하여 사용자의 참여를 유도한다.

이 작업을 수행하는 방법에 대한 예가 더 필요하다면 여러분의 드림 100을 살펴보자. 그들의 포스트에서 이러한 패턴이 보일 것이다. 그러면 그들을 본보기로 삼을 수 있다.

인스타그램 TV 전략(사용자가 제작한 동영상 콘텐츠)

인스타그램 TV IGTV는 원래 유튜브와 경쟁하기 위해 만들어진 것이다. 사람들은 대부분 인스타그램을 시간이 날 때마다 스크롤할 수 있는 앱으로 사용했기에, 인스타그램은 사람들이 더 오랫동안 앱에 머물 무언가를 만들고 싶어 했다.

도표 10-4 IGTV 에피소드들은 대개 어떤 질문에 답을 하거나, 한 주제를 깊이 파고드는 긴 분량의 영상이다.

우리의 일관적인 퍼블리싱 계획의 일부는 후크와 소재를 테스트하는 것이다. 사진을 게시하고 스토리를 업로드하면서 사람들이 무엇에 반응하는지 살펴본다. 그들이 꾸준히 하는 질문은 무엇인가? 어떤 주제와 화제에 관심을 보이는가? 내 인생의 비하인드 스토리를 알게 되면 어떤 부분을 더 알고 싶어 할까?

그들의 관심사를 파악하고 나면 위와 같은 질문에 답을 할 수 있다. 그리고 상세한 내용의 콘텐츠를 더욱 많이 생성할 수 있다. 이 영상들은 인스타그램 TV에서 에피소드가 된다. 일반적으로 60초가 넘으면 IGTV 포스트로 만들어지며, 최대 60분까지 만들 수 있다. 우리 시장에서는 영상의 길이가 3분에서 5분 사이일 때 가장 효율이 높기 때문에 질문에 답을 하거나 한 가지 주제에 대하여 깊이 파고들 때 그 정도의 시간을 할애할 것이다.

에피소드는 프로필에 올리는 일반적인 사진이나 영상처럼 팬과 팔로워에게 노출될 것이다. 사람들이 60초까지 시청하고 나면 인스타그램은 IGTV 내에서 영상의 나머지 부분을 계속 시청하고 싶은지 물어본다. 따라서 첫 60초 안에 사람들이 전체 영상을 볼 수 있게 하는 것이 매우 중요하다. 드림 100의 IGTV를 시청하고 그들이 어떤 유형의 동영상을 만들고 있는지, 어떻게 사람들을 사로잡아 그들의 콘텐츠로 이끌어 가는지 확인하라.

인스타그램 스토리 전략(리얼리티 쇼)

인스타그램 '스토리'는 무엇이고, 그것은 어떻게 여러분의 인스타그램 전략에 부합하는가? 인스타그램 피드 상단에 여러분이 팔로우하고 있는 사람(드림 100)의 스토리가 보일 것이다.

도표 10-5 인스타그램 스토리는 15초 분량의 짧은 영상으로 플랫폼에 24시간 동안만 유지되며, 팬과 팔로워들에게 내 삶의 이면을 보여준다.

사진 하나를 클릭하면 지난 24시간 이내에 포스팅한 짧은 초소형 영상을 보게 된다. 각각의 영상은 15초에 불과하며 원하는 만큼 포스팅할 수 있다. 24시간 후에는 사라지기 때문에 포스트, 캡션, CTA가 프로필처럼 질서 정연할 필요는 없다.

개인적으로 나는 인스타그램 스토리를 팬과 팔로워에게 보여주는 사적인 리얼리티 쇼로 간주한다. 나는 말 그대로 하루의 여정을 짧은 15초짜리 미니 동영상으로 기록하고 있다. 아침에 일어나 체육관으로 걸어가는 동안 나는 내가 왜 기분이 좋은 상태인지 아니면 운동이 하기 싫은 이유가 무엇인지 말하면서 간단한 포스트를 만들 수도 있을 것이다. 재미있을 것 같은 새로운 무언가를 하고 있다면 운동을 하는 도중에 또 포스트를 만들 수도 있을 것이다. 체육관에서 돌아온 다음에 나는 막 침대에서 나온 머리칼이 뻗쳐 귀여운 모습을 하고 있는 아이와 짧은 영상을 포스팅 하거나, 아이들에게 재미있거나 무서운 꿈 이야기를 하게 할 수도 있을 것이다. 그런 다음 하루를 시작할 준비를 하고 차에 탈 때 내 기분이나 아침 스터디에서 무엇을 배웠는지 간단히 포스팅을 할 수도 있을 것이다.

이것이 어떻게 작동하는지 이해가 가는가? 나는 사람들과 하루의 여정을 함께하면서 하이라이트를 공유하고, 보이는 곳 이면에서는 실제로 무엇을 하고 있는 보여주고 있다. 사무실에 도착하면 작업 중인 모습을 보여줄 수도 있다. 예를 들어 나는 지난 몇 달 동안 팔로워들에게 이 책을 집필하는 과정을 보여주면서 거의 매일 인스타그램 스토리를 게시했다. 매일 수만 명이 이 책에 관한 이야기나 개발 중인 새로운 개념을 간단한 영상을 통해 실시간으로 보고 있다는 것을 나는 알고 있다. 얼마나 많은 사람이 이 책이 완성되기를 초조하게 기다리고 있는지 상상이나 할 수 있는가? 무언가를 만드는 과정에 참여하는 사람은 실제로 그것이 나왔을 때 더 많은 투자를 하게 된다. 인스타그램 스토리는 독자들이 매력적인 인물로서 나와의 관계의 구축할 수 있는 가장 강력한 도구다.

인스타그램 스토리를 사용할 수 있는 또 하나의 훌륭한 방법은 지금 작업 중인 것을 멋지게 홍보하는 것이다. 나는 사람들에게 내 제품이나 내가 서비스하는 방법의 이면을 보여줄 수 있다. 그리고 사람들에게 가서 구매하도록 CTA를 줄 수 있다. 매일 나는 내가 정말 좋아하는 것에 대하여 하나 이상의 제안을 하려고 노력한다. 인스타그램 스토리는 사람들을 퍼널로 끌어들이고 그들에게 물건을 파는 나의 집과 같다.

처음 인스타그램 계정을 만들면 상품을 홍보하기가 쉽지 않다. 일반적으로 팔로워들을 퍼널로 이동시키려면 자기소개에 있는 링크를 클릭해달라고 말해야 한다. 하지만 팔로워가 1만 명까지 성장하게 되면 정말 멋진 기능인 '위로 스와이프하기swipe up'를 잠금 해제할 수 있다. 뭔가에 대한 제안을 하고 나서 그것에 접속하고 싶다면 스와이프하라고 말하는 것이다. 화면을 스와이프하면 원하는 링크로 이동한다.

나는 매일 인스타그램 스토리에 10~30개의 포스트를 작성하려고 노력한다. 일반적으로는 그날 게시한 사진에 댓글을 달도록 프로필로 사람들을 안내한다. 또한 퍼널을 방문하게 하기, 새로운 팟캐스트 에피소드 듣기, 유튜브 영상 시청하기, 인스타그램 플랫폼 외부에서 나와 교류하기 같은 CTA로 만들기도 한다.

○ 스토리 하이라이트: 스토리 하이라이트는 자기소개 밑, 사진 그리드 위에서 볼 수 있다. 하이라이트를 사용하는 방법은 다섯 가지 카테고리를 선택하는 JK5 방법론과 관계가 있으며, 여기서 브랜드가 알려질 다섯 가지 카테고리를 선택하고 각 카테고리에 대해 '하이라이트'를 만든다. 이 다섯 가지 범주 중 하나와 관련이 있는 멋진 스토리를 만

스토리
하이라이트

도표 10-6 스토리 하이라이트를 사용하면 24시간이 지나도 스토리를 유지할 수 있다.
스토리 하이라이트는 대개 내게 중요한 카테고리로 구성된다.

들 때 하이라이트로 저장할 수 있다. 이것은 사람들이 지난 몇 달 또는
몇 년 동안의 하이라이트를 볼 수 있는 정말 멋진 기능이다.

○ **하이라이트 미니 웨비나**: 많은 제품을 팔기 위해 사용하는 소소한
하이라이트 사용법이 있다. 나는 한 달에 한 번 정도 홍보하고 싶은 제
품을 하나 고른다. 하루 내내 스토리에서 미니 웨비나를 이용하여 해
당 상품을 홍보한다. 기본적으로 하루에 15~50개의 스토리를 포스팅
하여 상품 하나를 판매하는 스크립트 프레젠테이션을 진행한다. 이 프
레젠테이션은 기본적으로 '후크, 스토리, 제안' 프레임워크를 따른다.
스토리를 올리는 날에는 엄청난 매출을 올린다. 하지만 그것을 하이라
이트로 저장하기 때문에 매일 계속 팔릴 것이다. 이것이 인스타그램
에서 일관적인 매출을 올리는 내가 가장 좋아하는 방법이다. 사람들이
프로필을 방문해서 팔로우하기 시작할 때 먼저 보는 것 중 하나가 하
이라이트다. 따라서 시작 퍼널로 사람들을 밀어넣는 몇 가지를 갖는
것은 내가 소유한 트래픽으로 전환을 만드는 강력한 방법이다.

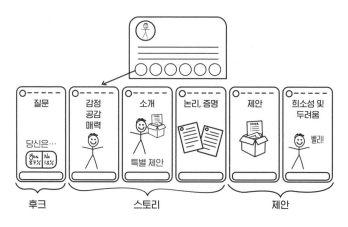

도표 10-7   나의 미니 완벽한 웨비나 스크립트는 여전히 '후크, 스토리, 제안' 프레임워크를 따른다.

인스타그램 라이브 전략

인스타그램에 게시하는 마지막 방법은 인스타그램 라이브다. 인스타그램 라이브와 페이스북 라이브는 기능이나 용도가 매우 유사하기 때문에 인스타그램 라이브를 설명하는 데 많은 시간을 할애하지 않을 것이다.

내가 두 번째 휴대전화를 구입한 이유는 순전히 페이스북에서 라이브를 하면서 동시에 인스타그램에서 라이브를 할 수 있기 때문이다. 이렇게 하면 동시에 두 플랫폼에서 동일한 메시지를 스트리밍할 수 있다. 페이스북 라이브와 인스타그램 라이브 사이의 한 가지 차이는, 인스타그램의 모든 라이브는 24시간 동안만 저장되어 있다가 사라진다는 것이다. 하지만 페이스북에서는 라이브가 플랫폼에 영원히 저장되기 때문에 계속해서 라이브를 육성하고 홍보할 수 있다. 양쪽 플랫폼에서 라이브 방송을 할 수 없다면 나는 장기적으로 더 많은 조회수를 얻을 수 있는 방법으로 페이스북에 집중하는 것을 추천한다. 우리는 다음 장에서 페이스북을 이용한 라이브 전략에 대해 더 많은 이야기를 할 것이다.

퍼블리싱 계획

인스타그램 내부의 섹션마다 게시물을 발행하는 다양한 전략이 있다. 내가 처음 이 플랫폼을 봤을 때 게시물 업로드가 또 하나의 부업이 될 것이라고 생각했다. 그래서 나는 이 일을 하기 위해 매일 한 시간 이내에 할 수 있는 퍼블리싱 계획을 만들었다. 이 계획은 꾸준히 할 수 있을 만큼 단순하고 효과적이다. 이 계획을 이용하면 매 순간 인스타그램을 최대한 활용할 수 있다. 나의 퍼블리싱 계획을 따르거나 자기만의 프로세스에 맞게 조정할 수도 있다.

4단계 | 서서히 다가가기

퍼블리싱 계획에 따라 올바른 해시태그를 사용하여 콘텐츠를 게시하면 꿈의 고객의 피드에 여러분이 보이기 시작할 것이다. 훌륭한 콘텐츠를 일정 기간 보유하는 것은 성장의 기본 전략이다. 성장 다음 단계는 IGTV의 힘을 이용하는 드림 100과 그들의 팔로워와 가까워지는 것이다. 나는 앞서 우리의 시청자들의 질문에 답하는 영상을 업로드하기 위해 IGTV를 이용한다고 말했다. 유일한 문제는 이 영상을 보는 사람들이 우리를 팔로우하거나, 우연히 자신의 피드에서 영상을 보게 된 사람들 뿐이라는 것이다. 우리는 이 문제에 대해 생각해보면서 우리 채널의 성장을 훨씬 빠르게 촉진시키는 방법을 원했다. 우리가 생각한 방법은 드림 100과 함께하는 '질문과 답변'이었다.

어떻게 돌아가는지 설명해보겠다. 얼마 전 회사가 성장하지 못하는 이유를 알아내려는 팔로워에게 질문을 받았다. 간편하게 영상으로 답을 해서 게시할 수도 있었지만, 실제로 이 질문에 대해 나보다 더 좋은 답을 줄 능력이 있는 사람들이 떠올랐다. 나는 스티브 J 라슨에게 메시지를 보내 어떤 사람이 내게 정말 좋은 질문을 했다고 말했다. 우리

인스타그램 퍼블리싱 계획		
매일: 약 45분		
연구&네트워크: 일당 10포스트& 10메시지	5분/일	피드를 스크롤하며 드림 100의 후크, 캡션, 해시태그를 찾아본다. 그리고 매일 최소 10포스트에 '좋아요'와 댓글 달기.
	5분/일	드림 100이 만든 스토리를 시청하고 그들이 어떻게 사람들과 교류하고 CTA는 어떤지 살펴본다. 최소 10개의 영상에 메시지를 보낸다. 그들의 제안에 참여하고 퍼널 해킹을 한다.
인스타그램 프로필: 2포스트/일	20분/일	JK5 카테고리 중 두 곳에서 두 장의 사진을 고르고, 캡션을 쓰고, 해시태그를 추가하고, 하루에 포스트 2개를 올리는 일정을 짠다.
	5분/일	하루 종일 내 포스트에 붙은 댓글에 답을 한다.
	5분/일	하루 종일 다섯 가지 카테고리와 관련이 있는 사진을 휴대폰에서 선택하고 JK5 휴대폰 폴더에 저장한다.
매주: 약 40분		
인스타그램 TV: 2영상/주	5분/주	가장 많았던 질문을 골라서 3분에서 5분 정도로 답을 한다. 댓글에 답장을 한다.
	5분/주	시청자들이 가장 관심을 보여주었던 포스트를 선택에서 3분에서 5분 정도로 개념을 강의한다. 댓글에 답장을 한다.
인스타그램 프로필: 협업 2건/주	30분/주	드림 100과 포스트를 이용해서 서로 대화하여 협업한다. 서로의 질문에 번갈아 가면서 답을 해주고 함께 찍은 사진을 공유한다.
매월: 약 25분		
인스타그램 스토리: 1하이라이트/월	25분/월	미니 퍼펙트 웨비나의 스크립트를 이용하여 상품 스토리 '하이라이트'를 만들고 프레젠테이션을 진행하면서 15~50개의 스토리를 포스팅한다.
페이스북에서 라이브를 할 때		
인스타그램 라이브	n/a	페이스북 라이브를 할 때 인스타그램에서도 라이브를 한다. 댓글에 답을 한다.

도표 10-8 이 퍼블리싱 계획을 이용하여 인스타그램에서 집중해야 할 곳이 어디인지 한 눈에 확인한다.

가 동영상으로 답을 줄 수도 있지만 스티브가 답을 주면 정말 좋겠다고 했다. 스티브는 흔쾌히 동영상으로 답을 해서 내게 보내주었다. 나도 동영상으로 질문에 대한 답을 말한 다음 우리 두 사람의 대답으로 하나의 IGTV 영상을 만들어 내 프로필에 올리고 동영상에 스티브를 태그했다. 엄청나게 많은 팔로워가 동영상을 시청했고, 스티브가 하는 대답을 들었다. 그리고 스티브에게 가서 그를 팔로우했다. 나는 그때 스티브에게 동일한 영상을 주고 그의 IGTV에 포스팅해달라고 부탁했다. 스티브는 그 동영상을 올렸고, 나를 태그했다. 그러자 내게도 그의 계정에 있던 엄청나게 많은 팔로워가 몰려왔다. 이 협업의 결과 내 계정에는 거의 하룻밤 사이에 1000명이 넘는 새 팔로워가 생겼다.

우리는 이처럼 드림 100 구성원들과 자주 협업을 시도한다. 자주 서로 질문을 교환하며 그것을 피드에 게시하여 양쪽 채널을 성장시킨다.

실생활에서도 비슷한 일을 할 수 있다. 그들과 사진을 찍어서 프로필 페이지에 태그하고, 마찬가지로 드림 100 구성원들도 여러분을 태그하는 것이다. 가능성은 무궁무진하다. 이처럼 창의적인 아이디어들은 드림 100 구성원들의 팔로워들에게 다가갈 때 핵심적인 역할을 한다.

5단계 돈을 써서 다가가기

인스타그램에서 팔로워를 빠르게 늘리려면 드림 100 채널에 우리 모습을 보여야 한다. 우리가 돈을 써서 다가가는 방법 중 내가 가장 좋아하는 것은 '샤우트 아웃shout-out(누군가의 행동이나 말, 포스팅을 지지하는 행위－옮긴이)'이다. 기본적으로 드림 100 구성원 중 한 명은 프로필이나 스토리에 여러분에 관한 게시물을 올린다. 그들의 샤우트 아웃은 보통 여러분의 이름을 말하고, 여러분을 팔로우하라고 말하며, 여러분을 태그한다. 인스타그램에서 태그를 생성하면 여러분의 프로필 페이지로 이동하는 클릭 가능한 링크가 생성되기 때문이다. 예를 들어 우리는 드림 100 리스트의 어떤 사람에게 막 출간된 내 책을 한 권 보냈다. 그리고 그가 샤우트 아웃을 해주는 대가로 돈을 지불했다. 그는 책과 함께 찍은 자신의 사진 한 장을 올렸고 책에 관한 이야기를 하고서 나를 태그하여 '샤우트 아웃' 했다. 이 태그는 사람들을 내 프로필로 인도했다. 그는 자신의 프로필에 이 포스트를 올렸고, 또한 책 퍼널로 직접 연결되는 몇몇 스토리를 게시했다. 이 포스트는 그의 팔로워 8만 2800명에게 노출되었고, 4978개의 '좋아요'를 받았다. 그리고 수백 명이 나를 팔로우하기 시작했다.

여러분은 드림 100 구성원에게 직접 접근하여 유료 샤우트 아웃을 부탁할 수 있지만, 나를 대신해 샤우트 아웃을 전문적으로 해주는 수

도표 10-9 인플루언서들에게 유료 '샤우트 아웃'을 부탁하면 그들의 프로필에서 나를 언급해준다.

많은 에이전시들이 있다. 그들을 고용하면 사람들을 찾아 샤우트 아웃을 해서 여러분의 프로필 페이지로 오게 해줄 것이다.

■6단계■ 퍼널 채우기

이 프레임워크의 마지막 단계는 이 모든 노출과 참여를 이용하여 모든 트래픽을 내가 '소유하는 트래픽'으로 전환하는 것이다. 첫 번째 단계는 퍼블리싱 계획을 수립하여 사람들을 사로잡는 콘텐츠를 내놓아 팔로워를 늘리고 팔로워와의 관계를 구축하는 것이다. 그 방법으로 인스타그램 프로필과 인스타그램 TV를 이용하여 사람들을 찾아 그들을 구독자로 전환하는 것이다. 그리고 협업과 유료 샤우트 아웃을 구매하여 우리의 성장을 촉진할 수 있다.

팔로워가 점차 늘어가면 인스타그램 스토리를 이용하여 팔로워들을 퍼널로 밀어넣을 수 있다. 또한 '하이라이트 미니 웨비나'를 이용하여 퍼널에서 판매하는 제품이나 서비스를 사람들에게 사전 판매할 수도 있다!

마지막 단계는 잠재고객을 찾아내는 광고(9장 참조)를 운영하여 꿈의 고객을 더 많이 찾아내고 그들을 리타기팅 그룹으로 분리하여 퍼널에 유입되도록 하는 것이다. 여러분이 지금 하고 있는 모든 일은 사람들을 가치 사다리로 이동시켜 더 높은 수준의 서비스를 제공하기 위한 것이다.

페이스북 트래픽의 비밀

구글이 역사상 최고의 검색엔진을 만들기 위해 노력하던 즈음에, 다른 기업들은 더 큰 기회를 잡으려고 애쓰고 있었다. 모든 것이 인터넷에 연결되기 시작하자 사용자에게 친숙한 인터페이스로 모든 사람들을 연결해줄 방법이 필요했다. 안정적인 소셜 네트워크를 만들기 위한 경쟁이 일어났고, 그 기회를 차지하기 위하여 수억 달러가 투자됐기에, 이러한 경쟁의 승자에게 돌아가는 보상은 어마어마했다.

1단계 역사와 목표 이해하기

페이스북의 성공담은 영화와 책에 자세히 기록되어 있고 미디어에서도 많이 이야기했으니 페이스북 역사에 대해서는 많은 시간을 할애하지는 않을 것이다. 마크 저커버그의 론칭 전략은 하버드대학교 이메일 주소가 있는 사람만 계정을 만드는 것으로 시작한다. 그런 다음 서서히 다른 대학까지 접속 범위를 확장하여 결국 모든 사람이 접근할 수 있게 했다. 이 글을 쓰는 시점에 페이스북에는 27억 명의 사용자가 있으며, 21억 명이 와츠앱, 인스타그램 등 페이스북의 핵심 서비스를 매일 사용한다. 그렇다, 세계 인구의 4분의 1 이상이 매일 페이스북 네트워크에 접속한다. 역사상 가장 거대한 사회 정당이며, 정부

규제가 그들의 독점을 무너뜨리지 않는 한 페이스북은 계속 성장할 것이다.

페이스북은 사용자의 사생활과 데이터를 다루는 방법과 관련하여 많은 스캔들에 휩싸였다. 페이스북 사용자로서는 아주 불쾌한 일일 수 있지만, 광고주로서는 큰 축복이 될 수 있다. 페이스북은 여러분이 하는 모든 것을 추적한다. 여러분이 무엇을 좋아하는지, 어디에 댓글을 다는지, 어떤 유형의 포스트에 참여하는지. 페이스북은 여러분이 스크롤하고, 클릭하고, 댓글을 달 때 축적되는 1인당 최대 5만 2000개의 데이터 포인트를 갖는다. 그들의 목적은 여러분이 좋아하는 것을 파악하고 그것을 피드에 더 많이 노출시키는 것이다. 페이스북에서 좋은 경험을 할수록 그곳에서 더 많은 시간을 보낼 가능성이 크다. 그곳에서 더 많은 시간을 보낼수록, 우리 같은 마케터들에게 더 많은 광고를 팔 수 있을 것이다.

페이스북은 엄청나게 많은 행동 양태를 추적한다. 때문에 광고주들이 좋아할 만한 타기팅 기능을 제공한다. 1장에서 언급한 것처럼 페이스북은 원래 우리가 팔고 있는 것에 관심을 가지고 있는 사람들을 타기팅할 수 있는 '끼어들기 마케팅interruption marketing' 기능을 제공했다. 그래서 우리는 그들의 마음을 사로잡는 후크를 이용하여 그들을 방해하고, 이야기를 해주고, 거부할 수 없는 제안을 할 수 있다.

시간이 흐름에 따라 알고리즘이 계속 바뀐다. 5년 전에는 공유할 수 있는 영상을 만드는 것이 가장 중요했다. 공유만 되면 그 동영상은 하룻밤 사이에 수백만 건의 조회 수를 얻었다. 사람들은 알고리즘에 대해 배웠고 에이전시들이 여기저기 등장하기 시작했다. 그들은 알고리즘을 이해하고 있으므로 입소문을 낼 수 있는 비디오를 만들 수 있게 해주겠다고 약속했다.

그때 페이스북이 주식을 공개했다. 페이스북은 더 많은 자금을 확보해야 했다. 그래서 저커버그는 알고리즘을 바꿨다. 새 알고리즘은 더 이상 놀라운 콘텐츠와 공유할 만한 콘텐츠에 보상을 해주지 않았다. 콘텐츠는 돈이 되지 않았다. 하지만 주가를 올리기 위해서는 돈이 필요했다. 저커버그는 페이스북이 더 높은 수익이 나올 수 있다는 것을 투자자에게 보여주기 위해서 알고리즘을 바꿀 수밖에 없었다. 하룻밤 사이에 대부분의 '공짜 인기 영상'은 사라졌다. 대신 유료 광고를 해야 하는 새 알고리즘으로 교체되었다. 이러한 변화로 인하여 영상의 조회수를 높이려면 돈을 지불해야 했다. 유료 영상을 본 사람들이 그 영상이 마음에 들었다면, 그리고 그들 중 일부가 그 영상을 공유했다면 페이스북은 무료 시청자들로 여러분에게 보상을 해줬다. 우리는 이런 영상들을 '강제 인기' 영상이라고 불렀다. 그리고 이 영상들은 우리가 만드는 영상의 새로운 기준이 되었다.

이 무렵 라이브 영상의 1인자가 되려고 하는 각 플랫폼의 영토 분쟁이 있었다. 트위터는 페리스코프를 인수하여 스트림 라이브 영상의 1인자가 되었다. 나는 그 시절을 기억한다. 왜냐하면 나는 거의 매일 페리스코프 스트리밍을 하고 있었기 때문이다. 그러니까 페이스북이 페이스북 라이브를 오픈하기 전까지 말이다. 오늘날까지도 나는 페리스코프의 앱이 더 좋다. 개인적으로 페리스코프의 스트리밍 서비스를 비롯한 거의 모든 것이 페이스북 라이브보다 훨씬 좋다고 생각하지만, 페이스북이 라이브 영상 스트리밍의 대표적인 플랫폼이 되고자 했고, 그리하여 그들은 알고리즘을 또 바꿨다. 알고리즘이 바뀐 이후 페이스북 라이브를 하면 수백, 수천 명의 사람들이 몇 초 동안 무료로 등장했다. 그들은 강제로 그들의 플랫폼으로 바꾸도록 했고 생방송으로 우리에게 보상했다. 그런 다음 모든 경쟁자를 물리치고 승리를 차지하고 나서 자연적으로 도달하는 트래픽의 상당 부분을 가져갔고 우리의 영상을 더 많이 보게 하기 위해서 돈을 지불하게 만들었다.

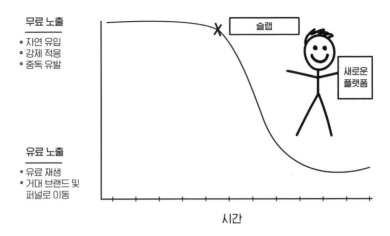

무료 노출
━━━━━
• 자연 유입
• 강제 적응
• 중독 유발

슬랩

새로운 플랫폼

유료 노출
━━━━━
• 유료 재생
• 거대 브랜드 및 퍼널로 이동

시간

도표 11-1　새 플랫폼은 처음에 모든 사람에게 무료 노출을 해준다. 시간이 흐르면서 무료 노출은 줄어든다. 이전만큼 노출을 하려면 유료 광고를 이용해야 한다.

　페이스북은 성장하는 플랫폼이며, 앞으로도 계속 발전할 것이다. 그래도 희망적인 소식이 있다. 페이스북의 특징, 전술, 유저 인터페이스는 자주 바뀔지라도 여러분의 주요한 전략은 바뀌지 않는다는 것이다. 새 플랫폼에 뛰어들 때마다 나는 늘 나 자신에게 다음과 같은 세 가지 질문을 한다.

・플랫폼의 목적은 무엇인가?
・플랫폼이 목적을 달성하는 것을 도와줄 때 내가 사용할 수 있는 전략은 무엇인가?
・플랫폼이 바로 지금 사람들에게 보상해주는 전술은 무엇인가?

　예를 들어 페이스북의 목적은 사용자들이 최대한 오랫동안 플랫폼을 떠나지 않도록 해서 광고를 보여주는 것이다. 우리의 전략은 페이스북이 지금 어떤 콘텐츠를 사람들에게 노출해주는지와 페이스북이 그 콘텐츠를 어떻게 홍보하길 바라는지(무료와 유료 모두) 알아내어 그들이 원하는 유형의 콘텐츠를 만드는 것이다. 이것은 매일 바뀐다. 하지만 우리는 드림 100 구성원들을 지켜보고, 그들의 뉴스 피드에 계속해서 등장하는 콘텐츠를 모델링함으로써 바로 지금 무엇이 어떻게 작동하고 있는지 알아낼 수 있다.

2단계 ─ 이 플랫폼에서 드림 100 찾기

페이스북을 사용하기 시작할 때 첫 번째 단계는 이 플랫폼을 마스터하고 여러분의 꿈의 고객을 모아놓은 드림 100 구성원을 식별하는 것이다. 아직 하지 않았다면 드림 100 및 꿈의 고객과 관련이 없는 모든 것을 언팔로우 하여 깨끗이 정리한다. 이렇게 하면 다음 단계로 넘어갈 때 소음이 줄어들 것이다.

여러분의 드림 100은 이미 꿈의 고객을 모아 놓은 시장에 있는 대중, 전문가, 인플루언서, 브랜드 등이다. 또한 시장에 있는 그룹의 소유주이기도 하다. 이들은 자신만의 파티를 연다. 그리고 여러분의 목적은 먼저 파티 참석자(이를테면 사람들, 브랜드, 관심사, 그룹)를 식별하고 페이스북을 활용하여 이들을 여러분의 퍼널로 끌어들이는 것이다.

여러분의 시장에는 이미 몇몇 거물급 인사들이 있을 것이다. 거기에서 시작하는 것이다. 그들의 팬 페이지를 찾아 '좋아요'와 팔로우를 한다. 그런 다음 개인 페이지를 찾아 친구 요청을 하고 개인 프로필도 팔로우한다. 일반적으로 그렇게 하고 나면 페이스북에서는 유사한 팔로워들이 있는 사람을 찾아줄 것이다. 그 토끼 구멍으로 따라 내려가 그 시장에서 찾을 수 있는 모든 인플루언서들을 팔로우한다. 그룹도 마찬가지다. 시장에서 찾을 수 있는 그룹을 찾아 가입한다. 그렇게 하면 페이스북에서 더 많은 그룹을 추천할 것이다. 여러분의 꿈의 고객이 이미 모여 있는 그룹에 가입한다.

드림 100을 찾는 것은 일회성 활동이 아니라 상시적인 활동이다. 페이스북에 올 때마다 피드에 그들의 모습이 보인다면 새로운 모임이나 사람들을 찾아 연결해야 한다. 이렇게 하다 보면 여러분의 페이스북은 세계에서 가장 좋은 마케팅 연구 도구가 될 것이며, 여러분의 꿈의 고객들이 참여하는 모든 중요한 대화를 보게 될 것이다. 그들에게 노출되는 메시지, 연관되는 사람들, 그들이 겪는 고통, 그들이 답변을 원하는 질문, 더 좋은 서비스를 제공하기 위해 만들 수 있는 기회를 볼 수 있다. 이것이 바로 페이스북 피드의 목적이다. 시장을 마스터하는 것이다.

시장의 모든 인플루언서들을 팔로우할 때 나의 목적은 최소 100만 명으로 이루어진 생태계에 연결되는 것이다. 예를 들면 내가 팔로워할 사람 20명을 찾을 수 있다면, 그리고 그들이 각각 3만 명을 팔로우 하고 있다면, 나는 약 6만 명과 연결되는 것이다. 이 말은 전체가 100만 명이 될 때까지 계속해서 인플루언서나 브랜드, 그룹을 찾아야 한다는 뜻이다. 여러분 중에는, 특히 지역 기반의 기업들에게는 100만 명을 찾기가 어려울 수도 있기 때문에 더 작은 목표를 설정할 수도 있다. 더 큰 시장을 목표로 하는 사람들에게는 100만 명이 너무 작게 보일 수도 있다. 시장의 크기에 맞게 목표를 설정한 다음 여러분의 목표를 달성하는 데 필요한 인플루언서와 브랜드를 팔로우하라.

3단계 퍼블리싱 전략을 이해하고 계획 수립하기

페이스북은 세계에서 가장 큰 사교 모임이다. 하루 24시간 쉬지 않고 운영되며, 여러분의 꿈의 고객들은 이미 모두 거기에 있다. 트래픽을 만들 필요는 없다. 기존의 트래픽을 찾아 그 사람들을 자신의 세계로 끌어들이는 방법을 알아내야 한다. 페이스북 내부에서 할 수 있는 것은 많지만(그리고 계속해서 늘어나지만), 여러분이 마스터해야 하는 플랫폼에는 네 가지 영역이 있다.

○ 개인 프로필(집): 여러분이 묵묵히 노력하다 보면(모임에 참석하여 사람들의 포스트에 댓글을 달고, 그룹에 가입하고, 콘텐츠를 포스팅하는 등), 드림 100의 친구들과 팬, 팔로워들이 내 프로필 사진을 보고 내 얼굴을 클릭하여 개인 프로필로 이동하게 된다. 그러면 여러분의 집에서 사람들을 퍼널로 인도할 수 있다.

○ 팬 페이지(쇼): 나도 알고 있다. 페이스북에서는 더 이상 '팬 페이지'라고 부르지 않는다. 하지만 나는 옛날 사람이라서 여전히 팬 페이지라고 부른다. 그래야 내 마케팅 계획에서 목적을 파악하는 데 도움이 되기 때문이다. 여기서는 '돈을 지불하고 목표를 달성'하게 해준다. 여러분이 팬 페이지에 콘텐츠를 포스팅하고 나면, 드림 100의 팔로워들에게 돈을 주고 콘텐츠를 홍보하게 만들 수 있다.

○ 그룹(행아웃): 이곳에서는 나만의 소셜 네트워킹 파티를 열고 가까운 사람들과 관계를 구축한다.

○ 메신저(배급 채널): 이곳은 가장 활발한 팔로워에게 메시지를 신속하게 전달하는 강력한 배급 채널 중 하나다.

이제 페이스북 플랫폼의 이 네 영역의 퍼블리싱 전략에 대해 상세히 알아보기로 하자.

개인 프로필 전략(집)

소셜 네트워킹을 시작하기 전에 우리의 집, 즉 개인 프로필을 준비해야 한다. 온라인에서 대부분의 교류는 개인 프로필을 통해 일어난다. 여러분이 댓글을 달고, 공유하고, 다른 사람과 교류할 때 사람들은 여러분이 얼마나 많은 가치를 제공하고 있는지를 여러분의 프로필 페이지를 통해 이해하게 된다. 프로필 페이지를 올바르게 구성하면 여러분에 대한 더 많은 정보를 찾고 있는 꿈의 고객을 사로잡게 되어 그들을 나만의 트래픽으로 전환할 수 있다. 페이스북에서는 사람들이 개인 프로필을 팔로우할 수 있게 하고 있지만, 설정에서 기능을 활성화해주어야 한다. '친구'는 5000명까지 가질 수 있지만, 팔로워의 수는 제한이 없기 때문에 사람들에게 그런 기능을 제공하려면 설정을 확인해보아야 한다.

사람들과의 대화가 시작되는 곳

커버 사진

소개 섹션

주요 이미지

도표 11-2 프로필 페이지를 올바르게 설정하면 나에 대해 더 알고 싶은 사람들을 내 리스트에 포함시킬 수 있다.

○ 프로필 올바르게 구성하기: 개인 프로필에서 개인에 따라 다르게 구성할 수 있는 것이 세 가지 있다. 페이스북은 개인 프로필 페이지가

비즈니스에 쓰이는 것을 바라지 않기 때문에 조심해야 한다. 이 세 가지 요소가 까다로운 요구 사항은 아니다. 대신 사람들이 나를 더 잘 알수 있고, 향후 나를 관찰하고 친구나 팔로워가 될 것인지 결정하는 랜딩 페이지 역할을 해야 한다.

- 커버 사진: 나와 나의 브랜드를 대표하는 사진을 디자인해서 업로드할 수 있다. 이곳에 CTA를 넣어서는 안 된다. 개인 페이지에서 무언가를 판매하려고 한다는 것을 뜻하기 때문이다.

- 소개 섹션(명함): 개인 프로필의 소개 섹션에서는 자신에 대해 짧게 말할 수 있다.

- 주요 이미지: 작성한 포스트에 포함된 이미지를 주요 이미지로 선택할 수 있다. 나는 내 책 세 권의 사진을 노출시켜 놓았다. 누군가 그 이미지를 클릭하면 책에 대한 링크가 있는 포스트로 이동한다. 이것이 내 프로필에서 퍼널을 채우는 첫 번째 방법이다.

○ 지금 무슨 생각을 하고 계신가요?('집'에서 나누는 대화): 앞서 인스타그램에 관한 장을 읽었다면 이곳에 나오는 전략이 인스타그램 프로필에 포스팅하는 방법과 매우 유사하다는 것을 눈치챘을 것이다. 제나의 JK5 방법을 적용했다면 브랜드를 대표하는 다섯 가지의 카테고리를 선택했을 것이다. 내가 고른 카테고리는 가족, 퍼널, 신념, 기업가 정신, 자기개발이다. 내가 인스타그램 프로필에 이미지를 포스팅할 때 이 다섯 가지 카테고리를 번갈아 가면서 했듯이, '지금 무슨 생각을 하고 계신가요?'에 포스팅할 때 나는 동일한 카테고리를 번갈아 가면서 포스팅하고 있다. 개인적인 포스트가 모두 비즈니스에 관한 것이라

면 때때로 페이스북에서 비즈니스 페이지처럼 운영한다는 이유로 계정을 정지시킬 것이다. 그러므로 다섯 가지 카테고리에 다양하게 포스팅하는 방법으로 위험을 감소시키고, 또한 '일' 이외의 팔로워들과도 관계를 구축할 수 있다.

인스타그램 프로필과 페이스북 개인 프로필의 큰 차이는 페이스북의 경우 내 집과 같아서 사람들을 퍼널로 인도하려는 목적으로 대화를 시작해도 괜찮다고 생각한다. 일반적으로 페이스북은 상태 업데이트에 링크가 있으면 개인 포스트에 페널티를 준다(많은 사람에게 보여주지 않는다). 그래서 나는 보통 그 이야기에 관한 포스트를 만든 다음, 댓글 부분에 CTA 링크를 건다. 다음은 이러한 과정을 따르는 최근에 올렸던 포스트의 사례다.

도표 11-3　페이스북이 내 포스트를 더 많은 사람에게 보여주도록 장려하기 위해, 나는 포스트가 아닌 첫 번째 댓글 부분에 CTA 링크를 포스팅한다.

나는 개인 페이지에 하루에 최소 한 번 이상 업데이트를 하려고 노력한다. 이미지와 캡션만 업데이트하는 건 아니다. 일반적으로 더 긴 형식의 이야기로 후크를 넣고, 스토리를 말하며, 제안을 한다.

매일 무엇을 올릴 것인지 고민하며 이런 생각을 한다. '사람들이 이 이야기를 듣고 싶어 할 후크는 무엇일까?' 후크는 짧은 헤드라인이나 사진이 될 수도 있다. 무엇보다도 후크는 사람들이 뉴스 피드를 스크롤 해서 그냥 지나치지 못하게 하는 무언가가 되어야 한다. 후크를 배치한 후 나는 스토리를 말하고, 무언가를 강조해서 말하거나, 그날 내 마음에 떠오른 큰 깨달음을 공유한다. 내가 스토리를 말하고 나면 내가 누군가를 보내려고 하는 곳과 내 스토리가 어떻게 얽혀 있는지 알게 된다. 나는 사람들에게 무슨 제안을 하고 싶은 것일까? 때로 제안은 사람들이 내 포스트에 '좋아요'를 클릭하길 바라고, 댓글을 달고, 그들의 이야기를 하길 바라는 것처럼 단순한 것이다. 또 어떤 경우에, 제안은 팟캐스트 에피소드를 듣거나 블로그 포스트를 읽는 것이다. 또 어떤 경우에 나는 큰 건을 제안하며 사람들을 나의 시작 퍼널로 인도한다.

매일 무엇을 올릴까 하는 고민은 결국 다시 JK5로 돌아온다. 나는 휴대전화를 열고 모든 이미지를 카테고리로 분류한 사진 앨범을 바라본다. 그날 포스팅할 카테고리의 사진 앨범을 훑으며, 후크 역할을 할 이미지를 찾아 이미지의 이면에 담긴 이야기를 전하고, 제안을 한다. 개인 프로필에서 라이브를 하며 영상을 통해 내 이야기를 할 수도 있지만 개인적으로 팬 페이지나 우리 무리들과 '놀기 위한' 하나의 방법으로 사용하는 그룹을 위해 라이브 영상을 저장하는 것을 좋아한다.

다양한 소스를 통해 내 페이지에 접속하면 사람들은 먼저 내 광고판(커버 사진)을 보고 내가 어떤 사람인지 알게 되고, 명함(소개 섹션)을 보게 되며, 마지막으로 대화의 시작점(나의 게시물)을 보게 된다. 이 후크 가운데 하나가 걸리게 되면 꿈의 고객과 대화를 시작하게 되는 것이다. 사람들이 내 포스트에 댓글을 달면 시간을 들여 댓글에 답을 한다. 이 작은 행동 하나가 많은 것을 말해주고, 꿈의 고객과 관계를 구축하는 데 도움이 된다.

팬 페이지 전략(돈을 주고 다가가기)

페이스북이 처음 문을 열었을 때 친구를 맺을 수 있는 프로필의 수는 5000명으로 제한되어 있었고, 그 제한은 지금까지도 남아 있다. 이러한 제한을 둔 것은, 사람들의 뉴스 피드가 그들이 정말 아끼는 것과 사람들로 채워지게 함으로써 성장하는 페이스북의 무결성을 유지하는 데 도움이 되었고, 플랫폼에 대한 중독은 더욱 깊어졌다. 문제는 온라인 비즈니스를 하기에는 정말 어려웠다는 점이다. 왜냐하면 잠재적인 고객들이 불과 5000명에 불과했기 때문이다. 다른 소셜 네트워크들은 이러한 제한이 없기에 사람들은 대량으로 계정을 만들어 가짜 팔로워를 만들었다. 나중에 페이스북은 사람들이 실제로 '친구'가 아니더라도 내 개인 프로필을 팔로우할 수 있는 방법을 찾았다. 그로 인해 내가 이전에 공유했던 전략은 훨씬 강력해졌다.

2007년 11월 6일 페이스북은 '페이지'(이 책에서는 '팬 페이지'라고 부를 것이다)를 론칭했다. 여기서 팔로워나 팬을 모을 수 있었다. 가질 수 있는 팬의 수는 제한이 없었다. 페이지를 추가하면서 페이스북은 사람들의 관심사를 더 상세하게 볼 수 있게 되었고, 이는 우리가 그토록 사랑하게 된 페이스북의 광고 플랫폼을 위한 기반을 마련했다.

페이스북에서 트래픽을 유도하려고 하는 내가 아는 사람들의 대부분이 하는 첫 번째 질문은 이것이다. '개인 페이지와 팬 페이지가 필요한가요? 아니면 한 가지만 있어도 될까요?' 내 대답은 항상 둘 다 필요하다는 것이다. 각자 서로 다른 역할이 있고, 모두 필수다. 개인 프로필은 무료로 트래픽을 얻는 방법(서서히 접근하는 방법)인 반면, 팬 페이지는 유료로 트래픽을 얻는 방법(돈을 주고 접근하는 방법)이다.

팬 페이지는 웹사이트와 더 비슷하다고 봐야 한다.

팬 페이지에 뭔가 포스팅하는 것에 겁이 나는가? 우리가 그곳에 어떤 유형의 포스팅을 하는지에 대해 이야기하고 싶다. 팬에게 큰 호응을 얻을 만한 것을 올리는 게 관건이다. 호응이 별로 없으면 페이지 전체의 참여도가 낮아지지만, 한 콘텐츠가 큰 호응을 얻으면 전체 참여도가 올라간다. 나는 개인 프로필이나 인스타그램 피드를 이용하여 소재와 이미지를 테스트하고, 사람들이 공감하는 후크와 스토리를 찾은 다음, 이를 팬 페이지에서 콘텐츠로 제작한다.

우리가 페이스북 팬 페이지에 올리는 것에는 네 가지가 있다. 각각에 대한 소개와 함께 우리가 그것을 이용하는 방법의 이면에 담긴 전략을 알아보자.

도표 11-4 우리는 페이스북 팬 페이지를 포함한 플랫폼 각각의 영역에 대한 구체적인 전략을 가지고 있다.

○ **가치 있는 영상 제작:** 이 영상은 후크와 스토리는 좋지만, 제안은 없다. 직접 반응 마케터는 이러한 영상을 싫어하지만, 브랜딩 마케터들은 매우 좋아한다. 어떤 이유인지 모르겠지만 CTA가 있으면 사람들은 좀처럼 영상을 공유하지 않는다. 참여가 증가하면 팬 페이지에 있는 그 외의 모든 것이 좋은 영향을 받는다. 게리 베이너척의 책 『잽, 잽, 잽, 라이트 훅Jab, Jab, Right Hook』에서 그는 큰 부탁(라이트 훅)을 하기 전에 좋은 콘텐츠(잽)를 제공하여 관계를 구축하는 전략에 대해서 말한

다. 그렇기 때문에 반응 없는 CTA 대신 서너 개의 콘텐츠 영상을 만드는 데 노력하는 게 좋다.

○ **라이브 영상**: 이 영상은 '가치 있는 영상 제작'과 거의 동일하다. 사전에 제작된다는 점만 뺀다면 말이다. 우리는 플랫폼에서 생방송을 하며, 실시간으로 메시지를 전달한다. 페이스북은 현재 제작 영상보다는 라이브 영상을 선호한다. 그래서 우리는 라이브를 하는 경우가 많다. 제작된 영상을 가지고 그들의 서비스를 통하여 스트리밍하게 하는 강력한 소프트웨어가 몇 가지 있다. 따라서 그것은 마치 라이브 영상처럼 게시된다.

○ **라이브 퍼펙트 웨비나**: 이것은 큰돈을 벌게 해주는 '라이트 훅'이다. 지금까지 '가치'를 제공해왔다면 이제는 실제로 고객에게 팔 수 있는 기회를 잡는 것이다. 『브랜드 설계자』에서 나는 '완벽한 웨비나 프레임워크'를 설명했다.

○ **다른 플랫폼의 엄선된 콘텐츠(재방송)**: 참여도가 높은 다른 소셜 네트워크에 포스팅하고 있는 콘텐츠를 가져다 내 팬 페이지에 올린다. 다른 콘텐츠에 연결되는 링크는 걸지 않는다. 예를 들어 나는 유튜브에 올린 영상을 페이스북에도 올릴 것이다. 나는 이렇게 플랫폼을 옮겨 다시 게시하는 콘텐츠를 TV의 재방송과 유사하게 보고 있다.

그룹 전략(어울리기)

내가 온라인 마케팅을 시작했을 때, 페이스북이 등장하기 전에는 포럼이 있었다. 나는 10여 개 정도의 마케팅 포럼에서 회원으로 활동하며 매일같이 질문을 하고, 답변을 얻고, 내 개인 브랜드를 성장시키고 있었다. 포럼 운영자들의 영향력은 막강했다. 매일 그들의 집에서 열리는 파티에 많은 사람들이 모여 어울렸다. 포럼의 내부에서 일어나는 대화는 우리 업계에 큰 영향을 미쳤다. 나는 우리 시장의 방향을 통제하려면 모두가 와서 어울리는 파티를 여는 사람이 되어야 한다는 것을 깨달았다. 결국 파티를 여는 사람이 그룹에서 최고의 영향력을 행사하는 경우가 대부분이다.

나는 그때 바로 나만의 포럼을 시작해야겠다고 결심했다. 당시 나는 포럼을 운영하기 위한 소프트웨어와 사이트를 호스팅하기 위한 서버 등 10여 가지를 구해야 했다. 몇 달이 걸리기는 했지만 마침내 꽤 큰 규모로 성장한 포럼을 시작했다. 그때쯤 페이스북이 '그룹' 서비스를 시작했다. 새로운 그룹을 만들기가 망설여지기는 했지만, 사람들이 습관적으로 페이스북을 방문하게 되면서 내 오래된 포럼을 찾는 사람들은 사라지고 있었기 때문에 우리는 새 그룹을 만들기로 했다.

우리는 최초의 공식적인 '클릭퍼널스' 그룹을 만들어 우리의 새로운 고객들을 초대했다. 처음에 우리는 서로 도움을 주는 커뮤니티가 되려는 방법의 일환으로 사용했다. 하지만 클릭퍼널스 그룹은 성장하기 시작했다. 우리는 새로운 회원들에게 커뮤니티에 가입하여 다른 퍼널 해커들과 만나고 아이디어를 공유하라고 말했고, 페이스북도 우리 그룹을 홍보해주기 시작했다. 광고비 한 푼 쓰지 않고 일주일만에 수천 명이 가입했다. 이 책을 쓰고 있는 현재 이 그룹에는 22만 3000명의 회원이 있으며, 주당 1200명의 회원이 가입하고 있다! 우리 회원들은 현재 하루에 총 317건의 포스팅을 하고 있다. 하루에 9414개의 댓글을 비롯한 반응이 나타난다. 일부 상위 포스트는 3만에서 5만 번의 노출을 얻고 있으며 이는 모두 자연적으로 발생한 무료 트래픽이다.

페이스북은 사람들이 그룹을 만들기를 바란다. 이 글을 쓰고 있는 지금도 페이스북에서는 그룹을 만드는 데 대해 보상을 하고 있다. 며칠 전 TV에서 그룹을 홍보하고 있었다! 그렇다. 실제로 페이스북에서 TV 광고를 구입하여 홍보하고 있었다. 아이러니하지 않은가? 세계에서 가장 큰 광고 플랫폼이 자신의 플랫폼에 그룹을 만들게 할 더 많은 방법을 찾고 있는 것이다. 어떤 이유 때문인지 페이스북은 사람들이 그룹을 만들어 더 많은 경험을 쌓기를 바라기 때문에 우리는 지금 그룹에 많은 시간을 쏟고 있다.

그룹은 여러분만의 개인적인 파티다. 사람들이 모여서 어울리고 대화를 나누는 장소다. 나는 대부분의 회사에 네트워크를 형성할 수 있는 그룹이 있어야 한다고 굳게 믿는다. 이것은 어마어마한 트래픽을 생성할 원천이 될 것이고, 나에게 호감을 가지고 있는 사람들을 광적인 팬으로 만드는 데 도움을 줄 것이며, 시장에서 가장 중요한 그룹에 영향을 미칠 수 있는 능력을 제공할 것이다.

나는 이야기를 나눌 수 있고 개인적인 관계를 쌓아갈 수 있는 그룹에서 매주 '어울리려고' 한다. 현재 매달 이 그룹을 통해 클릭퍼널스에 가입하는 사람이 1000명이 넘는다. 따라서 이 그룹에 참가하여 관계를 구축할수록 더 좋을 것이다. 나는 보통 계획적으로 어울리는 편은 아니다. 대신 사람들에게 다가가서 대화를 나누고 공개적으로 질문에 답을 한다. 그리고 마지막에는 대개 사람들이 무료 클릭퍼널스 시험판을 받을 수 있도록 CTA를 만들고 마무리한다.

메신저 전략(배급 채널)

페이스북 메신저는 처음 페이스북 회원들끼리 간단하게 채팅을 하기 위해 만들어졌다. 그런데 2016년 페이스북은 '봇bot' 플랫폼을 공개했다. 지난 몇 년에 걸쳐 이 봇은 페이스북 메신저를 이메일 자동 응답 기능과 유사한 방식으로 사용할 수 있게 해주면서 우리와 같은 마케터들에게 도움을 주었다. 발행자는 구독자에게 직접 뉴스와 기타 정보를 전할 수 있게 해주었고, 또한 구독자와 메신저 앱 사이에 기본적인 채팅을 할 수 있게 해주었다. 본질적으로 구독자의 문제점을 해결하는 데 도움을 주기 위하여 질문과 대답을 미리 작성하거나 다른 곳으로 안내할 수 있게 되었다.

메신저는 스팸을 보내는 플랫폼으로 이용되지 않도록 자신을 보호하는 규칙이 있다. 그래서 너무 공격적일 경우 차단당할 수 있다. 따라서 사용자들을 귀찮게 하는 방식이 아니라 사용자 경험을 향상시키는 방식으로 사용하는 것이 매우 중요하다. 우리는 일주일에 한 메시지 이상은 거의 보내지 않는다. 대부분의 메시지에서 링크를 보내기 전에 먼저 참여를 유도한다. 이를 수행하기 위한 좋은 방법은 퀴즈나 대화 등 기본적으로 참여를 높이고 불만은 최소화하는 것을 보내는 것이다. 그렇게 하면 아무런 문제없이 메신저를 이용할 수 있다.

○ 메신저 목록 늘리기: 메신저 목록을 늘리는 세 가지 핵심적인 방법이 있다.

첫째, 사람들이 팬 페이지에 오면 메신저가 대화를 시작하여 그들을 메신저 목록에 추가할 수 있다.

도표 11-5 메신저 목록을 늘리려면 오른쪽 하단 구석에 메신저 창을 자동으로 나타나게 하면 된다. 사람들이 나와 채팅을 하면 자동으로 메신저 목록에 등록된다.

둘째, 랜딩 페이지에서 사람들이 메신저 목록에 추가할 수 있는 상자를 선택하게 할 수 있다. 대부분의 메신저 채팅 봇 성장 도구는 랜딩 페이지에 이 상자를 쉽게 추가할 수 있게 해준다.

도표 11-6 메신저 체크 박스를 선택 양식에 추가하여 메신저 목록을 늘릴 수도 있다. 사용자가 체크하면 자동으로 메신저 목록에 등록된다.

내가 가장 좋아하는 세 번째 방법은 간단한 리드 마그넷을 만든 다음, 팬 페이지를 활용하여 메신저 목록을 늘리는 것이다. 일부 메신저 성장 도구들은 사람들이 특정한 행동을 할 때 간편하게 그들을 목록에 추가할 수 있다. 예를 들어 내가 올린 글에 있는 버튼을 클릭하거나 특정 키워드가 포함된 댓글을 달면 그들을 정해진 메신저 목록에 추가할 수 있다. 그러면 즉시 리드 마그넷이 전송된다.

○ **메신저 목록에 퍼블리시하기:** 메신저 목록은 소중한 자산이지만 내가 소유한 것은 아니다(페이스북이 소유하고 있으며 언제든지 차단당할

수 있다). 그래서 나는 메신저 목록을 소중히 대한다. 누군가가 처음 내 목록에 가입하면 메신저 봇과 상호작용하게 하는 것이 좋다. 그래야 참여율이 높아지기 때문이다. 궁극적으로 이렇게 하면 나중에 그 사람에게 더 많은 메시지를 계속 보낼 수 있게 된다.

우리는 메신저를 통해 일주일에 한 번 일종의 대화를 보내려고 노력한다. 내가 '메시지'가 아니라 '대화'라고 말한 것에 주목해야 한다. 우리는 누군가에게 퍼널을 방문해달라는 메시지를 널리 알리는 것이 아니다. 대신 우리는 '안녕하세요, 아직도 온라인에 더 많은 리드를 생성하는 방법을 찾고 있어요?' 같은 질문을 한다. 여기에 '그렇다'라고 대답한다면 나는 이렇게 말한다. '멋지군요. 당신이 너무 좋아할 만한 몇 가지 새로운 트레이닝 과정이 있는데 오디오 파일, 영상, 스크립트 중 어느 쪽을 좋아하는지 알고 싶습니다.' 세 개의 버튼이 각각의 옵션과 함께 나타나고 상대는 그중 하나를 클릭한다. 그러면 다음 단계의 봇 대화로 넘어갈 것이다.

도표 11-7 메신저를 이용하면 자동 대화를 설정하여 페이스북의 팔로워들에게 도달할 수 있다.

퍼블리싱 계획

우리는 페이스북에 게시물을 업로드하는 방법에 관하여 많은 것을 다루었다. 특히 다음과 같은 것들에 초점을 맞추고 게시물을 업로드하는 핵심적인 방법에 관하여 이야기했다.

- 개인 페이지
- 그룹
- 팬 페이지
- 메신저 목록

페이스북 퍼블리싱 계획		
일간: 약 1시간		
연구&네트워크	10분/일	드림 100을 팔로우한다: 좋아요, 댓글, DM 보내기.
	30분/일	최소 100만 명으로 구성된 그룹의 회원들과 함께 가치가 있는 포스트를 작성하고 그룹에 올라온 질문에 답을 한다.
페이스북 개인 프로필: 1포스트/일	20분/일	JK5에서 카테고리를 선택하고 '지금 무슨 생각을 하고 계신가요?'에 관한 일간 포스트를 작성한다. 댓글에 답을 한다.
페이스북 그룹: 1/일	5분/일	질문을 하거나, 가치를 부여하거나, 팁을 공유하거나 이야기를 들려주는 짧은 일일 참여 게시물을 만든다. 댓글에 답을 한다.
주간: 약 45분		
페이스북 그룹: 1라이브/주	25분/주	일주일에 한 번씩 그룹에서 생방송을 한다. 원한다면 이야기를 들려주고, 질문을 하고, CTA를 제공한다. 댓글에 답을 한다.
페이스북 메신저: 1/주	20분/주	다음 세 가지 카테고리 중에 한 곳을 선택해서 주당 한 개의 메시지를 보낸다: 대화형 퀴즈, 가치가 있는 콘텐츠, 대화형 프로모션.
돈을 들여 홍보할 만한 콘텐츠가 있는 경우		
페이스북 팬 페이지	n/a	포스트를 작성할 때 다음과 같은 네 가지 카테고리 중 한 곳을 선택한다. 가치 있는 영상 제작, 라이브 영상, 라이브 완벽한 웨비나, 다른 플랫폼에서 엄선된 콘텐츠. 댓글에 답하기.

도표 11-8 이 계획을 이용하여 페이스북에서 어디에 집중해야 하는지 한눈에 알아볼 수 있다.

플랫폼 내부의 각 섹션에는 게시물을 업로드하는 다양한 방법과 전략이 있다. 꿈의 고객을 찾아 서비스할 수 있도록 페이스북의 각 부분을 효과적으로 공략했는지 확인하기 위해 한눈에 볼 수 있는 퍼블리싱 계획을 만들어 각 영역에서 어떤 콘텐츠를 올려야 하는지 일간 및 주간 활동을 단순하고 단계적인 과정으로 나누어 신속하게 볼 수 있도록 했다.

4단계 서서히 다가가기

1단계부터 3단계까지 마친 후에 개인 프로필을 설정했다면 여러분의 집은 이제 정리가 되어 소셜 네트워크를 시작할 준비를 마친 것이다. 그다음 올바른 그룹을 찾아 가입하는 데 초점을 맞추는 것이 좋다. 페이스북에서 그룹 탭을 클릭하면 이미 팔로잉하고 있는 인플루언서나 브랜드를 바탕으로 내가 좋아할 만한 그룹들을 추천해준다. 또한 그룹 이름과 각각의 그룹에 회원이 얼마나 있는지 볼 수 있다.

인플루언서와 브랜드에 사용하는 전략과 유사하게 그룹의 목표는 100만 명 이상의 사람들에게 접근하는 것이다. 추천된 그룹을 살펴보고 가장 회원 수가 많은 그룹에 가입하고, 계속해서 더 많은 그룹을 검색한다. 이 초기 연습을 하고 나면 페이스북 피드를 통해 나에게 마케팅된 새 그룹을 보게 될 것이다. 그러므로 나는 계속해서 이미 나의 꿈의 고객을 모아놓은 그룹에 가입하는 것을 추천한다.

예를 들어 내가 사진가고 페이스북 그룹 검색에 '사진'이라고 적는다면 내가 가입할 수 있는 수십 개의 그룹이 나온다. 이들은 내가 가서 관계를 형성할 모임이다. 이들 그룹에서 도달율이 100만 명이 넘을 때까지 계속해서 모임에 나간다(즉, 회원에 가입하기).

어떤 사람들은 네트워킹이 의미하는 것이 이들 그룹에 가서 시작 퍼

도표 11-9 100만 명 이상에게 도달할 때까지 틈새시장에서 최대한 많은 그룹에 가입한다.

널에 스팸 링크를 뿌리고, 사람들이 그것을 클릭하여 리스트에 가입하기를 희망하는 것이라고 생각한다. 내가 말하는 것은 이런 것이 아니다. 대부분의 그룹에서 이렇게 하면 거의 즉시 쫓겨나 자신의 평판에 먹칠을 하게 될 것이다. 대신 나는 매일 그룹을 방문해서 사람들이 내가 답을 아는 질문을 했는지 살펴보려고 노력한다. 내가 공유할 수 있는 멋진 것을 생각해내면 곧바로 가치 있는 포스트를 작성해서 그룹에 올린다. 제안이나 질문이 아니라, 가치가 담긴 포스트를 올리려고 노력한다. 이것이 좋은 네트워킹의 비결이다. 봉사를 하려고 한다면 사람들은 나를 만날 것이며, 내 집으로 따라올 것이다. 비결은 아낌없이 베푸는 것이다. 이것이 가치 사다리의 시작이다. 더 많은 가치를 포기할수록 더 많은 사람들이 나를 원할 것이다.

포스트를 작성한 다음 나는 다른 질문들을 훑어보면서 그룹 당 세 개 이상 댓글을 남기거나 답을 하려고 노력한다. 나는 매일 총 30분씩 그룹에 참여하고, 가치를 제공하며, 질문에 답을 하고, 마무리를 한다. 꾸준함이 열쇠다. 계속해서 가치를 제공하고, 아무것도 팔지 않는다. 나의 목적은 파티에서 가장 멋진 사람이 되는 것이라는 사실을 기억해야 한다. 내가 가치를 제공하면 모두가 내 집에 와서 어울리려고 할 것이다.

이 전략은 시간이 조금 필요하다. 하지만 내가 꾸준하다면, 그리고 사람들이 나의 꾸준한 모습을 본다면 더 많은 것을 알고 싶어할 것이다. 사람들은 내 프로필을 클릭할 것이고, 나를 팔로우할 것이다. 나에 대해 몰랐거나, 친하지는 않았던 사람들을 광적인 팬으로 만들어 나만의 개인 프로필에 올린 게시물에서 대화를 시작하게 될 것이다.

5단계 돈을 써서 다가가기

전반적으로 게시물을 올리기 보다는 유료 광고에만 집중하려는 기업들이 상당히 많다. 나는 그것이 아주 근시안적이라고 생각한다. 하지만 광고를 게재하고 운영하여 신속하게 자신의 제안을 테스트할 수 있기 때문에 이해는 한다. 유료 광고로만 시작하기로 했다면 조만간 콘텐츠의 토대를 쌓기를 추천한다. 그렇게 하는 것이 비즈니스를 위한 보다 안정적인 장기적 기반을 구축하는 데 도움이 되기 때문이다.

앞서 논의한 바와 같이 새로운 플랫폼이 등장하면 콘텐츠 창작자들은 무료 트래픽으로 보상받는다. 하지만 곧 플랫폼들은 유료 광고로 바뀌게 되고, 콘텐츠 창작자들은 트래픽이 점점 줄어든다. 결국 콘텐츠 창작자들은 트래픽에 대한 비용을 지불해야 한다. 이 부분에서 플랫폼이 돈을 벌기 때문이다. 따라서 콘텐츠 전략으로 호응을 얻고 있다 하더라도 여러분이 만드는 콘텐츠, 영상, 광고를 확대하기 위해 장기간 관련성을 유지하려면 유료 광고를 마스터하는 것이 필수적이다.

모든 유료 광고는 팬 페이지에 게재된다. 이곳은 드림 100의 팔로 워들에게 콘텐츠를 보여줄 수 있는 곳이다. 내가 올리는 모든 영상과 이미지, 팬 페이지에 쓰는 모든 포스트는 페이스북 광고 매니저를 통해 프로모션할 수 있다. 피드에 나타나지 않는 '게시하지 않는 포스트 unpublished posts'를 만들 수도 있지만, 꿈의 고객들의 눈길을 사로잡기 위하여 후크를 이용할 수도 있다. 9장에서 말했던 창의력을 발휘할수록 더 큰 성공이 찾아온다는 것을 기억하라. 이러한 후크를 모두 사용해서 잠재고객 풀에 있던 꿈의 고객들을 사로잡은 다음, 리타기팅할 카테고리로 분류하여 퍼널로 인도한다.

6단계 퍼널 채우기

다들 알겠지만, 프레임워크의 마지막 단계는 퍼널을 채우는 것이다. 처음에는 '서서히 다가가는' 방법을 사용한다. 페이스북 그룹에 참여하고 인맥을 쌓아가고 가치를 제공해준다. 그러면 사람들은 내 개인 프로필을 방문하게 될 것이다. 개인 프로필에서 JK5 카테고리를 번갈아가며 포스트를 작성하여 내 페이지에 등장하는 사람들은 물론이고 친구와 팔로워를 사로잡아 나의 퍼널로 인도할 것이다.

친구 및 팔로워와 더욱 돈독한 관계를 구축하기 위해서 나만의 소셜 네트워킹 파티에 초대하여 다른 사람과 인맥을 쌓아 매주 어울리는 모임에 참가할 수 있다. 개인 프로필에서 그들은 내가 올리는 포스트에 반응만 할 수 있지만, 이곳에서 그들만의 대화를 시작하여 소속감을 얻게 될 것이다.

소셜 네트워크 전략이 실행되면 팬 페이지에 대하여 '유료 광고' 전략으로 바꾼다. 팬 페이지에서는 홍보비로 10달러에서 20달러 정도 지출해도 괜찮다고 생각하는 콘텐츠를 제작해서 게시할 수 있다. 이는 기존 청자들이 볼 수 있고 그들과 돈독한 관계를 구축하는 데 도움이 될 수 있을 뿐 아니라 그들을 퍼널로 인도할 수 있다. 하지만 드림 100의 팔로워와 꿈의 고객의 이익을 타기팅할 수 있을 것이다. 이 말은 해당 동영상, 포스트, 광고 등이 그들의 뉴스 피드에 나타나기 위해서 돈을 지불하고 있다는 사실을 뜻한다.

꿈의 고객을 타기팅하고 퍼널로 끌어들이는 가장 좋은 방법을 알기 위해 9장을 공부하는 것을 잊지 말기 바란다. 최우선적인 목표는 획득한 트래픽과 돈을 지불한 트래픽을 시작 퍼널을 통해 내가 소유한 트래픽으로 전환하는 것이다.

구글 트래픽의 비밀

구글에 대해 처음 알게된 것은 2001년 뉴저지에 있는 한 공공 도서관에서였다. 당시 나는 온라인에서 무언가를 찾는 일이 얼마나 괴로운 일인지 절감하고 있었다. 그때 옆에 앉아 있던 한 여성이 내게 몸을 기울이며 말했다.

"www.google.com이라고 타이핑해보세요. 새로워요. 검색만 하면 원하는 건 다 찾을 수 있어요."

나는 밑져야 본전이라는 심정으로 시키는 대로 해보았다. 천천히 한 글자, 한 글자 타이핑을 했고, 검색창이 화면에 떴다. 그리고 이미 다른 검색엔진에서 검색했던 키워드를 타이핑했다. 몇 초 후 바로 내가 찾던 것을 볼 수 있었다! 아마 여러분 역시 나와 비슷한 경험을 했을 것이다. 그리하여 우리는 늘 구글을 찾게 되었다.

1단계 역사와 목표 이해하기

1996년 스탠퍼드대학교에서 래리 페이지와 세르게이 브린은 백럽 BackRub이라는 그들의 첫 검색엔진을 연구했다. 당시 인터넷 검색은 막 시작 단계였다. 익사이트, 야후, 애스크 지브스 같은 검색엔진이 나타나기 시작했다. 이들은 각자 다른 방식으로 검색 결과를 보여주었다.

래리와 세르게이는 검색 결과를 보여줄 때 해당 페이지에 걸리는 링크의 수(백링크backlink라고 한다)로 그 페이지의 가치를 추정하는 것이 더 좋다는 아이디어를 가지고 있었다. 그들은 백링크가 많을수록 그 웹사이트가 중요하며, 따라서 검색엔진에서 더 높은 순위를 차지하게 된다는 가설을 세웠다. 그들은 그러한 전제를 바탕으로 수학적 알고리즘을 작성했고, '스파이더spider'라는 것을 만들어 인터넷을 돌아다니며 웹페이지에 실제로 그 검색 키워드가 있는지 확인한 다음 해당 키워드에 대한 페이지의 순위를 매겼다.

얼마 지나지 않아 두 사람은 그 가설이 옳았다는 사실을 알 수 있었다. 이 새로운 알고리즘은 사용자에게 더 좋은 검색 경험을 제공했기에, 빠르게 성장하기 시작했다. 첫 해에는 스탠퍼드 서버에 백럽을 호스팅했지만, 사용자가 너무 많아 서버를 이전해야 했다. 1997년 9월 15일 그들은 구글을 등록했다. 간단한 알고리즘에 기반한 왕조가 시작된 것이다.

구글의 알고리즘은 이른바 '알짜배기 월드 와이드 웹'을 자동으로 검색 결과의 상위에 올렸다. 특정 키워드에 대하여 상단에 오른 기업들의 웹사이트는 방문객이 너무 많아 일을 할 수가 없었다. 주요 키워드의 경우, 구글의 첫 번째 페이지에 오르면 하루에 수십만 달러를 벌 수 있었다(어떤 경우에는 수백만 달러)! 이처럼 순위가 매겨진 각각의 키워드에 많은 돈이 걸려 있었기 때문에 이러한 사정을 눈치 챈 사람들 모두 상위에 오르길 바라고 있었다. 비용이 얼마가 들건 말이다.

알고리즘의 재미있는 점은 사용자가 누구인지 상관하지 않는다는 것이다. 알고리즘은 누가 최고의 제품을 가지고 있는지, 누가 고객 지원을 가장 잘하는지, 누가 고객을 가장 잘 대접하는지 상관하지 않는다. 알고리즘이 아는 것은 어떤 페이지가 특정 기준을 충족하면 그 기준을 충족하지 못한 페이지보다 높은 순위에 올린다는 것뿐이다. 아주 간단하다. 이것을 이해한다면 곧 이런 질문이 나온다. '알고리즘이 찾고 있는 것이 정확히 무엇이고 상위에 오르기 위해서 나는 무엇을 하면 좋을까?'

구글의 원래 알고리즘은 주로 백링크에 기반한 것이었다. 다른 사람의 웹사이트에 여러분의 웹사이트로 연결되는 링크가 100개 있고, 여러분의 경쟁자는 101개의 링크가 있다면 경쟁자가 여러분보다 순위가 높을 것이다.

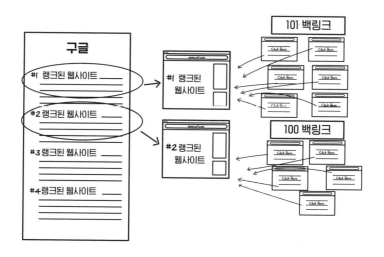

도표 12-1 구글의 원래 알고리즘은 특정 검색 키워드에 대해 가장 많은 백링크를 가지고 있는 웹사이트를 최상위에 올렸다.

내가 처음 이것을 발견한 것은 내가 최초로 첫 퍼널을 론칭했을 때였다. 사람들에게 감자총 만드는 방법을 알려주는 상품이었다. 나는 키워드에 대해 기본적인 조사를 했고, 당시 한 달에 약 1만 8000명이 '감자총'이라는 키워드를 검색하고 있다는 사실을 알게 되었다. 이렇게 많은 검색이 일어나는데 누구도 감자총을 만드는 방법을 알려주는 제품을 팔고 있지 않다는 사실에 나는 충격을 받았다. 그래서 나는

DVD를 만들었고, 퍼널을 설정하고, 트래픽을 얻으려고 노력했다.

내가 맨 처음 했던 일은 '감자총'이라고 구글에 타이핑을 한 것이다. 그리고 첫 페이지에 나오는 사이트들을 살펴보았다. 나는 그 첫 번째 페이지에 오를 수 있는 방법을 알아내야만 했다. 그래서 먼저 어떤 페이지가 맨 위에 오는지 결정하는 알고리즘을 알아내려고 했다. 당시 구글은 아직 걸음마 수준이었고, 나는 경쟁자들보다 상위에 오르는 방법을 연구하기 시작했던 때였다. 그때 나는 백링크가 가장 중요하다는 것을 알고 있었다. 특정 페이지에 링크가 얼마나 있는지 몇 분 안에 보여주는 몇 가지 기초적인 도구가 있었고, 나는 첫 번째 페이지에 오르려면, 그리고 첫 번째 페이지에서 가장 높은 곳에 노출되려면 얼마나 많은 링크가 있어야 되는지 정확히 알게 되었다.

그 후 본격적인 경쟁이 시작됐다. 나는 링크를 얻기 위해서 힘이 닿는 대로 무슨 일이든 했다. 사람들에게 돈을 주고 링크를 샀다. 링크를 포스팅하게 해주는 사이트를 발견했다. 포럼에 글을 올리고 내 페이지에 링크를 걸었다. 기본적으로 누구나 참여할 수 있는 무한 경쟁 페이지를 포함하여 원하는 만큼 많은 링크를 제출할 수 있는 모든 페이지(나중에 '링크 팜link farm'이라는 닉네임이 붙었다)에 링크를 투하했다. 며칠 지나지 않아 내 사이트는 100위 페이지에서 50위, 20위, 그리고 마침내 2위까지 거침없이 올라갔다! 거의 다 왔다! 바로 코앞까지 다가온 것이다. 며칠 안으로 세계에서 가장 이상적인 목록에 감자총이 한 자리를 차지하게 될 터였다. 나의 이상적인 키워드가 첫 페이지에 올라가는 것이었다.

그때 그 일이 일어났다. 첫 번째로 경험하는 구글 슬랩이었다. 하룻밤 사이에 내 페이지는 사라졌다. 검색엔진에서 영원히 없어져버린 것이다. 나는 이유를 알 수 없었다. 내 페이지가 어디로 갔는지 알 수 없었지만, 답을 찾아보니 나만 그런 게 아니었다.

전반적인 상황을 모두 감안했을 때, 감자총은 극히 작은 부분이었다. 감자총 DVD를 제작하여 배송할 때 1만 8000명은 많아 보일지도 모르지만, 다른 키워드와 비교하면 아주 작았다. 어떤 키워드는 한 달에 수십 만 명에서 수백만 명이 방문한다. '호텔'이나 '자동차'의 검색 결과 첫 페이지를 상상해보라. 이러한 키워드들에 대하여 상위에 자리를 차지한 사람들은 수억 달러를 벌 수 있고, 실제로도 벌고 있다.

구글 슬랩이란 무엇일까? 글쎄, 각각의 슬랩마다 모두 다르고, 이유도 다 제각각이겠지만, 주된 이유는 언제나 구글과 마케터 사이의 싸움과 관련이 있다. 구글은 방문자들이 검색을 할 때마다 가장 좋은 웹페이지를 보여주려고 한다. 우리와 같은 마케터들은 우리의 웹페이지가 상위에 보이길 바란다. 우리들과 각 플랫폼 사이의 싸움은 알고리즘이 계속해서 바뀌고 발전하는 이유가 된다. 그래서 온라인 트래픽을 얻는 방법에 대해 쓴 책들이 몇 달 지나지 않아 쓸모가 없어지고 마는 것이다.

이러한 슬랩은 구글은 물론, 페이스북, 인스타그램, 유튜브에서도 일어난다. 플랫폼에서 최선의 결과를 보여주는 완벽한 알고리즘을 알아내면 우리 마케터들은 곧바로 창의력을 발휘하여 어떻게 하면 알고리즘을 해킹해 1위 자리를 차지하거나, 우리 영상을 유행시키거나, 우리의 포스트와 사진 혹은 이미지에 가장 많은 '좋아요'와 공유, 조회 수가 나오게 할 방법을 찾기 시작한다. 키워드와 이미지, 바이럴 영상 등은 각각 잠재적으로 수백만 달러의 가치가 있기 때문에 이 플랫폼들은 세상에서 가장 똑똑한 사람들을 이용해 자신들의 회사를 정상에 서게 한 다음, 계속 정상에 머물도록 알고리즘을 고치는 데 집중한다.

그래서 나는 이 책에서 해킹을 통해 정확한 알고리즘을 알아내는 방법을 알려주지 않을 것이다. 현재 성공을 거두고 있는 것을 모델링하여 상세하게 접근한다 할지라도 우리는 절대 알지 못할 것이다. 그리고 알고리즘은 꾸준히 바뀐다. 그러므로 정확한 알고리즘을 알아내는 대신 각 알고리즘의 역사와 시간이 흐르면서 일어났던 변화의 과정을 보여줄 것이다. 결국 역사와 변화를 이해하면 미래를 비롯해서 세상이 어떻게 바뀌어 가는지 이해하기가 쉬워진다. 트래픽의 진정한 비밀은 여러분이 각 플랫폼의 알고리즘이 무엇인지 '정확히' 아는 것이 아니다. 진정한 비밀은 각 플랫폼을 바라보며 '지금 사용 중인' 알고리즘이 무엇인지 '신속하게' 알아내는 것이다. 그럼 알고리즘의 발전과 현재 상황을 이해할 수 있도록 구글 슬랩의 역사를 재빠르게 살펴보기로 하자.

구글 슬랩의 4단계

[1단계] 백링크를 통한 인기도: 구글을 세계 최고의 검색엔진으로 만든 가장 획기적인 발전은 나에 대하여 이야기하는 페이지와 나에게 다시 연결되는 링크의 수를 기반으로 순위를 매겼다는 것이다. 나의 웹사이트로 연결되는 페이지에 다른 사람이 게시한 모든 링크는 '투표vote'로 간주되어 내 페이지의 구글 랭킹이 상승한다.

게임은 재미있었다. 내가 원하는 키워드를 선택해서 1위인 사람이 얼마나 많은 백링크를 가지고 있는지 알아낸다. 그런 다음 1위의 백링크보다 더 많은 백링크만 있으면 된다. 예를 들어 1위 자리에 100개의 백링크가 있다면, 그 자리를 차지하고 싶은 경우 최소 101개의 백링크가 있어야 한다.

사람들은 해외의 대규모 팀을 고용하여 찾을 수 있는 모든 웹사이트에 그들의 링크를 게시했다. 결국 몇 개의 버튼을 클릭하면 수백 개의 링크를 게시할 수 있는 소프트웨어도 만들어졌다. 처음에는 완벽한 랭킹 알고리즘이었지만 곧 가장 스팸이 많은 페이지가 되어 순위가 올라가는 쓰레기장이 되었다. 이는 구글의 사용자에게 좋은 고객 경험을 제공하지 못했기 때문에 변화가 필요했다.

페이지 랭크page rank와 온페이지on-page 최적화: 이러한 혼란을 정리하기 위해서 구글은 두 가지를 살피기 시작했다. 첫 번째는 나를 가리키는 링크의 실제 품질이었다. 모든 페이지에 품질 점수를 부과하는 '페이지 랭크'라는 것을 만들었다. 페이지 랭크 덕분에 내 웹사이트를 가리키는 모든 링크에 가중치를 할당할 수 있었다. 더는 101개의 링크가 100개의 링크를 이기는 것이 아니라, 적은 수의 링크일지라도 고품질의 페이지에서 나온 링크라면 더 높은 순위를 차지하게 된다. 이는 구글의 많은 문제를 해결했고 잠시 동안 깨끗한 결과를 보여주었지만, 아니나 다를까 좋은 사이트들은 집중적인 스팸의 공략 대상이 되었다. 얼마 지나지 않아 페이지 랭크가 높은 사이트에서 링크를 구매할 수 있는 지하 산업이 나타났다.

쓰레기 사이트들이 검색엔진의 상위에 올라가고 있었기 때문에 구글은 스파이더를 이용해서 웹페이지가 얼마나 많은 링크로 연결되었는지 조사하고 페이지에 있는 실제 콘텐츠까지 조사했다. 구글은 최고의 사용자 경험을 제공하는 방식으로 웹페이지의 콘텐츠를 구성하는 사람들에게 보상을 해주었다. 이로 인해 온페이지 최적화를 훌륭하게 수행하는 전문가로 이루어진 완전히 새로운 산업이 태어났다. 본질적으로 이들은 구글이 좋아하는 페이지를 만들었다. 하지만 좋은 일에는 으레 그렇듯 이번에도 마케터들이 알고리즘을 마스터했다. 마케터들은 다른 사람의 사이트에서 글을 찾아내 그 글을 긁어다가 다시 써서 구글이 다시 높은 순위에 올리도록 속이는 방식으로 보여주는 소프트웨어를 만들었다. 궁극적으로 여전히 최종 사용자들에게 나쁜 경험을 제공했다. 구글의 알고리즘이 좋은 만큼 사람들은 그 알고리즘을 물리치는 방법을 계속해서 찾아냈다.

3단계 구글 동물원(판다, 펭귄, 벌새): 2011년경부터 자연적인 '구글 슬랩'이 시작됐다. 구글이 검색 결과를 정화하기 위해 대대적으로 알고리즘을 바꾸었다는 뜻이다. 각 업데이트에는 동물의 이름을 붙였다.

가장 먼저 시작한 '판다'는 구글의 알고리즘을 물리치기 위해 사람들이 만들었던 콘텐츠 팜과 긁어오기 사이트들을 파괴했다. 2012년 '펭귄'에서는 검색 순위를 높이기 위해 설계된 네트워크를 통하여 링크를 구입하거나 획득한 사람들에게 벌칙을 주었다. 2013년 '벌새'는 검색에는 키워드 자체뿐만이 아니라 이면에 감춰진 의도가 있으며, 사람들이 실제로 무엇을 원하는지 알기 위해서는 인공지능이 필요하다는 것을 알아냈다. 이는 구글의 핵심 알고리즘에 큰 변화를 가져왔고, 거기에는 뭔가를 찾으려는 사람들에게 더 좋은 경험을 제공한다는 한 가지 목적밖에 없었다.

4단계 모바일겟돈Mobilegeddon과 프레드Fred: 몇 년 동안 구글은 어떠한 대규모 업데이트도 실시하지 않았다. 모바일의 해라고 불리는 2015년까지 그랬다. 2015년은 구글에서 최초로 모바일 검색이 데스크톱 검색을 앞서기 시작했다. 이때는 또한 구글이 모바일에 최적화된 사이트일 경우 더 높은 순위로 올라가는 새롭게 업데이트된 알고리즘을 가동하기 시작한 해이기도 하다. 이 업데이트 때문에 모두가 어쩔 수 없이 구글 모바일 검색을 하는 사람들이 더 좋은 모바일 경험을 할 수 있도록 페이지를 재설계해야만 했다.

2년 뒤 구글은 비공식적으로 프레드라고 불렸던 업데이트를 우리에게 소개했다. 이 업데이트는 내가 생각할 때 우리 모두가 이해해야 하는 가장 중요한 업데이트다. 우리가 미래에 검색으로 성공하기 위한 패턴을 제공하기 때문이다. 프레드는 사용자의 경험보다 경제적 이익 창출을 우선시하는 사이트들에게 페널티를 주었다. 사용자 참여가 낮거나, 콘텐츠가 빈약하거나, 판매나 팝업, 공격적인 광고에 지나치게 중점을 둔 콘텐츠가 있는 사이트들은 하룻밤 사이에 순위가 떨어졌다.

그렇다면 프레드와 프레드에 앞서 등장했던 업데이트들이 중요한 이유는 무엇일까? 우리는 그것을 통해 구글의 목적인 '더 향상된 사용자 경험'을 이해할 수 있기 때문이다. 우리가 구글의 목적을 지지할 수 있다면 구글은 우리에게 거의 무한에 가까운 양의 트래픽을 무료로 보내줄 것이다. 알고리즘에 스팸을 시도하면 단기적으로는 이득을 얻을 수 있을지 몰라도 이는 구글이 그 허점을 찾아 메꿀 때까지만 가능하다. 진정한 비결은 구글의 의도를 이해하고 구글에서 검색하는 사람들에게 서비스를 제공할 수 있도록 도와주는 것이다.

구글이 그토록 사용자 경험에 대해 신경을 쓰는 이유는 무엇일까? 여전히 구글의 주 수익원은 유료 광고이기 때문에 사람들이 검색을 할 때 나쁜 경험을 하게 되면 다시 돌아오지 않기 때문이다. 따라서 구글을 검색하는 사람들에게 최고의 경험을 전달하는 방법을 알아내려는 것이 목표라면 구글은 그에 대해 보상할 것이다.

2단계 이 플랫폼에서 드림 100 찾기

이 부분에서 검색엔진은 정말 흥미진진해진다. 이 과정은 하루, 어떤 날에는 하룻밤 사이에 수천 명의 방문객을 데려올 수 있는 키워드와 블로그를 찾는 보물찾기와 비슷하다.

2장에서 우리는 두 가지 유형의 모임에 대해 이야기했었다. 첫 번째는 인플루언서, 브랜드, 그리고 '관심사 기반'의 집단이었다. 두 번째는 '검색 기반'의 집단이었다. 구글의 경우 두 가지 드림 100 리스트를 구축할 것이다. 한 리스트는 시장에서 활동하는 정상급 블로거들로 구성될 것이고, 두 번째 리스트는 드림 100 키워드의 리스트가 될 것이다.

○ 드림 100(블로거들): 구글을 살펴보기 시작하면서, 검색엔진에서 이미 순위에 올라 있고 현재 블로그를 읽는 독자들도 있는 사람들을 찾고 싶었다. 이 블로거들과 블로그들을 서로 다른 방식으로 활용할 것이다. 돈을 지불하고 통제할 수 있는 트래픽을 얻는 방법과 시간을 들여 서서히 접근하여 트래픽을 얻는 방법을 모두 사용할 것이다. 하지만 지금은 그들을 식별하여 드림 100 리스트에 올리기만 하려고 한다.

그들을 찾는 것은 구글에 가서 이상적인 키워드와 함께 그 뒤에 '블로그'라는 단어를 타이핑하는 것만큼이나 간단하다. 그러면 구글의 상위 10개 목록과 어떤 블로거가 상위권에 올라와 있는지 볼 수 있다.

자신의 도메인에서 블로그를 운영하는 블로거가 있는 반면, 인기 블로그 네트워크를 사용하고 있는 블로거도 있을 것이다. 그런 블로그 네트워크에 가면 우리 시장에서 활동하는 블로거들을 찾을 수 있다. 조만간 이들을 활용할 것이므로 이것을 목록으로 만들어 저장해둔다.

○ 드림 100(키워드): 드디어 2장에서 적어놓은 '드림 100' 키워드를 꺼내 먼지를 털고 검색엔진 첫 페이지에 있는 모든 트래픽에 접근하는 데 집중할 시간이다. 이상적인 키워드로 검색했을 때 첫 번째 페이지에 랭크되는 것은 가장 좋은 자리를 차지한 부동산과 같은 것이다. 이러한 가상의 부동산 환경에서 이들 목록 중 하나 이상을 소유하면 다가올 몇 년 동안 내 퍼널을 트래픽으로 채울 수 있다.

나의 제품이나 서비스의 결과를 찾으려 한다면 꿈의 고객들이 구글에 타이핑할 키워드 구절 목록을 만든다. 내가 처음 클릭퍼널스로 이 연습을 했을 때 처음에 썼던 10개의 키워드는 다음과 같다.

· 세일즈 퍼널   · 디지털 마케팅
· 인터넷 마케팅   · 온라인 마케팅

- 랜딩 페이지　　　　　・마케팅 자동화
- 그로스 해킹　　　　　・개인 브랜딩
- 웹사이트 트래픽　　　・소셜 미디어 마케팅

나의 꿈의 고객들이 이런 문구를 구글에 타이핑할 것이라 생각했고 이것이 나의 이상적인 키워드가 되었다.

다음 단계는 내 이상적인 각각의 키워드와 관련된 롱테일long-tail 키워드를 찾는 것이었다. 경쟁이 치열한 키워드는 순위를 매기기가 어려운 경우가 많기 때문에 나 역시 처음에는 순위 매기기가 쉬운 롱테일 키워드가 보고 싶었다.

이렇게 하려면 가장 이상적인 키워드를 구글에 입력한다. 구글은 검색창에서 누군가 나의 이상적인 키워드 문구를 입력할 때 사람들이 자주 검색하는 다른 키워드 문구를 추천한다. 이것들은 내 검색결과 아래에 제안된 다른 문구다.

이 키워드들이 '롱테일' 키워드 문구가 될 것이다. 대상으로 삼고 싶은 이상적인 키워드와 관련된 9가지 롱테일 키워드 문구를 적는다. 예를 들면 이러하다.

이상적인 키워드: 세일즈 퍼널

롱테일 키워드:
- 세일즈 퍼널 정의　　　・세일즈 퍼널 소프트웨어
- 세일즈 퍼널 사례　　　・예술가용 세일즈 퍼널
- 세일즈 퍼널 템플릿　　・세일즈 퍼널 설명
- 세일즈 퍼널 101(기초)　・쇼피파이 세일즈 퍼널

또한 이상적인 키워드를 검색한 후 구글 하단으로 스크롤 하면 검색어와 밀접한 관련이 있는 키워드가 8개 더 표시된다.

도표 12-2 이상적인 키워드를 타이핑 할 때, 구글은 다른 인기 있는 롱테일 키워드 문구를 제안한다(왼쪽). 구체적인 결과를 찾고 나면, 구글은 검색결과 아래에 관련 검색어도 보여준다(오른쪽).

집중할 10개의 확실한 키워드 문구를 찾을 때까지 계속해서 찾는다. 이상적인 키워드 10개로 모두 찾는다면, 100개의 키워드 목록이 생길 것이다.

3단계 ┃ 퍼블리싱 전략을 이해하고 계획 수립하기

이상적인 키워드가 생겼으니 검색엔진을 퍼널 해킹해서 해당 키워드에 이미 작동하고 있는 것이 무엇인지 확인하고 싶을 것이다. 그러기 위해서는 키워드를 구글에 타이핑하기만 하면 된다. 그런 다음 상위 10개의 결과를 훑어보며 어떤 유형의 포스트가 순위에 랭크되는지 패턴을 찾아본다. 특히 '링크할 만한 자산linkable asset' 혹은 우리가 '레터맨 톱 10 리스트'라고 부르는 것을 찾아본다.

이런 이름이 붙은 이유는, 10대 시절 부모님이 가끔 데이비드 레터맨의 심야 토크쇼를 보셨는데, 나는 그 쇼를 좋아하지는 않았지만 그래도 좋아했던 한 꼭지가 있었다. 레터맨이 '에미넴의 아이들을 위한 조언 10가지' 같은 유명한 톱 10 리스트를 할 때였다. 그러면 그가 각 리스트에 적당한 10가지 재미있는 것들을 나열한다.

'링크할 만한 자산'은 '레터맨의 톱 10 리스트'와 비슷하게 작동한다. 리스트는 보통 '2024년 여러분의 마케팅을 즉시 개선해줄 25가지 SEO 도구들'이나 '몸에 안 좋을 것이라 생각하지만 실제로는 먹을 수 있는 케토제닉 식단 18가지' 같은 제목으로 구성된다.

이와 같은 '링크할 만한 자산'은 몇 가지 이유에서 구글이 정말 좋아한다. 첫째, 구성만 제대로 한다면 사람들이 그 콘텐츠를 너무 좋아해서 그 링크를 공유할 수밖에 없을 것이다. 진정한, 자연적으로 생기는, 양질의 링크는 구글이 보상하고 싶어하는 것이며, 사람들이 자연스럽게 링크를 공유하는 글을 쓰는 것이 올바른 링크를 얻는 비결이다. 두 번째 이유는 이러한 유형의 포스트를 구글의 독자들이 좋아한다는 것이다. 구글은 크롬 브라우저를 소유하고 있으며, 그들의 분석 코드가 대부분의 웹페이지에 들어 있기 때문에 사람들이 사이트에 머무는 시간, 스크롤하는 시간, 링크를 클릭하는지 여부, 사이트 내에서 얼마나 많은 페이지를 방문하는지 알 수 있다. 사이트에 머무는 시간이 길수록, 스크롤을 많이 할수록, 페이지를 많이 클릭할수록 사용자들이 좋은 경험을 하고 있다는 신호다. '21단계'나 '205가지 자원' 같은 유형의 기사들은, 제대로 쓰이기만 한다면, 사람들이 페이지를 스크롤하면서 오랫동안 사이트에 머물게 하여 그 가치를 구글에 보여줄 것이다.

이상적인 키워드를 위한 자연스러운 결과를 찾아보면서, 나는 '레터맨의 톱 10 리스트' 유형의 기사가 순위에 있는지 살펴본다. 없다면 내 블로그에 올릴 수 있는 '링크할 만한 자산'을 직접 만들 것이다. 만약 내가 이미 드림 100의 톱 10 안에 오른 것을 찾아낸다면, 브라이언 딘에게 배운 '고층 빌딩skyscraper' 기법을 사용하여 더 큰 고층 빌딩을 지어 검색엔진에서 더 높은 순위에 오를 것이다.

고층 빌딩 기법은 이미 수많은 링크를 생성하고 이미 꿈의 키워드에 대한 순위를 매긴 후에 작동한다. 그런 다음 이를 모델링하여 더 크고 더 좋은 콘텐츠, 즉 더 큰 고층 빌딩을 만든다. 나는 한 달에 최소 한 번은 새로운 고층 빌딩 기사를 쓰는 것을 좋아한다.

브라이언은 그의 블로그에서 고층 빌딩 기법을 모두가 이야기하고 링크하고 싶어 하는 콘텐츠를 가질 수 있는 한 가지 방법이라고 설명한다.

정말 높은 빌딩 옆을 걸어가면서 '우와, 정말 놀랍군! 세계에서 여덟 번째로 높은 빌딩은 얼마나 높을까?'라고 생각한 적 있나요? 없을 겁니다. 왜냐하면 제일 높은 빌딩을 떠올릴 것이기 때문입니다. 최고에 끌리는 것은 인간의 본성입니다.

여러분이 이기고 싶은 이상적인 키워드가 평가하는 한 기사를 찾아내면 다음 단계는 콘텐츠를 더 잘 쓰는 것이다. 다음은 브라이언이 추천하는 고층 빌딩을 더 높게 만들기 위한 기사를 쓸 때 고려해야 할 네 가지 사항이다.

- 길게: 어떤 경우에는 단지 길거나 더 많은 아이템을 포함하고 있는 기사를 발행하는 것이 효과가 있을 것이다. 예를 들어 '50가지 건강 스낵 아

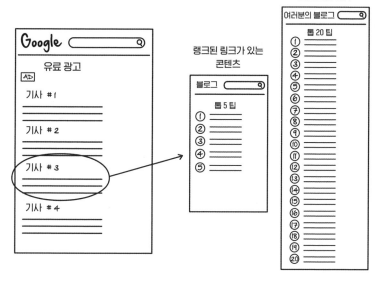

도표 12-3 이상적인 키워드의 순위를 높이기 위해서, 해당 키워드가 상위에 랭크된 한 기사를 찾는다. 그리고 구글이 더 좋아할 만한 '더 큰 고층 빌딩'에 관한 기사를 쓴다.

이디어'라는 제목으로 링크 마그넷을 찾는다면, 150개로 구성된 리스트를 올린다(또는 500개).

· 최신 정보: 오래된 콘텐츠를 멋지게 꾸밀 수 있다면 승자가 된 것이다.

· 더 나은 디자인: 시각적으로 아름다운 콘텐츠는 일반적으로 디자인이 별로인 페이지의 유사한 콘텐츠보다 링크와 소셜 공유가 많이 생성된다.

· 더 상세하게: 대부분의 게시물은 사람들이 실제로 사용할 수 있는 충실한 콘텐츠가 없는 단조로운 목록으로 만들어져 있다. 하지만 각각의 항목에 약간의 깊이를 더해주면 훨씬 소중한 게시물이 될 것이다.

이처럼 더 길고 새로운 고층 빌딩에서 나는 이상적인 키워드는 물론이고 롱테일 키워드도 글 전체에서 자주 사용한다. 이렇게 하면 단 하나의 고층 빌딩 기사를 가지고도, 모두는 아닐지라도 다수의 관련 드림 100 키워드의 순위를 높일 수 있다.

○ **나의 고층 빌딩에 우수한 링크 얻기:** 더 길고 더 나은 고층 빌딩을 발행하는 것만으로 첫 페이지에 랭크되는 것은 아니다. 기사를 쓰고 난 뒤에 그 기사를 홍보해야 한다. 그리고 기사를 홍보하는 방법은 올바른 링크가 많이 걸리게 하는 것이다. 브라이언은 올바른 링크를 얻으려면 우리가 만든 '링크할 만한 자산'을 가리키는 링크를 살펴봐야 한다고 가르친다. 사람들이 이미 해당 콘텐츠에 링크를 연결하고 있다면 우리는 다음과 같은 몇 가지 사실을 알고 있는 것이다.

· 우리가 퍼블리싱하는 틈새시장에 웹사이트를 가지고 있다.
· 이미 우리의 경쟁자와 링크되어 있기 때문에 그 주제에 관심이 있다.
· 그들은 이미 해당 주제에 관한 기사와 링크되어 있기 때문에 우리의 더 길고, 더 나은, 최신 업데이트된 기사에 링크하는 것도 어렵지 않다.

경쟁자에 링크되어 있는 사람에게 이메일을 보내서 나에게도 링크를 해달라고 요청해야 한다. 수동으로 이메일 주소를 알아내 연락하거나 간단한 방법을 사용하면 시간을 아낄 수도 있다. TrafficSecrets. com/resources를 방문하면 경쟁자와 링크되어 있는 모든 사람의 연락처 정보를 긁어 오는 도구를 찾을 수 있다.

이메일에서 경쟁사와 링크된 것을 확인했고 기사도 비슷하지만 훨썬 업데이트되어 있고 종합적이기 때문에 기사에 링크하면 좋아할 것이라고 알릴 수 있다. 이 전략은 올바른 링크를 얻는 데 도움이 될 것이다. 다음은 브라이언이 자신의 경쟁사에게 링크하여 좋은 결과를 얻을 수 있었던 160명에게 보낸 이메일의 사례다.

브라이언은 그가 연락하려고 하는 사람마다 이 템플릿을 사용했고, 그가 보낸 160통의 이메일에서 17명이 링크를 바꿔주었다! 고층 빌딩 방법에 따른 11퍼센트의 성공은 그의 기사가 순위에 오르는 데 도움을 주었다.

링크를 얻을 수 있는 방법은 다양한데, 모두 구글이 좋아하는 정도에 따라 달라진다. '화이트햇white hat' 기법은 구글이 좋아하는 기법으

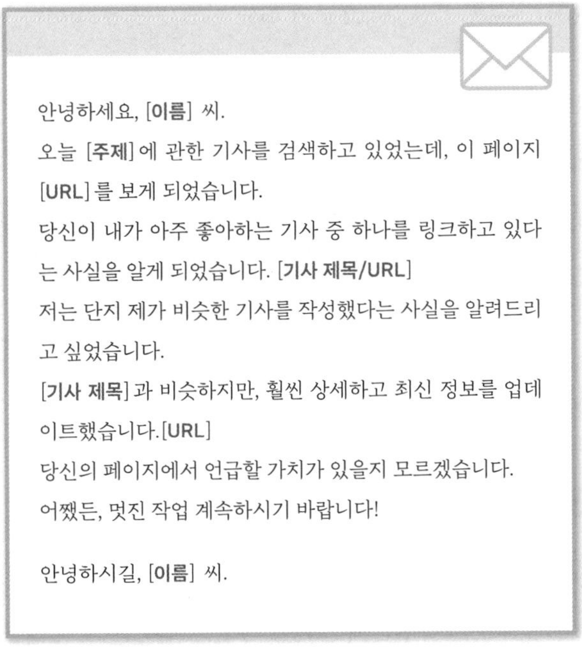

안녕하세요, [이름] 씨.
오늘 [주제]에 관한 기사를 검색하고 있었는데, 이 페이지 [URL]를 보게 되었습니다.
당신이 내가 아주 좋아하는 기사 중 하나를 링크하고 있다는 사실을 알게 되었습니다. [기사 제목/URL]
저는 단지 제가 비슷한 기사를 작성했다는 사실을 알려드리고 싶었습니다.
[기사 제목]과 비슷하지만, 훨씬 상세하고 최신 정보를 업데이트했습니다.[URL]
당신의 페이지에서 언급할 가치가 있을지 모르겠습니다.
어쨌든, 멋진 작업 계속하시기 바랍니다!

안녕하시길, [이름] 씨.

도표 12-4 고층 빌딩 기사를 쓰고 나서 경쟁자에게 이메일을 보내 내가 더 새롭고 더 나은 기사를 작성했다고 알려줄 수 있다.

로 보상도 해주는 반면, '블랙햇black hat' 기법은 구글을 속여서 링크를 얻는 스팸을 이용하는 방법이다. 블랙햇 기법을 이용하면 단기적으로는 이득일 수도 있지만 구글을 속이기 위해서 내가 사용했던 방법들이 결국은 언제나 발목을 잡는다. 우리는 이제 구글이 원하는 것에만 초점을 맞춘다. 나중에 링크를 얻는 몇 가지 다른 방법을 언급할 것이지만, 브라이언의 고층 빌딩 링크 기법은 링크를 구축하는 가장 빠르고 가장 좋은 방법 중 하나다.

이러한 수동적인 링크 요청으로 프로세스가 시작되고, 다른 소셜 사이트(페이스북과 인스타그램)와 이메일 리스트에서 새 기사를 홍보하여 고층 빌딩 페이지로 트래픽을 유도할 것이다. 우리가 논의한 프로세스를 따랐다면 자연적으로 형성되는 올바른 유형의 링크를 얻고 검색엔진에서 계속해서 상승함으로써 링크 마그넷이 될 것이다. 이러한 유형의 자연적으로 형성되는 링크는 구글이 원하고 보상하는 것이다.

퍼블리싱 계획

이 장에서는 구글에서 마케팅을 보는 방법을 보여주고 구글에서 자연스러운 트래픽을 얻는 핵심적인 방법에 대해 이야기했다. 다음은 여러분과 여러분의 팀이 우선 순위를 체계화하는 데 사용할 수 있는 퍼블리싱 계획이다.

4단계 서서히 다가가기

천천히 검색엔진을 개척하는 데에는 두 가지 이득이 있다. 첫 번째는 앞서 드림 100 블로거들의 트래픽 흐름을 활용할 수 있다는 것이다. 두 번째는 여러분의 시장에 양질의 사이트가 있는 블로거로부터 양질의 링크를 직접 얻을 수 있다는 것이다(구글이 좋아하는 유형의 링크).

구글 퍼블리싱 계획		
주간: 약 2시간		
네트워크: 최대한 많이	30분/주	경쟁자의 고층 빌딩 기사에 링크할 수 있는 사람들을 최대한 접촉해서 내 기사도 링크할 수 있는지 물어본다.
	1시간/주	나의 특정 키워드에 대해 순위에 오른 다른 9명의 웹사이트 소유주를 찾은 다음, 그들과 연결된 사람들을 찾는다. 그러한 링크들 덕분에 나의 이상적인 키워드에 대하여 검색 결과의 첫 번째 페이지에 나올 수 있었기에 우리는 그 링크들을 최대한 얻으려고 한다. 9개의 링크는 또 다른 10, 50, 100여 개의 링크가 될 수 있으니 그들에게 연락해서 해당 링크들이 나의 고층 빌딩 기사를 링크할 수 있게 한다.
게스트 포스트: 1/주	30분/주	드림 100 블로그나 웹사이트에 매주 외부 포스트를 기고하며 고층 빌딩 기사에 있는 링크를 포함시킨다.*
월간: 약 2.25시간		
고층 빌딩 기사: 1/월	2시간/월	경쟁자의 기사보다 더 나은 고층 빌딩 기사를 매달 작성한다. 내 이상적인 키워드와 2~3개의 롱테일 키워드를 포함시킨다.
	10분/월	고층 빌딩 기사에 대한 링크와 함께 이메일 리스트에 보낸다.
	5분/월	고층 빌딩 기사에 대한 링크와 함께 페이스북과 인스타그램에 포스팅한다. 댓글에 답을 단다.

도표 12-5 구글의 어느 곳에 노력을 집중해야 할 것인지 한 눈에 보고 싶을 때, 이 퍼블리싱 계획을 이용한다.

내가 검색엔진을 개척하는 방법은 '외부 기고guest post'를 통해서다. 내가 활동하는 시장에 블로그를 운영하는 누군가를 찾아 그 사람의 사이트에 '외부 기고'를 할 수 있을지 묻는다. 그들이 좋다고 말하면 나는 포스트를 작성하고, 내 고층 빌딩 한두 곳으로 링크를 포함시킨 다음, 그것을 게시하게 한다. 나는 그들에게 좋은 콘텐츠를 제공하고, 그들의 독자는 링크를 클릭할 것이며, 나는 거기서 나오는 트래픽을 갖게 될 것이고, 스파이더는 내 고층 빌딩을 향한 링크를 보고 내 순위를 높여줄 것이다.

여러분은 열심히 노력해서 자신이 활동하는 시장의 많은 사람이 방문하는 사이트의 작가나 칼럼니스트가 될 수도 있을 것이다. 내가 아는 최고의 SEO^{Search Engine Optimization}(검색엔진 최적화)업계 종사자 중 일부는《포브스》,《엔트레프레너》등을 비롯한 유명 사이트의 작가다. 그들은 사이트에서 작가라는 위치를 이용하여 트래픽을 자신의 퍼널로 밀어 넣고 고층 빌딩의 높은 순위를 차지하기 위해 양질의 링크를 게시할 수 있다. 나는 시장에 있는 블로그에 주당 한 번 이상 외부 필자 기고 포스트를 올리려고 노력한다. 뿐만 아니라 내게 많은 트래픽과 양질의 링크를 가져다주는 사이트의 작가가 되기 위하여 노력하고 있다.

5단계 ▮ 돈을 써서 다가가기

처음 SEO를 배우기 시작했을 때는 구글 슬랩이 시작되기 전이었는데, 내가 순위에 오르길 바라던 키워드가 경쟁이 너무 심해 첫 번째 검색 결과 페이지에 오르지 못했다는 이유로 좌절감을 느꼈다.

어느 날 나는 '인터넷 마케팅' 키워드로 1위를 하겠다고 결심했다. 자연적으로 순위에 오르기 위한 여정을 시작했고, 8개월간의 긴 여정 끝에 드디어 첫 페이지에 오르게 되었다! 알고리즘 업데이트에서 슬랩을 당하기 전까지 첫 페이지에서 네 번째 자리까지 올랐던 것 같다.

하지만 긴 여정을 시작한 지 한 달쯤 되었을 때 나는 좌절했다. 나는 내 이상적인 키워드를 첫 페이지에 올렸던 사람들을 하나씩 살펴보았다. 나는 많은 수의 사이트가 실제로 제품을 파는 것이 아니라 그저 글이 올라오는 곳이었다는 사실을 깨달았다. 배너 광고가 있었지만 나처럼 제품을 판매하는 곳은 없었다.

나는 그들에게 메일을 보내기 시작했다. 그만한 순위를 오르려면 얼마나 열심히 해야 하는지 알고 있었기에, 판매할 제품도 없으면서 왜

저렇게 순위에 오르려고 애쓰는지 궁금했다. 대여섯 명에게서 답장이 왔고, 뭔가 흥미로운 점을 발견했다.

그들은 대부분 페이지의 순위에 대해서는 정말 능숙하지만 물건을 어떻게 만드는지 전혀 알지 못하는 SEO 업계 사람들이었다. 그래서 그들은 첫 페이지에 일단 순위를 올린 다음 그들의 페이지에 광고를 판매하거나 다른 제품을 링크하여 제휴사로 연결한다. 그 이야기를 듣자마자 좋은 생각이 떠올랐다.

내 사이트가 첫 페이지에 오를 때까지 기다리는 동안 현재 첫 페이지에 순위가 올라 있는 사람들에게서 트래픽을 받으면 어떨까? 단기적인 내 목표는 그들을 이기는 게 아니었다. 내 퍼널의 광고를 그들의 페이지에 게재하는 것이었다.

그들과 협상을 하기 시작한 지 며칠이 지나지 않아 내 이상적인 키워드에 대한 광고는 이미 순위권에 올라온 사이트의 상단에 눈에 띄게 표시됐다. 광고가 올라가자 하룻밤 사이에 트래픽이 물꼬가 터진 듯 유입되기 시작했다!

나는 곧 이들의 페이지에서 퍼널로 유입되는 한 번의 클릭이 구글 홈페이지에서 오는 동일한 클릭보다도 훨씬 가치가 있다는 사실을 깨닫기 시작했다.

생각해보라. '인터넷 마케팅'과 같은 구절은 구글에서 하루 수천 명의 사람들이 검색을 할 것이다. 하지만 실제로 훨씬 가치가 있는 사람들은 다음과 같이 3단계의 과정을 거치는 사람들이다.

1) 구글에서 어떤 구절을 타이핑한다.
2) 그 결과 중 하나를 클릭한다.
3) 그 페이지에서 여러분의 퍼널로 가는 링크를 클릭한다.

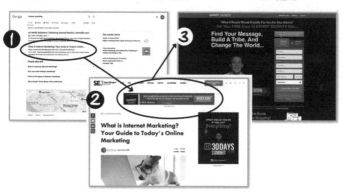

1) 키워드를 검색하고 결과를 클릭한다   **2) 여러분의 광고를 클릭한다**   **3) 여러분의 퍼널에 도착한다**

도표 12-6   키워드를 검색하고, 그 결과 중 하나를 클릭하고, 그 결과 안에 있는 여러분의 유료 광고를 클릭해서, 여러분의 퍼널에 도착하는 3단계 과정을 따라온 사람들은 여러분에 대해 관심을 가지고 있는 사람들이기 때문에 훨씬 가치가 있다.

구글에서 첫 번째 클릭은 일반적으로 '브라우저'에서 오는 것이지만, 두 번째 클릭은 가장 진지한 사람, 즉 구매자들로부터 오는 것이다. 이 사람들은 여러분을 찾아가려고 두 번 클릭을 했기 때문에 여러분의 페이지에 도착했을 때 구매자로 전환될 가능성이 매우 크다. 구글 홈페이지를 방문하기 위한 수많은 클릭은 구매자와는 무관한 무의미한 클릭일 것이다. 그러므로 이러한 클릭에 돈을 지불하고 있다면 그 비용은 매우 클 것이다. 하지만 여러분의 사이트에 도착하는 데 두 번 클릭한 사람들은 가장 진지하고 장기적으로 여러분에게 가장 많은 이익을 줄 사람들일 것이다.

나의 드림 100 웹사이트를 볼 때 나는 광고가 전혀 없는 웹사이트는 빠르게 제거하려고 노력한다. 대신 애드센스 광고, 배너 광고, 다른 제품으로 연결되는 제휴 링크, 이메일 구독 상자가 있는 사이트를 찾고 있다. 그런 다음 웹사이트 소유주들에게 연락하여 광고 옵션을 알아보기 시작한다.

- 이메일 뉴스 레터의 경우, 이메일 리스트에 단독 광고를 넣을 수 있는지 물어본다(17장에서 상세히 다룬다).
- 웹사이트에 배너 광고가 있는 경우, 배너 광고를 구매하는 데 비용이 얼마인지 물어본다.
- 사이트에 구글 애드센스가 있는 경우, 나중에 그 사이트를 구글 디스플레이 네트워크Google Display Network로 타기팅하기 위해 내 리스트에 추가한다.
- 그 페이지에 기사가 있다면, 기사 안에 내 페이지로 연결되는 링크를 추가해줄 수 있는지 확인한다.

내 이상적인 키워드에 대하여 이미 순위에 올라 있는 페이지에 내 퍼널로 연결되는 링크를 얻는 것은 내 퍼널에 매우 양질의 트래픽을 얻는 매우 빠른 방법 중 하나다.

6단계　퍼널 채우기

이제 검색엔진에서 오는 트래픽에 접근하는 방법을 알겠는가? 우리는 여러분의 키워드에 대한 검색 결과가 첫 페이지에 오를 수 있는 링크 마그넷 역할을 하는 '링크할 만한 자산'인 블로그 게시물을 작성하는 데 집중하고 있다. 이 페이지들이 검색엔진에서 순위가 올라갈 때까지 기다리는 동안, 독자들로부터 오는 순간적인 트래픽과 우리의 '링크할 만한 자산'과 연결된 링크를 모두 얻기 위해 우리는 블로그에 외부 기고를 한다.

그런 다음 우리는 우리의 이상적인 키워드에 대해 이미 첫 페이지에 올라 있는 페이지로 이동하고, 우리의 퍼널을 이 페이지로 가는 기존의 트래픽과 연결할 수 있도록 이 페이지들에 광고를 구매하려고 노력한다.

마지막 단계는 구글의 유료 검색 플랫폼에서 광고를 구매하는 것이다. 구글에서 유료 트래픽을 얻을 수 있는 두 가지 주요한 방법이 있다. 첫 번째는 검색 결과 페이지의 유료 광고에서 나오고(우리 키워드에 대한 자연스러운 검색 결과의 위와 아래에 보이는 광고), 두 번째는 다른 사람들이 페이지에 올린 애드센스 광고에서 나온다. 구글 디스플레이 네트워크를 통해 이들 광고에 접근할 수 있다.

구글 광고를 운영하는 방법에 대한 실제 전술은 항상 변하기 때문에 설명하지 않겠지만 9장에 나오는 구글 광고 운영 전략은 동일하다. 먼저 나의 꿈의 고객을 사로잡는 후크 역할을 하는 잠재고객 확보 광고를 만든다.

즉시 구매 전환이 일어나지 않는 경우 타기팅을 다시 하여, 참여와 방문, 소유의 과정을 거친다. 트래픽을 소유하고 나면 후속 퍼널을 이용하여 가치 사다리를 올라가게 한다.

유튜브 트래픽의 비밀

유튜브에는 많은 사람이 이해하지 못하는 특별한 것이 있다. 뭔가를 창작하여 올리면 기하급수적으로 성장하게 되는 유일한 플랫폼이라는 사실이다.

페이스북 라이브에 영상을 올리면 며칠 동안 고객의 뉴스 피드에 그 영상이 나타난다. 그리고 영원히 사라진다. 그 영상을 홍보하기 위한 유료 광고를 구입하면 생명을 연장시킬 수 있지만, 결국 나의 피드 가장 밑바닥으로 떨어져, 다시는 볼 수 없다. 페이스북 라이브가 현재 사건을 다루는 좋은 토크쇼 같긴 하지만, 내가 만드는 작품의 수명에 한계가 있다. 인스타그램도 마찬가지여서 사진은 피드의 가장 밑바닥까지 떨어지고 내 스토리는 수명을 다하고 만다. 일부 플랫폼은 수명이 길어서 더 오랫동안 지속되기도 하지만, 시간이 흐르면서 모두 성능이 나빠진다.

모든 플랫폼, 그러니까 유튜브만 빼고 다 그렇다. 영상을 만들어 유튜브에 올리자마자 시청자 수가 늘어나기 시작하고 끝도 없이 성장한다. 내가 5년 전에 게시한 영상들도 아직까지 하루에 수백 번의 조회 수가 나온다. 최근 발행한 다른 영상들은 초기에 조회 수가 갑자기 올라가기도 하지만(단지 새 영상이라는 이유만으로 수천 건의 조회 수를 기록하는 경우도 많다), 날이 갈수록 새롭게 시청하는 사람들은 많아지고 있다. 유튜브를 떠나지 않게 하려고 만들어진 유튜브의 알고리즘은 가능하면 시청자들이 참여할 가능성이 높은 영상을 추천한다.

유튜브 알고리즘이 작동하는 방법에 대해 몇 가지 주요한 것들을 이해하면 장기적인 성공을 위한 영상을 준비하는 데 도움이 될 것이다.

6년 전 조이 마포글리오라는 남자에게 전화를 한 통 받았다. 그는 내가 막 출시한 한 신제품의 제휴사가 될 수 있는지 물었다. 그것은 음란물 중독을 극복하려는 사람들을 도와주기 위해 우리가 제작한 강의 코스였다. 나 말고 다른 사람이 우리의 신제품에 트래픽을 유도해준다고 하니 나는 신이 나서 좋다고 말했다. 그는 내게 몇 편의 영상을 만들어 유튜브에 올려 제휴사 링크를 통해 우리 제품에 트래픽을 유도할 것이라고 말했다.

나는 그의 제안을 수락했고, 그 일에 대해서는 그다지 많이 생각하지 않았다. 몇 달 지나지 않아서 조이는 내 모든 마케팅 활동에서 거둔 모든 성과를 합친 것보다 많은 판매를 주도했다. 나는 혼란에 빠져서 그에게 무엇을 하고 있는지 물었고, 그는 내게 유튜브에 두 편의 영상

도표 13-1 6년 동안 이 영상은 81만 5000건 이상 사람들이 시청했다. 여전히 유튜브에 있기 때문에 이 영상은 매일 조회 수가 늘고 있다.

을 올린 게 전부라고 말했다. 나는 영상을 볼 수 있냐고 물었고 그는 내게 영상의 링크를 보내주었다.

한 편은 조이가 제작한 2분 47초의 짧은 영상이었고 다른 한 편은 제품을 판매하기 위해 내가 제작한 영상이었다. 두 영상은 모두 하루에 수천 건의 조회 수를 올리고 있었다. 내가 이 장을 쓰면서 이 두 영상을 찾아보고는 깜짝 놀랐다. 첫 번째 영상은 조회 수가 120만 건이었고, 긴 영상은 조회 수가 81만 5000건이 넘었다!

우리가 제품을 몇 년 전에 판매 중지했음에도 불구하고 이 영상들은 매일 계속해서 트래픽을 몰고 왔다. 나는 조이에게 통계 자료를 뽑아달라고 했다. 조이가 영상을 포스팅한 지 6년이 넘었지만, 그 달에만 그보다 많은 1만 361건의 조회 수와 우리 퍼널로 이어지는 533건의 클릭이 발생했다.

1단계 역사와 목표 이해하기
....

유튜브가 (구글에 이어) 세계에서 두 번째로 큰 검색엔진이며, 또한 두 번째로 트래픽이 많은 웹사이트라는 사실을 아는가? 아, 혹시 몰랐다면 유튜브는 구글의 소유이기도 하다. 유튜브는 페이팔 직원 세 명(채드 헐리, 스티브 첸, 자베드 카림)이 2005년에 설립했다. 유튜브가 시작된 지 2년도 되지 않아 구글은 유튜브를 16억 5000달러에 매입했다.

바로 지금 19억 명이 넘는 사람들이 매달 유튜브에 로그인하고 있으며, 분당 400시간 이상의 영상이 업로드 되며, 10억 시간이 넘는 영상들이 매일 시청되고 있다.

유튜브가 흥미로운 이유는 소셜 플랫폼과 유사하게 기능하기 때문이다. 콘텐츠를 만들어 사람들이 그 콘텐츠에 참여하게 하고 다른 소셜 네트워크처럼 구독자를 늘린다.

유튜브는 또한 검색엔진처럼 기능하는데, 이는 소셜 네트워크와는 다르게, 시간이 흘러가면서 영상이 계속해서 늘어나는 이유이기도 하다. 유튜브가 원하는 방식으로 영상을 최적화하는 방법을 배우면, 유튜브는 여러분의 이상적인 키워드에 대한 순위를 높여 보상을 해줄 것이다. 그리고 구글 검색 결과에도 그러한 동영상을 자주 올리게 될 것이다.

2단계 이 플랫폼에서 드림 100 찾기

우리는 클릭퍼널스를 론칭하고 나서 6개월 동안 더 많은 사람들이 계정을 만들게 할 새로운 방법을 알아내려고 애쓰고 있었다. 아직 유튜브를 하나의 트래픽 전략으로 사용하지 않고 있었기 때문에, 나는 조이 마포글리오에게 전화를 걸어 도와줄 수 있는지 물었다. 처음 통화를 할 때 나는 신이 나서 화상 전화 앞으로 달려갔다. 화상 전화를 통해 나는 그의 컴퓨터 화면을 볼 수 있었다. 조이는 유튜브에 접속하여 한 번도 본 적이 없는 강력한 마케팅 전술 중 하나를 내게 보여주었다.

먼저 조이는 내 드림 100 리스트에 있는 사람 몇 명의 이름을 타이핑했다. 페이스북에서 타기팅했던 사람들로, 그들이 유튜브에서도 업로드를 하고 있는지 확인했다. 그들 중 다수는 유튜브 채널이 없었지만, 수십만 명의 구독자가 있는 사람도 있었다. 그들의 채널에 있는 각각의 영상을 보고 있을 때 조이가 말했다.

"영상 앞에 나오는 광고를 구매할 수 있다는 거 알죠? 누구나 영상을 볼 때 제일 처음 여러분의 광고를 보게 만들 수 있습니다."

당시 나는 그것이 가능한지 전혀 몰랐기에, 곧 그 가능성이 궁금해졌다.

"잠깐만, 모든 사람의 영상에 있는 광고를 사서 내 퍼널로 사람들을 오게 하는 데 사용할 수 있을까?"

"있지요." 조이가 말했다. "당신이 그들의 이름, 신뢰도, 콘텐츠를 이용해서 사람들을 퍼널로 데려가고 있잖아요."

그런 다음 그는 내게 꿈의 고객들이 어떤 키워드를 찾고 있을지 물었다. 나는 '인터넷 마케팅'이라는 키워드를 시도해보라고 부탁했고, 그는 검색창에 그 문구를 타이핑했다. 몇 초 지나지 않아 그 용어에 대해 이미 순위가 정해져 있는 수십 편의 영상이 나타났다. 조는 얼마나 간편하게 영상을 만들 수 있는지 그리고 이러한 이상적인 키워드에 대해 어떻게 순위를 매길 수 있는지 설명했다.

"우리가 한 번만 노력하면, 이 영상들은 여생 동안 당신에게 도움이 될 겁니다. 젠장, 당신이 죽고 나서도 계속해서 당신의 퍼널로 트래픽을 몰고 갈 겁니다!" 조가 말했다.

나는 웃으며 말했다. "우리의 영상들이 상위권에 노출되기를 기다리면서 동시에 다른 모든 영상의 광고를 지금 살 수 있을까?"

그는 웃으며 정중하게 그렇다고 말했다.

불과 몇 분 만에 나는 내가 유튜브를 그토록 좋아하게 된 이유를 알게 되었다. 전화를 끊은 뒤에 나는 곧바로 지금 내가 말하는 그대로를 했다. 두 가지의 드림 100 명단을 키워나가야 한다. 하나는 타기팅하려는 사람과 브랜드, 인플루언서의 이름이 들어간 목록이다. 다른 하나는 동영상을 만들고자 하는 키워드 문구가 포함된 목록이다. 이 장의 뒷부분에서는 올바른 키워드를 찾는 방법에 대해 상세히 알아볼 것이다.

3단계 │ 퍼블리싱 전략을 이해하고 계획 수립하기

구글과 마찬가지로 유튜브는 사용자 경험을 향상시키기 위해 동영상에 순위를 매기는 알고리즘을 개발했다. 사람들이 매긴 순위로 인해 최종 사용자의 경험이 엉망이 되지 않도록 알고리즘은 끊임없이 업데이트되고 바뀐다. 유튜브에서 성공하려면 유튜브에서 원하는 동영상 게시 방식에 맞게 동영상을 만들어 게시하는 방법을 찾아야 한다. 그렇기 때문에 드림 100을 면밀하게 관찰하고 유튜브가 그들에게 어떤 보상을 해주는지 확인하는 것이 중요하다. 만약 동영상의 설명이나 태그, 링크 등에 대한 유튜브의 선호도가 바뀌면 조회 수가 많은 동영상에서 변화가 나타나기 때문에 그에 맞게 전략을 바꿀 수 있다. 여기서 설명하려고 하는 것은 대부분 조 마포글리오가 클릭퍼널스에서 우리의 유튜브 전략에 대해 자문을 해주었을 때 알려준 것이다.

채널 설정

동영상 제작을 시작하기 전에 잠재적인 구독자가 방문했을 때 실제 구독자로 전환될 수 있도록 채널에 대한 설정을 확인해야 한다.

○ **채널 이름**: 채널 이름을 정할 때는 키워드보다는 브랜딩에 더 집중해야 한다. 채널 이름은 검색이나, 추천 검색어, 관련 채널 추천, 댓글을 남길 때 등 모든 곳에 표시된다. 사람들이 이름과 브랜드를 보고 그 채널이 어떤 채널인지 알 수 있어야 한다. 내 채널 이름은 '러셀 브런슨-클릭퍼널스'다. 이렇게 정한 이유는 사람들이 내 채널 이름을 보았을 때 내 이름과 함께 메인 브랜드까지 알아보았으면 했기 때문이다.

○ **채널 소개 페이지**: 이 페이지는 두 가지 이유에서 중요하다. 첫째, 사람들이 구독하기 전에 내가 어떤 사람인지 확인할 때 나에 대해 더 많은 정보를 제공한다. 둘째, 여기서 작성한 정보는 이 채널에 대한 검색 결과에서 볼 수 있으며, 검색이나 구독을 할 때 중요한 열쇠가 된다.

○ 헤더 이미지: 사람들이 내 채널에 오면 가장 먼저 보이는 것이 헤더다. 헤더는 사람들이 이 채널에서 얻을 수 있는 가치를 알 수 있도록 단순하고 명확하게 말해주어야 한다. 내 헤더를 본 사람들은 내가 무엇을 하고 어떻게 사람들을 도울 수 있을지 금세 이해할 것이다.

도표 13-2　사람들이 내 유튜브 채널을 보면 내가 누구이고 무엇에 관심이 있는지 즉시 이해하면 좋겠다.

○ 프로필 이미지: 많은 사람들이 이곳에 로고를 넣는 실수를 한다. 내 사진을 사용하면 반응하는 사람들이 더 많아진다.

○ 채널 트레일러 및 설명: 사람들이 내 채널에 처음 오면 채널에 대한 소개 및 트레일러를 보게 된다. 아직 구독을 하지 않는 신규 방문자에게만 보이게 된다. 따라서 이 영상은 신규 방문자에게 한정된 내용을 말한다.

다음은 친절한 채널 트레일러를 만들기 위한 조의 스크립트 가이드라인이다.

자신을 소개하고 시청자들이 내 채널에 온 것을 반갑게 맞이하라. 시청자들이 자신에게 말하고 있고 자신을 이해한다는 기분이 들게 해야 한다.

간단하게 배경 이야기를 한 다음 왜 내가 유튜브에 이러한 콘텐츠를 만들기에 적당한 사람인지 설명한다.

나의 가치에 대해 피칭한다. 시청자의 마음속에 이 채널이 무슨 채널인지 의심의 여지를 남기지 않는다. 채널에 대해, 채널의 내용은 무엇이고, 이 채널이 왜 중요한지 이야기한다.

게시 일정을 공유하여 새 콘텐츠가 언제 나올지 알 수 있도록 한다.

매우 강력한 CTA로 영상을 마친다. 이것은 시청자에게 내가 원하는 것을 말해야 한다는 뜻이다. 시청자에게 새 영상을 놓치지 않도록 채널을 구독하고 알림 설정을 해달라고 말한다.

이 영상이 60~120초를 넘지 않는지 확인한다. 그보다 길어지면 잠재적 시청자를 잃게 된다.

도표 13-3 다음과 같은 간단한 스크립트에 따라 짧은 채널 소개 영상을 만든다. 소개, 배경 이야기, 가치 설명, 게시 일정, CTA.

이 영상을 촬영할 때는 카메라 및 장비 때문에 기가 죽거나 진행에 차질을 빚어서는 안 된다. 시작부터 좋은 장비를 살 필요는 없다. 나는 지금도 영상을 찍을 때 아이폰을 주로 사용하고 있다.

첫 영상 만들기

영상을 만들 때 나는 두 가지 유형의 영상에 집중한다. 첫 번째는 '검색 가능한 영상'이라는 유형이다. 이 유형의 영상들은 사람들의 관심을 끌어 내 채널로 끌어들이고 구독자로 만들기 위한 목적으로, 키워드의 순위를 올리기 위해 후크로 게시하는 키워드 문구에 바탕을 두고 있다. 이 동영상을 어떻게 구성하는가는 매우 중요하다. 왜냐하면 이들 중 한 동영상이 큰 인기를 끌게 되어 10만 건의 조회 수를 기록한다면, 이 시청자 중에서 구독자와 잠재고객을 반드시 생성할 수 있어야 하기 때문이다.

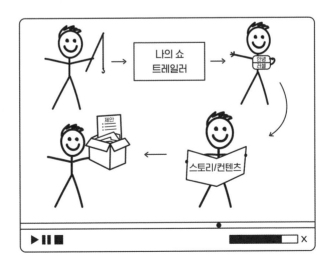

도표 13-4 '검색 가능한 영상'을 만들기 위해서는 다음과 같은 후크, 트레일러, 도입부, 스토리/콘텐츠, 제안 등의 5단계 스크립트 구성을 따르기만 하면 된다.

다음은 우리가 만드는 모든 '검색 가능한 영상'에서 내가 사용하는 스크립트다.

- 후크: 15초짜리 간결한 도입부를 만든다. 여기서 사람들이 찾던 것과 동일한 키워드를 이용해서 관심을 끌 것이다. 사람들에게 내 영상의 가치를 말하고 계속 시청할 수 있도록 기대하게 할 후크를 제시할 것이다.
- 트레일러: 브랜드를 소개하는 짧은 영상을 넣는다. 4~5초가 넘어가서는 안 된다. 넘어가면 대부분의 시청자를 잃게 될 것이다.
- 소개: 다음 15~30초 동안 시청자들에게 내가 누구고 왜 내 말을 들어야 하는지 말한다. 자신의 이야기를 약간 들려주어서 처음 방문한 사람과 연결점을 만든다. 사람들이 내가 누구인지 알 것이라고 생각하면 안 된다.
- 스토리/콘텐츠: 다음 7~12분 동안 콘텐츠와 스토리를 들려준다. 이곳에서 내가 앞서 언급했던 후크의 가치를 전달한다.
- 제안: CTA를 추가한다. '검색 가능한 영상'에서는 보통 좋아요, 댓글, 구독, 알람 설정을 이야기한다.

이러한 공식으로 영상 스크립트를 작성한다. 일단 꼼꼼한 스크립트가 생기면 휴대전화나 카메라를 들고 밖으로 나가, 렌즈를 들여다보며, 영상을 녹화하는 자신의 모습을 촬영한다. 이 영상의 목적은 검색을 하는 사람들의 관심을 끌어 나의 '집'으로 오게 해서 구독자가 되게 하는 것이다. 일반적으로 나는 이런 영상은 팔지 않는다. 내 채널을 구독하는 것을 팔 수는 없다.

내가 만든 영상의 두 번째 유형은 '영상 웨비나'라고 부른다. 영상 웨비나는 구독자들과의 관계를 더욱 돈독하게 쌓기 위해서 만들기 때문에 대개 키워드에 초점을 맞추어 만들지는 않는다. 이 영상들은 내가 집에 있을 때, 기존 팔로워들을 위해 게시하는 것이며, 물건을 판매할 때 이용하는 영상들이다. 나는 여전히 순위에 오르게 할 키워드를 찾으려고 노력할 것이지만, 때로는 특정한 키워드와 무관한 뭔가를 만들거나 가르치려고 노력한다. 나는 퍼펙트 웨비나 스크립트, 혹은 퍼펙트 웨비나 핵, 또는 퍼펙트 5분 웨비나(모두 『브랜드 설계자』에 나오는 것들이다. 그리고 TrafficSecrets.com/resources에서 스크립트를 인쇄할 수 있다)를 사용하는 데 이들을 사용하는 목적은 내가 '획득한 트래픽'을 내가 '소유한 트래픽'으로 바꾸기 위해서다.

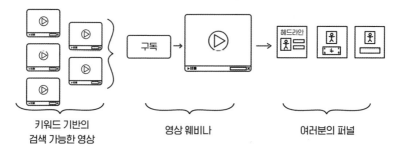

키워드 기반의   영상 웨비나   여러분의 퍼널
검색 가능한 영상

도표 13-5 '영상 웨비나'를 만들기 위해서 이전의 5단계 스크립트를 따를 수도 있지만, 구독자들에게 좋아요, 댓글, 구독을 부탁하는 대신 리드 마그넷을 추천할 수도 있을 것이다.

영상 업로드와 생방송 설정

영상을 만들고 나서 우리는 유튜브의 알고리즘에 부합하도록 현재 업로드하는 각 동영상에 대해 6가지 일을 수행한다.

○ **유튜브를 하나의 TV 프로그램으로 보라:** 유튜브는 자신을 하나의 TV 방송국처럼 여기는 것 같다. 언제든 원하는 때에 생방송을 할 수 있는 페이스북과 달리 유튜브는 일관된 일정에 따라 쇼를 만들고, 일

정을 잡고, 영상을 게시한다. 예를 들어 매주 목요일 오후 7시나 매주 화요일 오후 7시와 목요일 오전 7시에 영상을 게시할 수 있다. 누가 시키지 않아도 지킬 수 있고, 꾸준히 지킬 수 있는 일정을 만들어, 그 일정에 따라 일관성을 유지해야 한다.

○ 새 영상에 대한 키워드를 찾는다: 새 영상에 쓰고 싶은 키워드 문구를 파악했는지 확인한다. 앞서 우리는 이러한 문구를 찾는 방법을 알아봤다. 이제 그것을 사용할 때가 되었다.

○ 영상 제목 작성: 제목에는 두 가지 요소가 있어야 한다. 키워드 문구가 반드시 포함되어야 하며, 섬네일과 함께 '클릭을 부르는' 강력한 후크 또한 필요하다. 예를 들어 '감자총'에 대하여 순위에 오를 영상을 만들려고 하는 경우 가능한 제목은 다음과 같을 것이다.

'감자총 – 1시간도 안 돼 대포를 만드는 17단계' 혹은 '철물점에서 당장 살 수 있는 재료로 감자총 만드는 법'

○ 섬네일로 '후크' 만들기: 이것은 다른 사람의 영상을 보고 있는 사람들의 관심을 끌어 다음에는 내 영상을 보도록 설득하는 시각적인 후크다. 크기가 줄어도 잘 보이는지 확인한다. 실제로 얼굴이 크게 나오고, 밝은 색에, 가능하면 글자가 많지 않을 때 사람들은 클릭을 많이 한

도표 13-6 섬네일 이미지를 만들 때 더 많은 클릭을 하게 하려면 얼굴 이미지와 함께 명확한 후크가 있어야 한다.

다. 페이지 밖으로 튀어나와야 한다. 드림 100의 영상 섬네일을 보고 사람들의 눈길을 끌 방법에 대한 아이디어를 찾아본다.

○ 설명 작성하기: 이상적으로는 150~300단어 사이가 될 것이다. 첫 두 문장에는 키워드와 CTA가 있어야 한다. 이 영역은 스크롤하기 전에 가장 먼저 보이는 영역이기 때문이다. 또한 구독 링크와 시작 퍼널로 연결되는 링크는 물론이고 관련 영상이나 유튜브에 올라와 있는 플레이리스트를 더할 수도 있다. 검색 결과를 최적화하려면 해시태그를 최대 세 개까지 추가하는 것이 좋다.

○ 태그 추가하기: 여전히 검색 결과 순위에 도움이 되긴 하지만, 태그의 의미는 과거보다 줄어들었다. 주요 키워드와 관련성이 높게 태그를 유지한다. 주제와 밀접한 관계가 있을수록 좋다. 태그 때문에 일관성이 떨어지면 알고리즘만 혼란에 빠질 뿐이다.

도표 13-7 키워드, 제목, 설명, 태그 등 영상에 관한 콘텐츠는 영상만큼 중요하다.

이런 점들이 우리가 영상을 올릴 때 가장 중요하게 보는 것이다. 다시 말하지만 이런 구체적인 것들은 변할 수 있으므로 드림 100을 자세히 관찰하여 유튜브에서는 어떤 것들이 보상을 받고 있고 있는지 확인하여 필요한 만큼 변경하는 것이 매우 중요하다.

영상이 게시되고 나면 사람들이 그 영상을 최대한 빨리 보는 게 좋다. 보통은 이메일 리스트, 팬, 팔로워 등, 내가 소유한 트래픽에게는 새 영상을 보라고 권할 것이다. 이 사람들은 최고의 팬이기 때문에 영상을 더 많이 보고, 더 많이 '좋아요'를 클릭하고, 더 많은 댓글을 달고, 더 많이 공유할 것이다. 이 모든 것이 알고리즘에게 내 영상이 좋다는 것을 설명해줄 것이다. 영상에 대한 트래픽이 처음 급증하고 나면, 유튜브는 그 영상을 관련 동영상이 있는 사이드 바에 올릴 것이고, 여러분이 타기팅하는 키워드에 순위를 올릴 것이다. 그러면 유튜브의 알고리즘은 영상이 어떻게 작동하는지 지켜볼 것이다. 더 잘할수록 더 큰 보상을 해줄 것이다. 다음은 영상이 성공하는 데 가장 큰 영향을 미치는 세 가지다.

o 클릭률Click-Through Rate, CTR: 섬네일 이미지를 본 사람들 중 실제로 클릭을 한 사람은 몇 명인가? CTR에 대한 벤치마크 결과는 이러하다.

• 4퍼센트 - 허용
• 6퍼센트 - 좋음
• 9퍼센트 - 파티를 열어야 한다!

o 초기 리텐션retention(고객 유지율): 첫 1분 동안의 리텐션이 매우 중요하다. 빠른 시간 안에 사람들의 눈길을 끌어 계속해서 시청하게 해야 한다. 드림 100의 영상을 보고, 첫 1분이 지나간 후에 어떻게 사람들

의 마음을 사로잡는지 아이디어를 얻는다. 1분 동안의 리텐션을 70퍼센트 이상으로 유지하려고 노력한다.

○ **전체적인 리텐션**: 전체 영상 유지율은 얼마나 오랫동안 실제로 영상을 시청하고 있는가를 말한다. 얼마나 많은 사람들이 영상을 끝까지 시청하는지 지켜본다. 영상 리텐션에 대한 벤치마크 결과는 다음과 같다.

- 35퍼센트 – 허용
- 40퍼센트 – 좋음
- 50퍼센트 – 파티를 열자!

'몰아보기Binge-Watching' 유튜브 핵

여러분이 채널을 위해서 할 수 있는 최고의 행동은 사람들이 영상을 몰아보게 하는 것이다. 사람들이 우리의 채널에 있는 한 영상을 본 다음, 다른 영상을 보고, 또 본다면 해당 영상의 조회 수가 늘어나는 것은 물론이고 전체 채널에 좋은 영향을 미칠 것이다.

한 가지 비결은 30분 또는 60분 이상의 긴 영상을 그대로 올리는 대신 유튜브 플레이리스트를 만들어 긴 영상을 5분에서 10분 사이의 짧은 영상으로 나누어 플레이리스트에 포함시키는 것이다. 누군가가 그 플레이리스트의 첫 번째 영상을 보게 되면 자동적으로 두 번째 영상이 재생되고, 그 영상이 끝나면 세 번째 영상으로 이어지고, 이런 식으로 계속 재생된다. 이로 인해 사람들은 해당 채널에서 대여섯 편, 혹은 그 이상의 영상을 연달아 시청하게 되어 전체 채널에서 여러분의 채널의 순위가 올라가게 될 것이다!

유튜브에서 플레이리스트를 만들고 영상을 추가하여 내가 소유한 트래픽에 이를 홍보하는 것은 아주 간단하다. 새로운 플레이리스트를 몰아서 보라고 홍보하는 것이 일으킬 파급 효과를 생각해보라.

- 내 플레이리스트에 엄청난 가치가 더해지고 시청자들과 더 나은 관계를 구축하게 될 것이다.
- 인기 있는 구독자들이 내 최신 영상을 시청하게 되면, 나를 잘 모르는 시청자들이 유튜브에서 나를 보았을 때보다 초기 리텐션과 전체적인 리텐션이 높아질 것이다.
- 특히 이메일과 메시지를 통해서 이 새로운 시리즈를 '좋아요'와 댓글로 홍보에 참여해 달라고 부탁한다면 '좋아요'와 댓글을 많이 받을 가능성이 커질 것이다.
- 대부분의 사람들은 새 시리즈를 보고 싶어 하기 때문에 각 영상을 살펴볼 것이고, 결과적으로 이 영상들의 순위가 올라, 전체 채널 또한 순위가 오를 것이다.

이것은 여러분과 시청자들, 그리고 유튜브 모두에게 '윈윈윈'이 되어 우리는 한 달에 한 번 이상 시청자들이 몰아서 볼 수 있는 새로운 플레이리스트가 포함된 업로드 계획을 내놓을 수 있도록 노력하고 있다.

퍼블리싱 계획

이 장에서는 구글과 유튜브 모두에서 나의 이상적인 키워드의 순위를 높여줄 동영상을 어떻게 만들 수 있는지 살펴보았다. 주마다 이상적인 키워드를 타깃으로 하는 '검색 가능한 영상'을 배포하여, 달마다 구독자에게 지식을 전달하고, 우리의 순위를 높이고, 시청하기만 해도 훌륭한 플레이리스트를 내놓아야 한다.

유튜브 퍼블리싱 계획		
매주: 약 2시간		
조사	30분/주	드림 100의 영상을 보고 그들이 시청자에게 서비스를 하기 위해 어떤 후크, 제목, 설명, 해시태그, 태그 등을 사용하고 있는지 확인한다.
여러분의 채널: 1~2영상/주	1~1.5시간/주	매주 정확히 같은 시간에 주당 한두 편의 영상을 게시한다. 일관성을 유지한다. 댓글에 답을 해준다.
	10분/주	내 영상으로 연결되는 링크가 포함된 리스트를 이메일로 보낸다.
	5분/주	내 영상으로 연결되는 링크가 포함된 포스트를 페이스북과 인스타그램에 올린다.
매월: 약 1시간		
플레이리스트: 1/월	30분/월	구독자들이 몰아서 볼만한 한 편의 새 플레이리스트를 한 달에 한 번씩 엄선한다.
여러분의 채널: 1협업/월	30분/월	한 달에 한 번씩 유튜브 인플루언서와 협업한다. 함께 영상을 작업을 해서 내 채널에 게시하거나, 내 영상을 그들의 채널에 게시한 다음, 이후에 영상 설명에 서로의 링크를 통해 연결한다.

도표 13-8 이 퍼블리싱 계획을 이용해서 유튜브에서 어느 부분에 노력을 집중해야 하는지 한 눈에 살펴본다.

4단계 · 서서히 다가가기

유튜브에 서서히 다가가 스스로 개척하는 핵심적인 방법은 방금 제시한 퍼블리싱 계획을 따르는 것이다. 매일 순위를 올리고자 하는 새 키워드를 고른 다음 이 키워드를 타깃으로 하는 영상을 만든다. 이러한 영상을 꾸준히 퍼블리싱한다면 더 많은 키워드에 대하여 검색 결과에 계속해서 나타나고, 더 많은 사람이 우리 채널을 구독하여, 우리의 영상은 계속 성장할 것이다.

인스타그램와 마찬가지로 다른 채널과 협업을 해서 함께 영상을 만들 수도 있을 것이다. 그 채널에서 또 다른 인플루언서와 함께 영상을 만들고, 우리 채널로 연결되는 링크가 포함된 포스트를 그 채널에 올릴 수도 있다. 때로 역할을 바꾸어 협업을 통해 그 채널과 연결되는 링크가 있는 게시물을 올릴 것이다. 하지만 항상 일대일 교환일 필요는 없다. 때로는 내 팟캐스트에 출연하는 대가로 그들의 채널에 내 동영상을 올리게 할 것이다. 그런 식으로 그들은 나의 주요 프로그램에 출연하고, 나는 그들의 쇼에 출연한다. 협업이 제대로 작동하게 하는 방법은 많다. 창의력을 발휘하고 양쪽 모두에게 '윈윈' 할 수 있는 방법을 알아내기만 하면 된다.

5단계 돈을 써서 다가가기

내가 가장 좋아하는 유료로 유튜브에 다가가는 방법은 많은 조회수를 얻고 있지만 해당 영상을 만든 사람들은 조회 수로 돈을 버는 방법을 모르는 경우를 이용하는 것이다. 예를 들어 몇 년 전에 나는 Vygone.com이라는 웹사이트를 샀다. 유튜브에 접속해보니 해동 제품

도표 13-9 내 새 회사인 바이곤Vygone에 대한 다른 사람의 영상을 사람들이 많이 보게 되자, 나는 영상의 소유자에게 내 퍼널의 링크를 넣어달라고 부탁한 뒤 돈을 지불했다.

을 사서 그것을 이용하여 영상을 만든 한 고객이 있었다. 당시 그 영상은 하루에 수백 건의 조회 수를 기록하고 있었지만, 아무런 링크나 설명이 없었다.

나는 그녀에게 전화를 걸어 설명 칸에 나의 새 웹사이트로 가는 링크를 넣어주면 돈으로 보상을 해주겠다고 부탁했다. 그녀는 그러겠다고 했고, 5년이 다 되어 갈 때까지 이 영상은 매달 수백 건의 클릭 수를 내게 보내주었다.

돈을 써서 개척하는 방법은 많다. 창의력을 발휘하기만 하면 된다. 사람들에게 돈을 주고 영상을 만들어 그들의 채널에 게시할 수도 있다. 채널에 돈을 지불하고 플레이리스트에 영상 시리즈를 넣게 해달라고 할 수도 있다. 아이디어와 기회는 무한하다.

6단계 퍼널 채우기

유튜브에 올린 모든 영상은 도달률이 높아질 것이다. 그리고 시간을 들여 올바르게 그 영상들을 최적화한다면, 영상들은 계속해서 평생 동안 트래픽을 몰고 올 것이다. 이 모든 것은 여러분이 구글 검색 결과뿐만 아니라 자연스럽게 목록에 오를 수 있도록 지속적으로 키워드를 기반으로 '검색 가능한 영상'을 게시하는 것으로 시작한다. 우리는 유료 광고를 사용하여 우리의 이상적인 키워드에 대해 순위가 매겨진 다른 영상과 드림 100의 영상의 상단부에 우리의 광고를 배치한다.

우리는 9장에서 배운 것과 동일한 유료 광고 전략을 이들 영상에 사용할 것이다. 우리는 꿈의 고객의 눈길을 끌 리드 광고를 낸 다음, 타기팅을 다시 하여 가치 사다리의 위쪽으로 올라가게 할 것이다.

물고기를 잡는 법

이 책을 읽고 있는데, 지나치게 비대한 독점을 통제하려는 정부에 의
해 페이스북이 갑자기 폐쇄된다면, 새로운 소셜 플랫폼이 호응을 얻고
있다면, 그래서 너무 늦기 전에 미리 진입하는 방법을 알고 싶다면 어
떻게 해야 할까? 알다시피 이 책의 목표는 여러분에게 물고기를 주는
것이 아니라 물고기를 잡는 방법을 가르치는 것이다. 온라인에서 15년

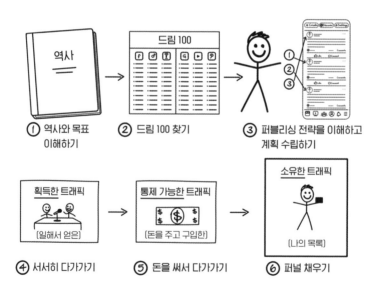

도표 14-1 이 섹션에서는 '퍼널 채우기' 프레임워크를 이용하여 팟캐스팅과 어떤 관련
이 있는지 보여줄 것이다.

동안 일을 하면서 수십여 곳의 네트워크와 수백여 곳의 광고 회사들이 생겼다 사라졌다. 이러한 변화를 겪으면서 우리는 살아남았을 뿐만 아니라 큰 성공을 거두었다. 우리가 폭풍우를 견뎌내고 트래픽 트렌드의 앞에 설 수 있었던 이유는 이 책에서 배웠던 원칙 때문이다.

이 장에서는 모든 트래픽 기회를 살펴볼 때 사용하는 정확한 청사진을 보여주고 싶다. 이 예에는 '퍼널 채우기Fill Your Funnel' 프레임워크를 적용하여 나의 팟캐스트를 확장하고 수익을 창출할 것이 있다. 그러기 위해서는 이 프레임워크를 애플 팟캐스트 디렉터리에 적용해야 한다. 팟캐스트 네트워크를 지배하는 방법을 분석할 때 성공하기 위하여 동일한 프레임워크를 이용하는 방법에 주목하라.

1단계 역사와 목표 이해하기

각 프로그램 유형과 플랫폼마다 장단점이 있지만, 모든 플랫폼 중에서 팟캐스트가 가장 좋다. 실제로 팟캐스트에서 구독자를 늘리는 것은 다른 어떤 유형의 플랫폼보다 어렵다. 하지만 그렇게 확보한 구독자들은 훨씬 가치가 있다고 믿는다. 사람들은 운전을 하거나, 운동을 하거나, 침대에 누워서 생각을 할 때처럼 온전히 집중해야 할 때 팟캐스트를 틀어 나와 연결한다. 팟캐스트는 이처럼 가장 친밀한 순간에 이야기를 들려주고, 그릇된 신념을 타파하고, 다른 어떤 유형의 미디어에서도 할 수 없는 방식으로 사람들을 도와준다.

팟캐스트는 부유한 청취자들을 끌어들인다. 실제로 최근 한 조사에 따르면 팟캐스트 청취자들의 연간 순수 가계 수입이 25만 달러 이상일 가능성이 45퍼센트 높다고 한다. 이는 몇 가지 사실을 말해준다. 첫째, 개인이 순수 소득을 늘리려면 라디오 대신 팟캐스트를 들어야 한다는 사실이다. 둘째, 나의 꿈의 고객이자 최고의 고객들은 팟캐스트 청취자 명단에서도 빠지지 않는다는 것이다.

누군가 나의 세계로 들어올 때(즉, 내 명단에 올라올 때), 가장 먼저 하는 것은 내 팟캐스트인 〈마케팅의 비밀〉을 가입하게 하는 것이다. 나를 어느 플랫폼에서 발견했든, 내가 그들을 그 플랫폼에서 떠나게 할 수 있다면, 그래서 그들의 귀에 내가 연결될 수 있다면, 내가 할 수 있는 그 무엇보다 더 많은 영향력을 행사할 수 있을 것이다.

2단계 이 플랫폼에서 드림 100을 찾기

팟캐스트는 드림 100을 찾기가 가장 쉬운 플랫폼 중 하나다. 거의 모든 팟캐스트가 애플 팟캐스트 디렉터리에 게시되기 때문에 멀리까지 찾아다닐 필요가 없다. 대부분의 사람들은 자신의 팟캐스트를 스티처나 아이하트라디오, 스포티파이 같은 디렉터리에 포함시키면서 애플 디렉토리에는 포함시키지 않는 거의 없기 때문에 애플 디렉터리만 검색한다.

애플의 팟캐스트 순위 알고리즘은 현재 세 가지에 기반을 두고 있다. 첫째(가장 중요하다)는 새로 가입한 구독자의 수이다. 새 가입자가 많을수록 팟캐스트의 순위는 높아진다. 이것이 가장 중요한 요인이며 나머지 두 가지를 능가한다. 그래서 나의 주요 목표는 사람들이 내 팟캐스트를 구독하게 하는 것이다. 우리는 경쟁을 하고, 상을 주고, 모든 에피소드에서 그에 관해 이야기한다. 순위에 영향을 미치는 나머지 두 요소는 다운로드 횟수와 새 댓글의 수다. 두 가지 모두 중요하지만 새 구독자의 수만큼 중요하지는 않다. 구독자 수에 집중한다면 댓글과 다운로드 횟수는 따라올 것이다.

나의 드림 100을 찾기 위해 애플은 각 카테고리에 대하여 '상위' 팟캐스트 200개를 보여준다. 그리고 이것은 드림 100을 찾는 데 사용할 수 있는 방대한 목록을 제공한다. 상위 200에도 포함되지 않은 팟캐스트일지라도 여전히 에피소드 당 수천 건의 다운로드가 일어나고 있을 수도 있다. 또한 어떤 이유 때문인지 다운로드 횟수는 많고 기존의 구독자 수도 많지만 새 구독자가 들어오지 않아서 상위권에서는 볼 수가 없는 팟캐스트도 추천한다. 상위 200에는 오르지 못했다 할지라도 충성도가 높은 팔로워들이 엄청나게 많을 수도 있기 때문이다.

3단계 | 퍼블리싱 전략을 이해하고 계획 수립하기

팟캐스팅과 관련된 전략은 다른 플랫폼에 비해 매우 단순하다. 호스팅하길 원하는 팟캐스트의 유형을 정하기만 하면 된다. 추측건대 팟캐스트를 많이 들었던 사람들은 아마도 자신만의 선호 형식이 있을 것이다. 일부는 인터뷰 스타일을 좋아하고, 어떤 사람들은 그냥 자신의 생각을 공유하길 좋아하는 사람도 있을 것이다. 그리고 양측의 중간 지점에 있고 싶어하는 사람도 있다. 어느 형식을 선택하든 일관적이기만 하다면 중요하지 않다고 생각한다.

처음 내가 팟캐스트를 시작한 이유는 매일 10분 동안 차를 타고 있어야 했기 때문이었다. 따라서 일주일에 적어도 세 번은 차 안에서 녹음할 수 있었다. 단순하지 않다면 꾸준하게 하지 못할 것 같았다. 인터뷰 스타일 팟캐스트를 좋아하는 친구들이 있었는데, 그들 덕분에 결국 작은 스튜디오를 집 안에 만들었다. 집에 스튜디오가 생기자 꾸준하게 할 수 있을 것 같았다. 어떤 유형의 팟캐스트를 선택하든 성공을 위한 환경을 설정해야 한다. 인생의 대부분이 그러하듯 꾸준함은 팟캐스트로 성공하는 데 중요한 열쇠다. 팟캐스트에는 복합적인 효과가 있다. 게시하는 각 에피소드는 새로운 팬들을 사로잡을 것이고, 새로운 팬들은 뒤로 돌아가 처음부터 몰아서 듣기 시작할 것이다. 이로 인해 각 에피소드의 청취자들은 지난번보다 많아질 것이고, 각 프로그램은 과거의 프로그램을 간접적으로 홍보할 것이다.

퍼블리싱 계획

팟캐스트의 퍼블리싱 계획 역시 다른 퍼블리싱 계획과 마찬가지로 계획에 따라 정확히 퍼블리싱해야 한다. 또는 나에게 맞게 계획을 변경할 수 있다. 팟캐스트의 경우 일관적인 퍼블리싱 일정을 선택해야 한다. 청취자들은 다가오는 에피소드가 언제 공개될지 기대하고 있기 때문에 매주 같은 요일에 에피소드를 게시하여 신뢰를 구축하는 데 도움을 주어야 한다.

팟캐스트 퍼블리싱 계획		
주간: 약 3시간		
조사	30분/주	드림 100의 팟캐스트를 듣고 그들의 팟캐스트 유형은 어떤 것인지 그리고 청취자에게 어떻게 이야기하는지 확인하라.
팟캐스트: 2에피소드/주	1시간/주	매주 정확히 같은 시간에 주당 에피소드 2개를 꾸준하게 퍼블리시한다.
	10분/주	나의 팟캐스트 에피소드로 연결되는 링크가 들어간 리스트를 이메일로 보낸다.
	5분/주	페이스북과 인스타그램에 나의 팟캐스트 에피소드로 연결되는 링크가 담긴 포스트를 올린다. 댓글에 답을 한다.
다른 팟캐스트: 인터뷰 2개/주	1시간/주	매주 두 곳의 다른 팟캐스트와 인터뷰한다.
	10분/주	나의 팟캐스트 인터뷰로 연결되는 리스트를 이메일로 보낸다.
	5분/주	페이스북과 인스타그램에 나의 인터뷰로 연결되는 링크가 담긴 포스트를 올린다. 댓글에 답을 한다.

도표 14-2 이 퍼블리싱 계획을 이용해서 팟캐스트의 어느 부분에 노력을 집중해야 하는지 한눈에 살펴본다.

4단계 **서서히 다가가기**

팟캐스트가 다른 플랫폼보다 조금 어려운 점이 한 가지 있다면 팟캐스트를 홍보하고 만들 수 있는 단순한 방법이 없다는 것이다. 적어도 대부분의 사람들에게는 없다. 좋은 에피소드를 내놓고, 다른 소셜 채널들처럼 사람들이 그것을 자연스럽게 공유하기만 바랄 수는 없다. 그리고 대부분의 사람들은 새로운 것을 찾기 위해 매일 애플 팟캐스트를 검색하러 가지는 않는다. 일반적인 팟캐스트 청취자들은 6개의 프로그램을 구독한다. 그게 전부다. 사람들은 보통 친구에게 추천을 받아 프로그램을 청취하기 시작한다. 그 경험이 마음에 들면 관련된 몇몇 프로그램을 찾을 것이다. 몇 편의 새로운 프로그램까지 구독하게 되면 더 이상 청취할 시간이 없어지게 된다. 그때부터 추가되는 새로운 프로그램은 시간을 허비하게 한다. 일반적으로 새 프로그램을 추가하는 유일한 방법은 친구가 추천하거나 다른 팟캐스트에서 들어본 프로그램을 듣는 것이다.

팟캐스트를 시도했던 많은 사람들이 중단한다. 초기에 호응을 얻기 어렵고 장기적으로 성장하기가 어렵기 때문이다. 하지만 지금까지 이 책에서 배운 원칙을 이해하는 사람들이라면 사실 정말 쉬운 일이다.

○ 팟캐스트의 팔로워를 늘리기 위한 우리의 전략: 우리의 꿈의 고객이 이미 듣고 있는 팟캐스트의 드림 100 목록을 구축한 다음, 그들에게 다가간다. 우리는 업계에서 찾을 수 있는 모든 팟캐스트에 메시지를 보내 그들의 팟캐스트에서 나를 인터뷰해줄 수 있는지 물어본다. 인터뷰를 하게 되면 거의 모든 호스트들이 이렇게 묻는다.

"이 에피소드를 재미있게 보신 분들이 당신에 대하여 더 알고 싶을 때 어떻게 하면 될까요?"

그럼 나는 늘 이렇게 대답한다. "〈마케팅의 비밀〉이라는 새로운 팟캐스트가 있습니다. MarketingSecrets.com을 방문하거나 애플 팟캐스트에서 검색해서 구독하시면 일주일에 두 번 〈마케팅의 비밀〉을 만날 수 있습니다!"

그러면 우리가 생각한대로 그 인터뷰를 듣고 나와 통한다고 생각한 팟캐스트 청취자들이 떼를 지어 몰려온다. 그들은 팟캐스트를 좋아했고, 팟캐스트를 평가하고 리뷰하기를 좋아했고, 좋아하는 팟캐스트를 공유하기를 좋아했다.

5단계 돈을 써서 다가가기

자신의 팟캐스트를 홍보하기 위해 다른 사람의 팟캐스트에서 광고를 구매할 수도 있다. 그러니까 다른 사람의 팟캐스트에 돈을 지불하고 우리 팟캐스트의 하이라이트를 들려주거나 구독하라고 홍보하는 것이다.

6단계 퍼널 채우기

여러분은 이제 팟캐스트도 있고 팔로워를 늘리는 방법도 알게 되었다. 여러분의 팟캐스트와 다른 사람의 팟캐스트를 이용하여 퍼널을 채우는 방법에 대해 잠시 이야기하고 싶다. 자신의 팟캐스트를 진행하고 있지 않더라도 이 강력한 플랫폼을 이용해서 트래픽을 얻을 수 있다.

퍼널의 홍보 전략은 팟캐스트를 성장시키는 방법과 똑같다. 새 책이나 새 웨비나, 새 퍼널을 론칭할 때 많은 트래픽을 빠르게 얻고 싶다면 가장 좋은 방법은 팟캐스트에서 큰 성공을 거두는 것이다. 호스트에게 메시지를 보내 나를 그 프로그램에 출연시킬 수 있는지 확인한다. 일단 출연하게 되면 '당신에 대해 더 자세히 알고 싶은 사람은 어떻게 해야 하나'라는 마법의 질문을 받게 될 것이고, 그럼 그냥 책 한 권을 가져오거나, 웨비나에 등록하거나, 공짜 리드 마그넷을 가져오라고 한다. 그런 다음 그들에게 퍼널의 URL을 준다. 여러분은 또한 팟캐스트 광고를 구매하여 나의 팟캐스트나 다른 퍼널을 홍보할 수 있다.

다른 플랫폼에 대한 참고 사항

나는 트위터나 스냅챗, 링크드인 같은 한 때 시장의 리더였던 일부 플랫폼에 관한 장을 간절하게 쓰고 싶었다. 아직도 가능성은 충분하다. 그리고 그중 일부는 다시 돌아와 내가 이 책에서 소개한 플랫폼을 물리칠지도 모른다.

또한 트위치나 틱톡처럼 크게 성장할 가능성이 있거나 다수의 퍼널 사용자들의 트래픽을 받고 있는 핀터레스트 같은 새로운 플랫폼에 대해 이야기하고 싶은 마음도 있다. 하지만 흥미로운 모든 플랫폼에 대해 한 챕터씩 쓴다면 이 책은 2000페이지가 넘어갈 것이다. 게다가 이러한 플랫폼은 굉장히 짧은 순간에만 존재했기 때문에 사람들에게 낚시하는 법을 가르치기보다는 물고기를 주려는 것과 비슷했을 것이다.

나는 페이스북과 인스타그램, 구글, 유튜브를 선택해서 우리가 각 네트워크를 공략하는 방법의 이면에 있는 전략을 보여주었다. 이러한 지식을 통해 여러분은 어떠한 새로운 네트워트에서도 지켜야 하는 프로세스와, 구글 슬랩과 자노스 스냅에서 회복하는 프로세스를 갖추게 된 것이다.

대화 주도권 장악

진행하기 전에 주의해야 할 점이 하나 있다. 대다수의 사람들이, 성공하려면 모든 플랫폼에서 비즈니스를 해야 한다고 생각한다. 그것은 사실이 아니다. 사실은 대체로 반대다. 사람들은 대개 모든 플랫폼에서 광고를 구매하려고 한다. 하지만 어느 플랫폼에도 충분히 게시하지 못할 수 있고, 모든 플랫폼에 광고를 하기에는 광고 예산이 분산되어 실제로는 전혀 관심을 끌지 못한다.

각 비즈니스에는 집중해야 할 기본 채널이 하나 있어야 한다. 그것은 7장에서 이미 프로그램을 만들었던 플랫폼과 동일한 플랫폼일 것이다. 또한 이 플랫폼은 개인적으로 가장 많은 시간을 보내는 플랫폼일 것이다. 그 플랫폼에서 소비자였기 때문에 생산자가 되는 것이 쉬워 보일 수도 있다. 여러분은 드림 100에서 유료 광고까지, 이런 플랫폼 하나에 집중해야 한다.

벌써부터 누군가 이렇게 말하는 소리가 들린다. "하지만 러셀, 당신은 모든 플랫폼에 게시하고 있잖아요. 팟캐스트, 유튜브 영상, 블로그, 페이스북 라이브, 인스타그램 스토리에 다 있잖아요. 말과 행동이 다르군요."

지금은 모든 플랫폼에 게시하지만, 처음엔 그러지 않았다. 만일 처음부터 그렇게 했다면 지금의 '러셀 브런슨'이 되지 못했을 것이다. 5년 전 우리가 처음 클릭퍼널스를 론칭했을 때 우리는 한 플랫폼을 선택해서 거기에 집중했다. 그것은 페이스북이었다. 우리는 드림 100 리스트를 구축하고 전략을 이해하고 퍼블리싱 계획을 만드는 데 집중했다. 그런 다음 우리는 '서서히 다가가기' 위해 열심히 노력했고, 드림 100에 포함된 모든 사람들에게 '돈을 써서 개척'했다. 그것은 우리가 두 번째 플랫폼에 퍼블리싱을 시작하기도 전에 1억 달러가 넘는 매출을 올리는 회사를 만드는 데 도움을 주었던 길고도 험난한 과정이었다.

그리고 그 과정을 인스타그램으로 반복했다. 그리고 나중에는 블로그에서 반복했다. 각각의 새로운 채널은 새로운 드림 100, 새로운 전략, 새로운 팀이 필요했다. 우리가 이 모든 것을 한꺼번에 했더라면 그 무게를 이기지 못해 무너져버렸을 것이다. 그러므로 지금 이 책을 읽고 있는 사람들이 만일 바로 지금 내 앞에 앉아 있다면 한 플랫폼을 선택해서 그 플랫폼에서 자신의 프로그램을 만들고, 드림 100 관련 업무를 하게 했을 것이다. 그리고 이후 최소 12개월은 그 일에만 집중하게 했을 것이다.

내가 자주 듣는 또 다른 말은 이러하다.

"하지만 러셀, 나는 그냥 영상을 녹화한 다음 유튜브에 올리고, 오디오를 추출해서 팟캐스트에 사용하고, 오디오를 필사해서 블로그에 올릴 거야. 하나의 콘텐츠만 있으면 어디에나 게시할 수 있어."

이 개념이 매우 매력적으로 들릴지 모르겠지만 플랫폼마다 고유한 언어가 있다는 것을 놓치고 있다. 일반적으로 한 플랫폼에서 효과가 있는 콘텐츠를 다른 곳에 복사하면 성공하지 못한다. 사람들은 페이스북에서 사적인 이야기를 듣고, 지금 벌어지는 일에 대하여 이야기하고, 실시간 생방송으로 보고 싶어 한다. 팟캐스트를 듣는 사람들은 긴 인터뷰를 듣는 데 익숙하다. 블로그를 읽는 사람들은 일반적으로 많은 사례와 세부 정보가 포함된 목록으로 구성된 긴 형식의 콘텐츠를 찾는다. 사람들이 인스타그램에서 원하는 것은 이미지와, 삶과 여행의 이면이다. 마지막으로 유튜브에 있는 사람들은 키워드 중심의 사용법과 엔터테인먼트를 찾고 있다. 키워드 중심의 유튜브 영상에서 오디오만 추출하여 팟캐스트에 올리면 팟캐스트를 듣는 사람들에게는 낯설게 들릴 것이고, 그것이 페이스북 담벼락에 올린 최근 상태라고 생각하는 사람에게는 정말 이상하게 보일 것이다.

그보다는 한 플랫폼을 마스터할 때까지 집중하는 것이 좋다. 이는 드림 100에 대해 알게 되고, 콘텐츠 전략이 체계화되어 자동 장치에 의해 수행되고, 먼저 서서히 다가가기 위한 프로세스가 마련되고, 비용을 들여 다가가기 위한 인력이 생기게 될 것이라는 말이다. 그러면 거기에 다음 레이어를 추가할 수 있고 추가해야 한다. 결국 모든 플랫폼에서 어디에나 존재하고 싶어질 것이다. 개인적으로 간절히 바라는 것은 누군가 휴대전화를 들었을 때 어떤 어플리케이션을 실행하더라도 가장 먼저 보게 되는 사람이 내가 되는 것이다. 하지만 너무 일찍 점프하면 팔로워가 생기기도 전에 떨어져 다치고 말 것이다.

대화를 장악하기 위한 프로세스

나는 모든 플랫폼에 있으려는 사람들을 보았다. 그런 사람들은 일반적으로 세 가지 중 한 가지 방법을 시도한다.

첫 번째 방법은 주요 프로그램을 게시하고 난 다음 동일한 정보를 다양한 형식으로 모든 네트워크에 게시하는 것이다. 이것으로 약간의 성공을 거둘 수는 있다. 두 번째 방법은 각 플랫폼에 완전히 고유한 콘텐츠를 게시하는 것이다. 이것이 가능하다 하더라도 일반적으로 이를 달성하기 위해서는 거대한 팀을 구성해야 하며 시간이 많이 필요할 것이다. 몇 년 동안 나는 팀원들과 이런 식으로 일했었다. 하지만 시간이

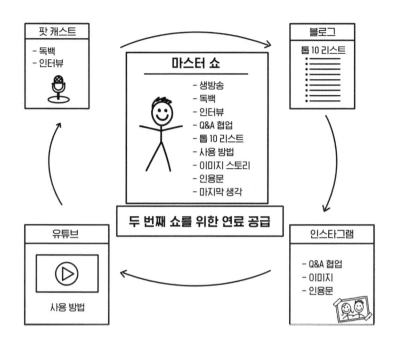

도표 15-1 팀 전체가 사용할 콘텐츠를 만들기 위하여 매주 한 번씩 마스터 쇼를 만들기 위한 생방송을 한다.

흐르면서 항상 너무나 많은 것을 만들어 내야 한다는 사실에 지치고 말았다. 그러던 어느 날 한 가지 아이디어가 떠올랐다.

나는 이 쇼를 〈투나잇 쇼〉 같은 토크쇼처럼 본다. 나는 생방송을 좋아하는데, 사전 녹화를 할 때보다 생방송을 할 때 에너지가 잘 전달되기 때문이다. 쇼를 시작하고 몇 분 동안 사람들이 생방송에 참여하길 기다리면서 최근에 있었던 몇몇 사건에 관하여 이야기를 나눈다. 그런 다음 공식적인 쇼를 시작한다.

ㅇ **독백:** 대부분의 토크쇼와 유사하게 독백과 함께 시작한다. 호스트가 일어나서 이야기를 나누고 청중과 소통하려고 노력한다. 내 독백은 〈마케팅의 비밀〉 팟캐스트를 하는 방식과 매우 유사하게 구성되

어 있다. 독백이 끝나면 이 콘텐츠는 팟캐스트의 한 에피소드가 될 것이다.

○ 인터뷰: 늘 그러하듯 사무실에서 혹은 전화로 출연자를 인터뷰한다. 이 인터뷰는 사람들이 팟캐스트를 청취할 때의 경험과 익숙하다. 따라서 후반 작업에서 이 인터뷰를 또 하나의 팟캐스트 에피소드로 전환할 것이다. 독백과 인터뷰는 내가 매주 게시하는 두 편의 팟캐스트 에피소드가 된다.

○ Q&A 협업: 생방송을 시작하기 전에 나는 드림 100 회원 몇 명에게 영상통화를 통해 질문을 보낸다. 나는 그들에게 질문에 답을 해달라고 부탁을 하며 내게도 질문을 해달라고 부탁한다. 나는 그들의 질문을 생방송으로 보여주고 그들에게 내 대답을 말한다. 그리고 내가 그들에게 질문을 하고 그들의 영상 응답을 보여준다. 프로그램이 끝나고 나서 우리는 편집된 영상을 IGTV에 올리고 태그를 단다. 그런 다음 그들은 그 영상을 그들의 IGTV에 올리고 나를 태그한다.

○ 톱 10 리스트: 나는 톱 리스트를 공유한다. 내가 공유하는 리스트는 내 블로그의 고층 빌딩 기사가 될 것이다. 나는 아마도 '트위터에서 팔로워를 늘리기 위해 올릴 수 있는 21가지'나 '2020년 내가 가장 좋아하는 스퀴즈 페이지(마케팅 캠페인을 위해 이메일을 수집하도록 설계된 방문 페이지 - 옮긴이) 13' 등을 공유할 수 있을 것이다. 나는 항목마다 하나의 이미지를 보여주면서 그것에 대해 짧게 말할 것이고, 그 코너가 끝나면 팀원들이 이미지를 가져다 내 설명을 이용해 고층 빌딩 포스트를 재빠르게 작성한 다음 링크 구축 과정을 시작한다.

○ **사용 방법**How-Tos: 유튜브에서 순위에 올리고 싶은 키워드를 보면서, 순위를 올리기 위한 두세 가지 방법을 설명하는 한 코너를 진행한다. 특정 키워드 구문을 타깃으로 하는 모든 사용 방법은 우리가 게시하고 순위를 올릴 유튜브 영상이 될 것이다.

○ **이미지 스토리**: 나는 JK5 카테고리를 훑어보면서 카테고리 당 최소 하나의 이미지를 보여주면서 그 이면의 이야기를 할 것이다. 그로 인해 팀원들은 캡션을 작성하고 사람들이 참여하도록 유도할 때 그 이미지의 의미에 대해 잘 이해하게 될 것이다.

○ **인용문**: 나는 내가 가장 좋아하는 인용문을 공유하고 왜 내가 그 인용문들을 좋아하는지 그 이유를 설명하면서 프로그램을 마치는 것을 좋아한다. 그렇게 하면 팀원들이 내가 직접 한 말을 자막에 올릴 때 좋은 핑곗거리가 될 것이다.

○ **마지막 생각**: 이것은 내가 어디에도 올리지 않은 생각이다. 옛날에 제리 스프링어가 그의 쇼에서 그것을 하는 모습을 봤던 기억이 날 뿐이다. 그것 때문에 나는 쇼 전체를 보게 되었다. 나는 생방송 시청자들이 끝까지 함께 할 수 있는 특별한 무언가를 계속 유지하고 싶다.

쇼가 끝나면 우리는 팀원들이 각 플랫폼의 콘텐츠를 연결하는 데 필요한 모든 정보를 재빨리 기록한다. 예를 들어 나는 두 편의 팟캐스트 에피소드의 도입부를 기록할 것이다.

"여러분, 안녕하세요. 저는 러셀 브런슨이고, 〈마케팅의 비밀〉 팟캐스트에 오신 것을 환영합니다. 이 에피소드에서는 _____에 대해 _____와 인터뷰할 예정입니다. _____에 관한 최고의 비밀을 알아내려면 끝까지 들어야 합니다."

또한 유튜브 영상에 사용할 이와 비슷한 도입부도 녹화하고, 다음과 같은 인사와 함께 곧 보게 될 '사용 방법'도 설정할 것이다.

"안녕하세요. 저는 러셀 브런슨입니다. 제 채널에 오신 것을 환영합니다. 오늘 저는 여러분에게 _____하는 방법에 대해 설명하려고 합니다. 하지만 시작하기 전에 반드시 구독해주시고, 앞으로 나올 훌륭한 영상을 놓치지 않도록 알람 설정을 해주시기 바랍니다. 이제 영상 속으로 들어가보겠습니다."

또한 이 영상에 대한 짧은 마무리 말도 녹음할 것이다.

"이 영상을 시청해주셔서 다시 한번 감사드립니다. '좋아요'와 영상에 관련된 댓글을 남겨주시는 거 잊지 마세요."

매주 한 번씩 이 프로그램을 제작하여 각 플랫폼에 필요한 모든 맞춤형 콘텐츠를 제작할 수 있다.

각 플랫폼에서의 퍼블리싱과 드림 100

어떻게 이와 같은 마스터 쇼를 이용하여 주요 프로그램은 물론이고 보조 프로그램의 콘텐츠를 만들 수 있는지 이해했는가? 그러한 계획이 있더라도 한꺼번에 다섯 가지 플랫폼에서 론칭을 하려고 하지는 않을 것이다. 천천히 그리고 체계적으로 진행해야 한다. 각각의 새로운 플랫폼으로 나누어지기로 했으므로, '퍼널 채우기' 프레임워크에 있는 단계를 따라 간다.

1단계 새 플랫폼의 역사와 목표를 이해한다.
2단계 드림 100을 찾아서 모델로 삼는다.
3단계 퍼블리싱 전략을 파악하고 계획을 수립한다.

4단계	서서히 다가가기
5단계	돈을 써서 다가가기
6단계	퍼널 채우기

배급 채널과 내가 소유한 트래픽

여러분의 전략에서 마지막이자 가장 중요하다고 생각하는 단계는 주요 프로그램과 보조 콘텐츠의 홍보다. 각 플랫폼에서 퍼블리싱을 하면 팬과 팔로워에게 제한적인 배급이 이루어진다. 하지만 이제 막 퍼블리싱했다면 프로그램이 무엇이든 성장을 촉진하기 위해 더 많은 보상을 받게 될 것이다.

각 플랫폼의 친구나 팬, 구독자, 팔로워 외에도 구축 작업 중인 몇몇 다른 배급 채널이 있다.

ㅇ **이메일:** 이메일은 우리가 소유한 트래픽이며, 우리의 핵심 배급채널 중 하나다. 이 리스트는 새 프로그램을 홍보할 리스트다. 일반적으로 이들은 최선의 관계를 유지하고 있는 사람들이다. 따라서 프로그램을 론칭하고 난 후에 이들이 먼저 프로그램을 보고, 댓글을 달고, 공유하게 하는 것은 이 콘텐츠가 좋고 앞으로 더 많은 성장으로 보상받아야 한다는 것을 네트워크의 알고리즘에게 알려줄 것이다.

ㅇ **메신저:** 페이스북에서 메신저 리스트를 임대하고 있기 때문에 그들이 우리의 게시 방식이 마음에 들지 않으면 메신저 리스트를 가져가 버릴 수 있긴 하지만, 메신저는 여전히 오늘날 가장 강력한 채널이다. 수신율과 클릭률은 그 무엇에도 뒤지지 않는다. 새로운 콘텐츠를 홍보하기 위하여 메신저 리스트를 사용하는 것은 새 에피소드를 홍보하기

위한 가장 빠른 방법 중 하나다.

o 데스크톱 푸시: 데스크톱 푸시 알림을 이용하여 리스트를 구축하고 있다면, 콘텐츠가 준비되었을 때 그것은 콘텐츠를 홍보하기 위한 또 하나의 강력한 방법이다.

콘텐츠 론칭 전략의 또 다른 전략으로는 미리 홍보하는 것이다. 각 플랫폼에서 콘텐츠가 준비되었을 때 콘텐츠를 홍보하기 위해서 자체적인 배급 채널을 이용하는 것이다. 이것은 언제나 플랫폼과는 무관하게 자연적으로 트래픽이 늘어날 뿐만 아니라 우리가 운영하려고 하는 유료 광고에 대비할 최선의 기회를 제공할 것이다. 유료 광고가 올라가기 전에 페이지를 보고, 댓글을 달고, '좋아요'를 한다면 여러분이 지출하는 비용의 효과가 더 커질 것이다.

다음은 우리가 구독하는 각 채널에서 '대화 주도권 장악' 퍼블리싱 계획 운영 방법에 대한 분석이다. 여러분만의 프로그램을 준비하는 데 도움을 받으려면 TrafficSecrets.com/resources를 방문하여 빈 칸 채우기 개요를 인쇄하라.

대화 주도권 장악		
매주: 약 3시간		
준비: 1/주	2시간/주	프로그램 준비하기. · 프로그램의 주제와 독백할 때 말할 것을 정한다. · 드림 100과의 인터뷰를 준비한다. · 드림 100이 질문하는 영상을 모은다. · 주제에 기반한 목록을 작성한다. · 유튜브에서 상위에 오르고 싶은 2~3개의 키워드를 선택한다. · 인스타그램에서 공유하고 싶은 이미지를 선택한다. · 공유하고 싶은 인용문을 선택한다. · 결론을 내린다.
생방송: 1/주	1시간/주	다음을 참고하여 페이스북과 인스타그램에서 매주 생방송을 한다. · 독백(1편의 팟캐스트 에피소드가 된다) · 인터뷰(1편의 팟캐스트 에피소드가 된다) · Q&A 협업(IGTV 에피소드가 된다) · 톱10 리스트(1편의 고층 빌딩 블로그 기사가 된다) · 사용 빙법(유튜브 영상이 된다) · 이미지 스토리(이미지 포스트를 위한 설명이 된다) · 인용문(인용문 카드 + 포스트에 쓰일 설명이 된다) · 결론(퍼블리시 안 됨)
퍼블리싱: 일주일 내내	4시간/주	팀은 프로그램의 자산을 이용하여 모든 플랫폼에 게시한다.

도표 15-2 이 퍼블리싱 계획을 이용해서 대화의 주도권을 잡기 위하여 어느 부분에 노력을 집중해야 하는지 한 눈에 살펴본다.

PART 3

그로스 해킹

여러분 앞에 놓인 현금 다발을 지나치지 말라

○
○
○
○

여기까지 오다니 정말 기쁘다.

지금까지 여러분은 꿈의 고객이 어떤 사람들인지, 어디에 모여 있는지, 그들 앞에서 눈길을 끄는 방법과 트래픽을 모두 자신이 소유한 트래픽으로 전환하는 법을 배웠다. 2부에서는 모든 광고 플랫폼에서 여러분의 퍼널로 무제한의 트래픽을 얻기 위해 우리가 사용하는 프레임워크에 관해 이야기했다. 또한 꿈의 고객 앞에 꾸준하게 모습을 드러낼 수 있도록 퍼블리싱 계획을 만드는 방법을 설명했다. 이제 드디어 그로스 해킹으로 넘어간다.

그로스 해킹이란 무엇인가? 나는 웃음이 난다. 15년 전 내가 온라인에서 일하기 시작했을 때는 페이스북이 없었기 때문이다. 구글 슬랩은 대부분의 기업에 심각한 피해를 주었기에, 우리는 퍼널에 트래픽을 끌어올 다른 방법을 찾아야 했다. 닥치는 대로 시도하고 테스트했다. 어떤 것들은 대단히 '나쁜 행동'이었다.

예를 들어 우리는 검색엔진의 스파이더가 우리의 페이지가 검색에 완벽하게 최적화되어 있다고 판단하도록 속이는 숨겨진 페이지를 설정했다. 하지만 실제 사람이 나타나면 전환에 최적화된 전혀 다른 스퀴즈 페이지(일종의 랜딩 페이지로 잠재고객의 이메일 주소를 수집하기 위해 만들어진 페이지 ―옮긴이)가 보일 것이다. 우리는 무슨 수를 써서라도 페이지가 순위에 오르게 하기 위해 링크 팜^{link farm}을 구축했다.

우리는 이메일이 스팸 필터를 통과하여 구독자의 편지함에 전달하는 방법을 알아냈다.

하지만 우리가 블랙햇 기법만 사용한 것은 아니었다. 우리는 TV, 라디오를 비롯한 주요 온라인 뉴스 사이트에서 사람들을 우리의 퍼널로 끌어들이는 무료 광고에 무수히 많은 시간을 들였다. 우리가 생각할 수 있는 모든 것을 시도했다. 블랙햇, 화이트햇, 그리고 그 사이에 펼쳐진 1000여 가지의 다양한 회색빛 음영들(동기, 위법 여부에 따라 블랙햇 해커와 화이트햇 해커로 나뉘고, 그 사이에 그레이햇 해커가 존재한다ー옮긴이).

우리에게 이것은 생존이 걸린 전쟁이었다. 사람들이 우리 페이지를 쳐다보지 않으면 우리는 먹지도 않았다. 우리가 시도했던 온갖 트릭과 해킹은 '진정한' 비즈니스에 의해 폄하되었다. 우리를 스패머라고 부른 사람도 있었고, 더 심하게는 사기꾼이라 부르기도 했다. 우리는 뭐라고 불러야 할지 몰라, 그냥 '인터넷 마케팅'이라고 불렀다.

절대로 잊을 수 없는 날들이었다. 마치 서부 개척 시대 같았고, 우리는 시대보다 훨씬 일찍 그곳에 와 있었다. 나는 우리가 했던 일이 멋지다고 여겨지기 전에 거의 10년 동안 이 놀이터에서 놀고 있었다.

내가 처음 '그로스 해킹'이라는 용어를 처음 들었을 때 일부 필자들은 드롭박스, 우버, 페이팔, 에어비엔비 처럼 빠르게 성장한 일부 스타트업에 관해 이야기하는 기사를 게재했다.

사람들이 자신의 회사가 빠르게 성장할 수 있도록 놀라운 그로스 해킹 기술을 공유하자 나는 큰 소리로 웃기 시작했다. 그들이 공유한 모든 '해킹'은 우리가 10년 넘게 해오고 있는 기본적인 기술이었다!

이들 가운데 다수는 사람들이 우리에게 수치심을 주기 위해 사용했던 것과 같은 것이지만 이제는 쿨한 것이 되었다. 클릭퍼널스의 빠른 성장 때문에 많은 사람이 우리를 유니콘이라고 말하는데, 워낙 독특한 성장 전략을 가지고 있기 때문이다. 우리가 투자를 받아 성장하는 게 아니라 해킹을 통해 성장한다는 것이다.

이 마지막 섹션에서 나는 지금도 여전히 사용하고 있는 가장 강력한 화이트햇 성장 해킹 기술을 공유할 것이다.

이 기술이 많은 사람에게는 새로운 그로스 해킹처럼 보이겠지만 우리는 지난 15년 동안 그 기술들을 터득해왔다.

사실 우리의 성공은 과거로 되돌아가서 '그로스 해킹'이라는 용어가 쿨하다는 말을 듣기도 전에 쓴 방식을 철저히 분석하는 데서 온 것이다. 이 해킹은 믿을 수 없을 정도로 강력하며, 당신과 경쟁하려고 하는 모든 사람을 상대로 이점을 줄 것이니 재미있게 즐기기 바란다.

트래픽 전략의 핵심

퍼널 허브

처음 인터넷 마케팅이란 게임을 시작할 때 두 팀이 경쟁하고 있었다. 그 두 팀은 '브랜딩팀'과 '직접반응팀'이었다. 나는 게임을 하고 싶었지만, 어느 팀으로 가야할지 알 수 없었다.

브랜딩팀 사람들은 정말 좋은 지적을 했다. 마케팅은 깨끗한 디자인, 청중과의 연결, 사람들이 내게 물건을 사기 위해 돌아오도록 유혹하는 느낌이 들게 하는 데 집중해야 한다고 믿었다.

직접반응팀은 나도 이해할 수 있는 매우 확고한 반론이 있었다. 구매 전환이 일어나게 하고, 지출하는 모든 광고 비용을 추적할 수 있는 프로세스를 만들고, 투자 수익률이 즉각적이고 양의 값이 나오게 하는 데 마케팅 업무를 집중했다.

하지만 나는 브랜드를 구축할 많은 돈이 없었고, 내 돈으로 모든 자금을 대고 있었기 때문에, 직접반응팀의 주장에 더 공감했고, 결국 그 팀에 합류했다. 나는 구매 전환에 집착하게 되었다. 나는 페이지를 만들고, 카피를 쓰고, 누구든 전환할 수 있는 광고를 운영했다. 사람들이 와서 구매하고 떠나갔다. 구매한 사람들은 보통 다시 돌아오지 않는다. 하지만 광고에 쓰는 돈이 내가 버는 돈보다 적기만 하다면 게임을 이기고 있는 것이다.

그런데 그때 구글이 변했다. PPC pay per click(클릭당 지불) 슬랩이 발생했고 하룻밤 사이에 내 광고가 사라졌다. 돈이 다 떨어져간다는 사실을 깨닫자 트래픽을 퍼널로 유입시키기 위해 거의 모든 것을 시도할 만큼 겁이 났다. 그래서 내가 시도해볼 만한 트릭이나 해킹을 찾기 위한 여정이 시작되었다.

우리가 시도해보았던 수십 가지 중에 한 가지는 정말 희망이 있어 보였다. 당시에 검색엔진은 뉴스와 PR 웹사이트에서 오는 백링크를 중요하게 여겼다. 보도 자료를 작성해서 제출하는 것은 웹사이트의 순위를 올리는 데 도움이 되는, 좋은 링크를 얻을 수 있는 쉬운 방법이었다. 그리고 보도 자료가 좋다면 실제로 언론에 의해 선택될 수도 있었다.

'내 제품 중 하나가 TV에 나오다니 얼마나 멋진 일인가?' 나는 생각했다.

나도 참여했다. 전략을 배우는 강좌를 수강했다. 드림 100에는 내가 찾을 수 있는 모든 홍보 사이트 목록이 있었다. 나는 보도 자료를 작성한 다음 제출했다. 공짜 자료도 있었고, 유료도 있었지만 내가 제출한 보도 자료는 100퍼센트가 거부당했다.

나는 무엇을 잘못하고 있는지 알지 못했다. 일부만 거부당한 것이 아니었다. 모두 거부당했다. 나는 왜 거절당했는지 알아내기 위해서 사이트 편집자들에게 연락하기 시작했다. 정보 담당자를 통과하는 데 시간이 조금 걸렸지만 안으로 들어가자 그들은 같은 이야기를 약간씩 다르게 말하고 있었다.

"보도자료의 끝부분에 자신의 웹사이트로 링크를 걸어 놓았더군요. 하지만 거기에는 아무것도 없었습니다."

"'아무것도 없다'는 말은 무슨 뜻이죠? 그건 내 퍼널의 스퀴즈 페이지입니다. 내가 만든 것 중 가장 전환율이 높은 페이지라고요." 내가 대답했다.

"나는 그게 뭔지 모르겠어요. 웹사이트는 분명히 아니고 일종의 사기처럼 보여요."

사기? 그 페이지는 다른 보도 자료들이 링크했던 그 어느 웹사이트보다 더 많은 돈을 벌게 해주었다. 하지만 그들은 관심이 없었다. 그들은 기존의 웹사이트에 익숙해져 있었다. 그들이 보기에 내가 합법적인 비즈니스를 하려면 합법적인 웹사이트가 있어야 했다.

나는 다른 보도 자료가 링크되어 있는 웹사이트를 퍼널 해킹하기 시작했다. 그들은 대부분 멋진 브랜드를 소유하고 있었지만 전환을 위한 구조화는 되어 있지 않았다. 내가 배웠던 직접반응 마케팅의 대가들은 이 멋지지만 전환율이 낮은 웹사이트를 보는 것만으로도 대놓고 나를 조롱했을 터였다. 나는 이들 웹사이트에 대한 모든 것이 싫었지만 그 시점에서 게임에서 이겨 그들의 트래픽을 얻을 방법을 알아낼 수 있다면 무슨 일이든 했을 터였다. 그게 내가 브랜드를 구축해야 한다는 뜻이라면 나는 그렇게 했을 것이다.

나는 내가 얻을 만한 것이 있을지 보기 위하여 책장 뒤쪽에 파묻어 두었던 브랜드 관련 낡은 책을 찾아 꺼냈다. 처음에는 최적화와 투자수익률에 초점을 맞추지 않는 무언가를 만든다는 생각에 소름이 끼쳤다. 하지만 다른 사람의 트래픽에 접근하길 원한다면, 그들의 게임을 해야 한다는 사실을 알고 있었다.

조사를 시작한 지 며칠이 지나자, 직접반응팀을 선택한 것이 목욕물을 버리려다 '브랜딩'이라는 아기까지 함께 내던져버린 것이라는 사실을 깨닫게 되었다. 직접반응은 나에게 고객들을 유리한 조건으로 유치할 수 있게 해주었지만, 브랜딩은 고객들을 계속해서 방문하게 했다. 『마케팅 설계자』는 직접반응을 하면서 쌓아올린 나의 토대에 기반하고 있고, 『브랜드 설계자』는 브랜딩과 스토리텔링의 여정에서 배운 것에 초점을 맞추고 있다. 이제 나는 오늘날의 세계에서는 브랜딩과 직접반응을 함께 혼합하는 것이 필수적이라고 믿고 있다. 오히려 내가

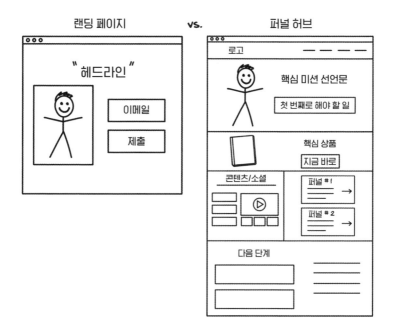

| 랜딩 페이지 | vs. | 퍼널 허브 |

도표 16-1 홍보 대행사가 퍼널(왼쪽)을 인정하기 위해, 더 많은 콘텐츠가 있으면서도 사람들을 퍼널로 끌어들이는 퍼널 허브(오른쪽)를 만들 수 있다.

처음 실험을 시작했을 때보다 그 정도가 더욱 강해진 것 같다.

홍보 대행사의 승인을 얻기 위해서 퍼널을 교체하는 대신 링크할 수 있는 새로운 웹사이트를 만들기로 했다. 이 새로운 웹사이트는 사람들이 나와 회사, 우리의 제품, 우리가 사람들을 도울 수 있는 방법에 대해 더 많이 알 수 있는 일종의 브랜드 허브처럼 사용된다. 새로운 웹사이트는 사람들에게 익숙한 전통적인 웹사이트에 더 가깝게 보이기 때문에 언론에서 더 많이 링크해주길 바란다. 이 브랜드 허브를 클릭하면 내부의 링크들이 사람들을 시작 퍼널로 안내한다.

당시에 그것은 아주 정교하지는 않았지만, 효과가 있었다. 나는 보도 자료를 다시 제출했고, 언론에서는 받아들이기 시작했다. 수백 편의 보도 자료가 받아들여지고 나서 내 링크들이 늘어났고, 내 허브는 검색 최적화 랭킹이 올라갔으며, 트래픽이 움직이기 시작했다. 내가 이 사이트를 가지고 있었기 때문에, 신뢰를 얻을 수 있었고 갈수록 더 많은 전통적인 언론이 우리를 선택할 수 있었다.

퍼널 허브의 탄생

지난 15년 동안 내가 만든 브랜드 사이트에 중점을 두었다고 말하고 싶지만, 안타깝게도 그러지 못했다. 나는 전통적인 미디어를 이용했지만 결코 그 잠재력을 충분히 이해한 적은 없었다.

최근 이너서클 회원인 마이크 슈미트와 에이제이 리베라는 그들이 만든 '퍼널 허브'라는 것에 대해 내게 의견을 구했다. 두 사람 모두 신뢰하고 있었기에 따로 시간을 내어 그들이 하는 말을 들어 보았다. 이야기를 시작한 지 3분도 되지 않아 10년 전 내 브랜드 사이트에서 하려고 했던 것이 발전한 형태라는 사실을 알 수 있었다. 두 사람은 그렇게 깊은 수준까지 생각했고, 나를 위해 지금까지도 계속 사용하고 있는 퍼널 허브도 만들었다.

이 장에서는 퍼널 허브가 왜 트래픽 전략에서 핵심이 되어야 하는지에 대한 이해를 돕기 위해 마이크와 에이제이와 함께 나누었던 대화를 인용할 것이다.

그림자 퍼널

마이크와 에이제이는 내게 우리가 많은 유료 광고를 추진하고 있는 몇몇 퍼널에 대한 통계치를 보여주었다. 그는 이전에 트래픽팀에게 이야기한 적이 있었다. 따라서 우리가 얼마나 지출하는지 알고 있었다.

"이들 네 개의 퍼널 사이에서 지난 달에만 페이스북, 구글, 유튜브,

인스타그램에서 제품을 판매하기 위해 48만 5927달러를 지출했습니다." 두 사람이 말했다.

"그래요, 그리고 우리는 결국 수익을 올렸지요. 그 네 개의 퍼널은 모두 곧 손익분기점에 도달했고 대부분 수익을 올리고 있으니, 엄밀하게 말하면 48만 5000달러의 비용도 들어간 것은 아니죠. 돈도 벌었고 수많은 고객들이 내 가치 사다리에 들어왔거든요."

"우리도 압니다." 두 사람이 말했다. "퍼널의 왕이시니까요. 그 얘기를 하려고 온 것이 아니에요. 사실 그림자 판매 퍼널에 관해 이야기하려고 왔습니다. 당신이 사람들을 핵심 퍼널로 보내기 위해 쓴 48만 5000달러가 수익을 올리지 못하는 그림자 퍼널을 만들어냈죠. 실제로 당신이 힘들게 일한 덕분에 경쟁사가 성장하고 있지요. 돈 한 푼 들이지도 않고요."

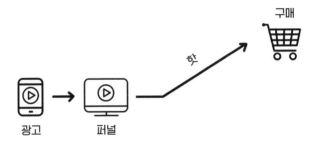

도표 16-2 우리가 퍼널을 만들 때 우리는 대부분의 사람들이 우리 제품을 보면 그냥 구매할 것이라고 가정한다.

"뭐라고요? 좀 헷갈리는 군요. 그림자 퍼널이 뭐죠?"

"그림자 퍼널은 당신이 퍼널로 보내는 모든 트래픽의 결과로 생성되는 트래픽입니다. 예를 들어 누군가 내 제품에 대한 광고를 보면 즉시 구매하는 사람들의 관심을 끌고 있는 것이죠. 하지만 내 광고를 보고, 클릭 여부와는 무관하게, 구매하지 않는 사람들이 더 많습니다. 대신 그들은 새 탭을 열고 구글에서 나를 검색할지도 모릅니다. 이것이 그림자 퍼널의 시작입니다.

어쩌면 그들은 나에 대한 이야기를 찾아다닐 수도 있습니다. 소셜 미디어에서 언급된 내용을 찾거나, 좋아하는 팟캐스트에서 나에 대한 이야기를 들을 수도 있습니다. 어떤 경우든 이렇게 즉시 전환되지 않는 트래픽이 그림자 퍼널로 유입됩니다. 지금 당장은 그냥 이렇게 흘려보내면서 어떻게든 고객이 다시 찾아와 주기를 기대하고 있는 것이지요.

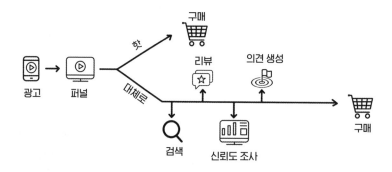

도표 16-3 실제로 대부분의 사람들은 구매하기 전에 설득이 필요하다. 그들은 구매하기 전에 '그림자 퍼널'를 거치며 여러분과 여러분의 제품, 브랜드와 제품에 대한 정보를 자세히 조사한다.

그들은 먼저 당신의 이름을 입력한 다음 회사 이름, 그리고 마지막으로 제품 이름을 입력합니다. 그들은 평점, 리뷰, 그리고 당신이 믿을 만한 사람인지 증명하기 위해 페이스북, 인스타그램, 트위터를 포함한 블로그와 소셜 미디어 계정을 방문합니다. 그들은 리스트에 가입하고, 이메일을 읽고, 팟캐스트를 듣습니다. 이 조사를 통해 당신에 대한 의견을 형성하기 시작할 것입니다. 이 시점에서는 고객이 구매 여정을 시작했던 때의 광고는 이미 사라진 지 오래입니다. 우리가 놓은 가치 사다리를 향해 나아갈 준비가되면 어디서부터 시작해야 할지 적극적으로 정보를 검색할 것입니다."

이렇게 말하더니 그들은 '251,680'이라는 숫자를 보여주었다.

"이게 뭐죠?" 내가 물었다.

"지난 12개월 동안 전 세계에서 '러셀 브런슨'을 검색한 사람의 수입니다. 이것은 당신의 이름이면서 동시에 그림자 퍼널입니다. 여기에는 회사나 제품 이름은 포함되지 않습니다. 여기에 더 많은 추진력을 추가하면 그림자 퍼널은 더 커질 것입니다. 많은 사람이 이상적인 키워드 순위를 매기려고 노력합니다. 하지만 자신의 브랜드 이름은 잊어버립니다."

"사람들이 내 이름을 검색하면 임의의 페이지나 퍼널로 이동하게 되는데, 이러한 사용자 경험은 제어할 수 없습니다. 가치 사다리의 중간에 있는 페이지로 이동할 수도 있습니다. 아니면 페이지에 도달할 수도 있습니다. 또는 나쁜 경우에는 경쟁사의 페이지를 보게 될 수도 있습니다! 그래서 이것을 수행해야 합니다. 생성한 그림자 퍼널을 제

브랜드 팀	그 외
✔ 러셀 브런슨	✘ 온라인 마케팅
✔ 브랜드 설계자	✘ 세일즈 퍼널 코스
✔ 클릭퍼널스	✘ 퍼널 전환 기법
✔ 마케팅 설계자	✘ 세일즈 퍼널 강의
✔ 원 퍼널 어웨이 챌린지	✘ 세일즈 퍼널 설계자
✔ 러셀 브런슨 리뷰	✘ 퍼널 최적화 기법
✔ 러셀 브런슨 합법	✘ 퍼널 전문가
✔ 러셀 브런슨 사기	✘ 퍼널 만드는 법
✔ 러셀 브런슨 사례연구	✘ 퍼널 예시

도표 16-4 브랜드가 아닌 키워드에 순위를 매기느라 바쁘게 움직이다 보니 다음과 같은 사실을 깨닫지 못한다. 25만 명이 넘는 사람들이 내 이름과 함께 브랜드 키워드를 검색하고 있다는 사실을 깨닫지 못했다. 왜냐하면 나는 브랜드 키워드에 대한 퍼널을 설정하지 않았기 때문이다. 엄청난 트래픽을 놓치고 있었다.

어하여 사람들이 검색할 때 무엇을 찾게 되는지 통제해야 합니다."

퍼널 허브

....

마이크와 에이제이가 그림자 퍼널에 대해 이야기하면서 나를 놀라게 한 후, 그들은 퍼널 허브에 대해 더 자세히 이야기하기 시작했다.

"겉으로 보기에는 웹사이트와 비슷해 보이지만, 전략은 완전히 다릅니다. 퍼널 허브의 목표는 가치 사다리의 모든 퍼널과 제안을 한 곳에 정리하는 것입니다. 사람들이 나를 검색하기 시작하면, 그들이 찾는 것을 제어할 수 있습니다. 사람들이 검색할 때 필 모든 퍼널과 제안을 체계적으로 정리해주고 더 많은 기회를 제공합니다. 신뢰도를 높이는 데 도움이 되는 '당신의 권위'를 이용하는 것입니다."

나는 그 순간 그들은 미소를 지었다.

"또 뭐가 있는지 아세요? 『브랜드 설계자』에서 다음과 같은 것들을 이야기했죠."

- 매력적인 캐릭터는 누구인가?
- 미래지향적인 대의명분은 무엇인가?
- 나만의 운동은 무엇인가?
- 가치 사다리는 어떤 모습인가?
- 당신은 무엇을 지지하고 무엇에 반대하는가?

"퍼널 허브는 이 모든 것을 한곳에 모아서 우리를 찾는 사람들이 우리가 누구인지, 어떻게 제품 혹은 서비스를 제공할 수 있는지 설득합니다. 블로그, 팟캐스트, 유튜브 채널 등 많은 플랫폼에 퍼블리싱하고 있잖아요. 블로그, 팟캐스트, 유튜브 채널, 페이스북 페이지, 그리고 인스타그램 계정 모두를 퍼널 허브 한곳에 정리할 수 있습니다. 이렇게 하면 팔로워는 모든 플랫폼에서 게시된 당신의 모든 콘텐츠를 한곳에서 찾을 수 있습니다."

퍼널 허브를 만드는 방법

이 부분에서 아마도 짐작할 수 있겠지만, 나는 내 퍼널 허브를 만드는 데 열광했다. MarketingSecrets.com에 가면 활동중인 내 퍼널 허브를 볼 수 있다. 나는 현재 내가 만든 각각의 핵심 기업에 퍼널 허브를 구축하고 있다. 다음은 퍼널 허브의 기본적인 레이아웃이다.

도표 16-5 퍼널 허브를 구축하기 위해 블로그, RSS 피드, 소셜 포스트, 시작 퍼널 같은 특징을 추가할 수 있다.

대부분의 퍼널 허브에는 여러 유형의 RSS 피드 및 기타 유형의 미디어를 가져올 뿐만 아니라 내장된 블로그가 있기 때문에, 일반적으로 클릭퍼널스에서 구축하지 않는다. 우리는 워드프레스에 우리의 퍼널 허브를 구축했는데, 워드프레스는 세계에서 가장 인기 있는 콘텐츠 관리 플랫폼일뿐 아니라 무료이기도 하다.

　퍼널 허브를 활용하여 모든 그림자 트래픽, 획득한 미디어, 기존 언론 및 입소문 광고를 이용하는 것은 엄청난 일이 될 수 있다. 시작할 때 설정하는 것은 간단하다. 브랜드가 성장하면서 여러분의 퍼널 허브는 모든 트래픽을 사로잡을 준비가 될 것이다.

SECRET
17

다른 사람들의 배급 채널

유통 채널 첫 번째: 이메일 솔로 광고

우리는 획득하거나 유료로 구입한 트래픽을 내가 소유한 트래픽으로 전환하여 자신만의 유통 채널을 구축하는 방법에 초점을 맞춰왔다. 거의 모든 시장에는 이미 자체적인 이메일 리스트를 구축하고 있는 사람이 수백 명 있다. 그리고 트래픽을 빠르게 증가시킬 수 있는 매우 쉬운 방법 가운데 하나는 이메일 리스트의 광고를 구매하는 것이다.

광고를 구매할 이메일 리스트를 찾을 때 나는 보통 단독 퍼블리셔를 찾는다. 단독 퍼블리셔는 이미 자체적인 브랜드와 리스트가 있는 사람으로, 이 리스트는 내 제품과 서비스에 관하여 이야기하는 이메일을 보내기 위해 돈을 지불할 수 있는 곳이다. 또한 뉴스 레터에 광고를 실어 보내기 위해 돈을 지불할 수 있는 대형 브랜드에 연락을 할 수도 있다.

단독 퍼블리셔는 이미 드림 100에 올라와 있을 가능성이 높다. 그리고 그 과정은 뉴스 레터에서 단독 광고를 판매할 의향이 있는지 물어보는 단순한 과정일 수 있다. 이러한 경험이 있는 사람들은 일반적으로 긍정적으로 대답하며 일종의 기본 가격을 책정한다. 대형 브랜드는 대개 이메일 리스트나 웹사이트에 광고를 올리는 경우를 위하여 가격이 포함된 온라인 미디어 키트를 가지고 있다.

또한 구글 검색을 이용하면 이메일 뉴스 레터에서 수많은 광고 기회를 찾을 수 있다. 보통 '[내가 속한 틈새시장] 이메일 광고'나 '[내가 속한 틈새시장] 온라인 미디어 키트'라고 타이핑을 하면, 이메일 리스트에 내 광고를 실어줄 퍼블리셔를 찾을 수 있다. 나는 언제나 광고를 구입하기 몇 주 전에 메일링 리스트에 가입하는데 그렇게 하면 퍼블리셔들이 이메일 리스트를 다루는 방식을 볼 수 있다. 수많은 홍보 자료만 보낸다면 그들이 이메일 리스트를 아주 함부로 다루었다고 볼 수 있기 때문에 내가 원하는 유형의 리스트를 빌릴 만한 곳은 아니라고 할 수 있다. 하지만 뉴스 레터의 내용이 좋고 이메일 리스트에 있는 사람들과 좋은 관계를 유지하고 있는 곳이라면 그들에게 연락하여 미디어 키트에 대해 알아볼 것이다. 클릭이라고 해서 모두 다 같은 것은 아니다. 뉴스 레터에서 나오는 클릭 수가 적더라도 퍼블리셔와 좋은 관계를 유지하는 사람이, 클릭 수는 많지만 청자와 관계가 좋지 않은 사람보다 결과가 더 좋을 것이다.

일반적으로 지불하는 가격으로 가격을 책정하고 싶지만, 거의 언제나 가격은 협상을 통해 결정되기 때문에, 요금은 보통 협상 가능한 가격이라는 것을 잊지 말아야 한다. 사람들은 "호구들이나 광고 요율표대로 지불한다"라고 말한다. 그리고 나는 이 말이 사실이라고 믿을 때가 많다. 퍼블리셔는 대개 얼마나 많은 사람이 이메일을 보게 되는지에 따라 요금을 받으려고 하지만, 나는 일반적으로 그 이메일을 얼마나 많이 클릭하는지에 따라 지불하는 편을 더 선호한다. 그 수를 알아내기 위해서 보통 마지막으로 보낸 5~10통의 이메일과 각 이메일의 클릭 수에 관한 리포트를 요청한다. 그리고 자신에게 다음과 같이 말하면서, 그 과정을 리버스 엔지니어링 한다. '만일 내가 저렇게 많은 클릭을 받는다면, 평균적인 랜딩 페이지의 전환율에 따라, X달러만큼은 벌었을 것이다.' 이 과정은 광고비를 얼마나 지출할지에 대한 대략적인 근사치를 추정할 수 있게 도와준다. 그리고 그 숫자에 맞춰 협상하려고 노력한다.

광고 비용을 협상하고 나서 이메일을 작성하여, 퍼블리셔에게 전달하면 퍼블리셔가 이메일을 대신 보내준다. 퍼블리셔가 여러분에게 이메일 목록을 주며 이메일을 보내게 한다면 빠르게 도망쳐야 한다. 이것은 사기이며, 절대 해서는 안 되는 행동이다. 퍼블리셔들은 여러분이 제공한 광고와 함께 그들의 서버에 있는 목록을 이용하여 이메일로 보내야 한다. 나는 독자들에게 랜딩 페이지를 보내는 퍼블리셔가 보낸 이메일 받는 것을 좋아한다.

이메일 광고의 가장 좋은 부분은 결과를 정말 빠르게 알 수 있다는 점이다. 누군가 이메일을 보내면 대부분의 클릭은 12시간 이내에 일어나며, 나머지 클릭도 36시간에서 48시간 사이에 일어나고, 그런 다음 대개 더는 일어나지 않는다. 나는 랜딩 페이지를 테스트하기 위하여 이메일 캠페인을 이용하는 것을 좋아한다. 이메일 광고의 가장 나쁜 점은 준비가 되어 있지 않으면 큰돈을 허비할 수 있다는 점이다. 모든 트래픽이 빠르게 오가는 이메일 한 통을 뿌리는 데 5000달러를 쓸지도 모른다. 하지만 같은 5000달러를 페이스북에 쓴다면 천천히 몇 주 동안 트래픽을 운영할 수 있을지도 모른다. 따라서 이메일 광고를 운영할 때는 그 점을 알고 있어야 한다.

마지막으로, 1인 퍼블리셔들은 여러분에게 자주 '후원 광고sponsorship ads'를 판매하려고 할 것이다. 후원 광고는 이메일 안에 포함된 작은 광고다. 나는 후원 광고를 그다지 좋아하지 않으며, 후원 광고에서 수익을 올리는 데 정말 힘이 들었다. 내가 단독 광고를 살 수 없다면, 즉 전체 이메일이 나의 메시지가 아니라면, 하지 않으려 하는 것이 보통이다.

유통 채널 두 번째와 세 번째:
페이스북 메신저와 데스크톱 푸시

현재 메신저 리스트 광고를 구입하는 사람들은 많지 않지만, 앞으로 이 시장은 커질 것이다. 페이스북은 대개 구독자들에게 직접적인 홍보 메시지를 보내는 것을 좋아하지 않기 때문에, 메신저를 통해 보내는 메시지는 조금 더 은밀해져야 한다. 메신저에서 구독자에게 노골적으로 홍보하는 것을 허용하지 않기 때문에 오픈율과 클릭률은 최고다. 드림 100 회원 중에 메신저 리스트를 적극적으로 구축하고 있는 사람들을 찾아 그들이 구축한 리스트에 광고를 할 수 있는지 물어보기 바란다.

데스크톱 푸시 알림의 경우도 마찬가지다. 데스크톱 푸시 알림은 현재 많은 관심을 받고 있는 새로운 유형의 리스트다. 우리는 브로드캐스팅을 구매할 수 있도록 우리 시장의 드림 100 리스트를 구축하기 시작하고 있다.

기타 유통 채널

눈을 크게 뜨고 살펴보면 세상에는 엄청나게 다양한 유통 채널이 있다는 것을 알아볼 수 있을 것이다. 최근 우리는 드림 100 회원의 바이어 리스트로 우편 엽서와 DM을 보낼 수 있는 캠페인을 구매하기 시작했다. 때로는 이메일 한 통 보낼 시간을 내달라고 하기가 어렵지만, 그들 다수는 고객에게 아무것도 보내지 않는다. 우리는 사전에 승인된 우편물을 우편함에 보내는 동안 고객의 주소를 안전한 우편 회사로 보내는 거래를 준비해왔다(그렇게 하면 우리는 절대로 고객의 주소에 접근할 수 없다). 그런 다음 우편 회사는 우리의 편지나 엽서를 인쇄하여 명단에 있는 고객에게 보내준다.

친구들 몇 명은 대형 텍스트 메시지 리스트를 구축했다. 그래서 우리는 그들에게 텍스트 블라스트를 구입하고 있다. 어떤 친구들은 대규모 페이스북 그룹을 운영하고 있는데, 우리는 그들의 그룹에 후원 포스트를 게시하기 위해 돈을 내고 있다. 또 어떤 친구들은 링크드인에 대규모 그룹을 만들어 그들의 팔로워들에게 메시지를 보내기 위해 그룹 소유자에게 돈을 지불하고 있다. 또 다른 친구들은 대규모 포럼을 가지고 있어서, 우리는 포럼 고객들의 사용자 기반 배너 광고를 구입하여 그들의 사이트에 홍보하고 있다.

우리 시장에 있는 대부분의 블로그에서는 자신의 사이트에 광고를 팔고 있다. 일부 블로그는 커다란 구글 애드센스 영역이 있으며, 우리는 먼저 GDN^{Google Display Network}을 이용하여 구매 전환이 잘 일어나는지 테스트할 것이다. 전환이 잘 일어난다면 나는 직접 블로그나 웹사이트 소유자를 찾아가 애드센스 영역을 나의 유료 배너 광고로 교체하려고 시도할 것이다. 나는 웹사이트를 떠날 때 생성되는 팝업에도 광고를 하여 웹사이트를 떠나는 트래픽을 이용할 수 있었다.

이것을 실행하는 방법은 셀 수 없이 많다. 핵심은 사람들이 소유하고 있는 트래픽의 흐름과 유통 채널을 계속 주시하는 것이다. 그런 다음 광고를 구매하는 방법을 알아본다. 내가 연결하고자 하는 각각의 새로운 유통 채널 덕분에 연봉이 올라갈 것이다. 매일 출근길에 차에서 나오기 전에 이렇게 혼잣말을 중얼거린다. "어떻게 하면 내 연봉을 올릴 수 있을까?" 내 머리는 즉시 내가 활동하는 시장에 있는 유통 채널을 찾아보기 시작할 것이다. 때때로 잊어버린 웹사이트, 블로그, 이메일 리스트가 떠오르기도 한다. 여러분의 마음이 이러한 기회를 찾고 있을 때 그것들은 어떻게든 뛰쳐나오기 시작한다.

페이스북이나 구글 광고에 접속하지 않는다면, 트래픽을 얻을 수 있는 가장 좋은 방법은 이러한 유통 채널을 검색하고 그것을 이용해서 나만의 리스트를 구축하는 것이다. 그것은 네트워크에서 무슨 일이 일어나든 상관없이 작동하는 게릴라 기법이며, 이 기법은 일상 생활에 즉시 연결할 수 있다.

통합 마케팅
....

나의 첫 멘토 마크 조이너는 약 10년 전 『통합 메케팅Integration Marketing』 이라는 책을 썼다. 그 책은 유통 채널을 찾고 거기에서 광고를 구매하기만 하던 사고방식을 가지고 있었던 나를 드림 100의 실제 판매 프로세스와 통합할 방법을 찾도록 바꾸어주었다.

예를 들어 매일 1000개의 새로운 리드를 퍼널로 유입하는 파트너를 찾았다고 가정해보자. 해당 리스트에 광고를 한 번 구매하는 대신 이메일 리스트에 등록된 지 3일이 되었을 때 모든 새로운 리드에게 내 이

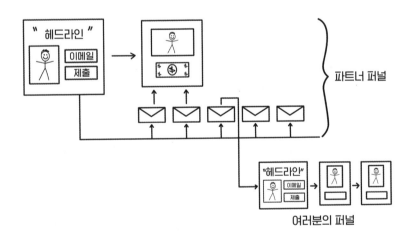

도표 17-1 여러분의 퍼널을 다른 사람의 퍼널이나 이메일 캠페인으로 통합한다면, 그들이 비즈니스를 하는 동안에 추가적인 트래픽을 받게 된다.

메일을 전송하면 어떨까? 그런 식으로 한 번 설정하면 매일 그러한 혜택을 보게 된다. 이제 매일 1000명의 새로운 사람들이 내 메시지를 받는다. 나는 이제 파트너의 판매 과정에 통합되었으며, 파트너가 회사를 성장시키면 나의 회사도 성장할 것이다!

통합 마케팅은 단순한 이메일을 넘어서는 효과를 발휘한다. 우리는 사람들의 블로그에 팝업을 통합하여 블로그의 모든 독자가 잠재적으로 내 리스트에 가입할 수 있게 했다. 우리는 사람들이 그들의 웹사이트에 종료 팝업을 추가하여 사람들이 사이트를 떠날 때 그중 상당수가 우리 퍼널로 오게 했다. 여러분이 할 수 있는 재미있고 창의적인 것들이 매우 많다. 한계가 있다면 그것은 상상력뿐이다.

이러한 개념을 알게 되자 나는 어디서나 이와 같은 통합의 기회를 찾기 시작했다. 사람들이 클릭퍼널스를 사용하기 전에 도메인 호스팅, 그래픽 디자인, 비즈니스 라이선스 등 필요한 제품을 찾아보았다. 그러다가 각 회사와 파트너십을 맺는 방법을 알아냈다. 예를 들어 어떤 사람이 도메인을 구입하거나 로고 디자인을 얻거나 사업을 시작한 후에 우리를 소개받는 것이다. 우리는 몇 년 전에 이러한 거래를 다수 체결했으며, 파트너의 유통채널에 통합되어 있기 때문에 매일 수많은 고객들이 우리를 찾아오고 있다. 우리는 어떠한 일도 다시 할 필요가 없다.

SECRET

18

동맹군

2003년 11월로 되돌아가고 싶다. 아내는 막 잠이 들었고, 나는 침대에서 노트북으로 과제를 마쳤다. 하지만 노트북을 끄기 전에 부업으로 무엇을 하면 좋을지 마지막으로 검색을 해보기로 했다. 아내는 우리두 사람을 부양하고 있었고, 우리는 아내가 일을 그만두고 가정을 꾸릴 수 있길 원했다. 지난 해 '비즈니스' 게임을 하는 방법을 알아내려고 노력했지만 시도하는 족족 막다른 길에 이를뿐이었다.

아직도 내가 구글에 무엇을 타이핑했는지 모른다. 클릭을 하다보니 온라인에서 돈을 벌고 있는 수천 명이 모인 온라인 포럼에 와 있었다는 것만 기억이 난다. 무료 회원 가입을 하자 곧바로 정확히 내가 꿈꾸었던 일을 하는 사람들의 커뮤니티에 접속할 수 있었다!

나는 게시물을 훑어보기 시작했다. 사람들은 구글의 최신 알고리즘의 변화와 현재 무엇을 테스트하고 있는지, 그리고 무엇이 효과가 있고, 효과가 없는지에 대해 이야기하고 있었다. 나는 인터넷에서 부자가 된 사람들의 대화를 엿듣고 있었는데, 그 사람들은 모든 것을 터놓고 공유했고 내가 거기 있는지 전혀 알지 못했다!

몇 시간 동안 온갖 게시물을 섭렵했고, 모든 자료를 기록했다. 내가 가지고 있었던 모든 의문에 대한 답이 거기에 있다는 것을 깨달았고, 이 사람들이야말로 무엇이 작동하는지 발견하여 실시간으로 공유하

308

는 사람들이었다. 나와 같은 사람, 나와 같은 종족이었다! 시곗바늘이 10시에서 11시로, 그리고 12시에서 1시를 가리키며, 매시간이 마치 몇 초처럼 느껴졌다. 너무 신이 났지만, 몸과 눈이 너무 피곤했다.

'글 하나만 더 읽어야겠어. 하나만 더.' 나는 생각했다. 어쩌면 꿈을 꾸고 있어서, 잠에서 깨어나면 이 배타적인 클럽에 접속하지 못할 수도 있다는 두려움에 나는 계속해서 스크롤을 하며 글을 읽었다. 그때가 새벽 2시 47분이었다. 레슬링 훈련은 6시에 시작이었다. '지금 잠을 청해서 몇 시간이라도 잘까?' 답은 예스였다. 잠을 자야 했다. 그렇지 않으면 내일은 정말 힘든 하루가 될 것이었다.

나는 노트북을 닫으려고 했지만, 그것을 보고 말았다. 아주 중요한 질문이었다. 지난 몇 달 동안 내 머리를 떠나지 않고 반복해서 떠올랐던 질문이었다.

'웹사이트에 트래픽을 오게 하는 가장 좋은 방법은 무엇일까?'

클릭하고 싶었지만 내가 낯선 세계로 모험을 떠날 에너지가 있을지 알 수 없었다. 적어도 그때는 그랬다. 질문을 30초가 넘게 바라보다가 알아야만 한다고 판단했다. 제목을 클릭하자 나는 곧 모든 사람이 트래픽을 몰고 오는 자신의 방법이 최고인 이유에 대해 이야기하는 치열한 대화 속으로 들어가게 되었다.

한쪽에서는 검색 최적화에 대한 이야기를 하고 있었다. 그러자 검색최적화 전문가들이 어떤 방법이 가장 효과적인지, 즉 클로킹cloaking, 도어웨이 페이지doorway page, 링크 스팸link spam, 로그 스팸log spam 등 내가 들어보지도 못한 수십 가지 방법을 놓고 싸우기 시작했다. 그러자 PPCpay per click쪽 전문가들도 나섰다. 모두들 자신보다 먼저 포스팅했던 사람들을 능가하는 다양한 전략을 가지고 있었다. 이메일 마케팅과 허용 목록safelist, 단독 광고 구매에 관해 말하는 사람들도 있었다.

갈수록 심장이 빨리 뛰기 시작했고, 새로운 아이디어들은 모두 지난 번 아이디어보다 좋아보였다. 그때 그 일이 일어났다. 그 포럼의 주인 (아마도 거기 있는 사람 중 가장 부자일 것이다)이 한마디 한 것이다. 모든 사람의 발걸음을 멈추게 한 궁극의 마이크 드롭mic drop(공연이나 연설이 끝나는 순간에 마이크를 떨어뜨려 행사가 성공적으로 끝났음을 비유적으로 표현하는 제스처 - 옮긴이)은 길지 않았다. 불과 여섯 단어였다. 그 여섯 단어가 내 인생을 바꾸었다.

"제가 믿는 것은 나만의 제휴 네트워크뿐입니다."

처음에는 전혀 이해가 가지 않았다. 읽고 또 읽었다. 그가 그 그룹에서 최고의 마케터 중 한 사람이라는 사실을 알고 있었기 때문에 거기에는 심오한 뭔가가 있다고 생각했고 그것이 무엇인지 알아내야 했다.

그때 나는 깨달았다! 그에게는 그의 제품을 판매하는 수백 개의 제휴사가 참여하는 제휴 프로그램이 있었다. 그의 제품을 판매하면 수수료를 주기 때문에 그에게는 위험이 발생하지 않았다. 그는 실제로 판매가 발생할 때만 지불하면 되는 것이다!

"제가 믿는 것은 나만의 제휴 네트워크뿐입니다." 그는 영리했다. 검색 최적화나 페이퍼 클릭에 쏟는 노력에 기대는 대신, 수십 곳의 페이지에 순위를 매기게 하고 그의 제품을 팔기 위한 광고를 운영하게 할 수도 있었다. 자신의 이메일 리스트에 의존하는 대신 각자 수만 명의 리스트를 가지고 있는 제휴사 10곳, 20곳, 100곳을 찾았다면 어땠을까? 그의 메시지를 수천 명의 사람들에게 전하는 대신 수백만 명에게 도달할 수 있었을 것이다.

제휴 프로그램을 만들고 다른 사람의 노력에 의존할 때 얻는 레버리지의 양은 어마어마하다. 이것은 마치 팀을 구축하고 사람들을 고용해서 여러분 대신 일을 하게 하는 것과 같다. 그들이 제휴사이고 여러분은 그 일에 대해 돈을 지불하지 않아도 된다는 것만 빼면 말이다. 대신 여러분은 그들에게 판매 실적에 따라 수수료를 지불한다. 위험은 그들

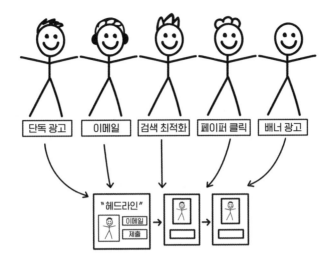

도표 18-1 모든 것을 잘할 필요는 없다. 제휴 업체들이 선호하는 방식으로 여러분의 제품과 서비스를 홍보하게 할 수 있다.

이 감수하고, 여러분은 보상을 공유한다!

내가 찾던 깨달음이었다. 세상에서 트래픽을 가장 잘 조종하는 사람이 되는 대신 최고의 제휴사가 내 제품과 서비스를 홍보하여 돈을 벌수 있도록 기회를 제공해야 한다. 그런 다음 나는 사람들을 채용하고 교육하고 돈을 지불하는 데 업무를 집중할 수 있을 것이다.

이 책에서 우리는 드림 100에 대해 오랜 시간을 이야기했는데, 여기가 시작점이다. 모든 플랫폼에 드림 100을 구축했다면 잠재적인 제휴업체가 준비된 것이다. 이 장에서는 다섯 단계에 초점을 맞출 것이다.

1. 제휴 업체를 모집한다.
2. 그들을 제휴 업체로 만든다.
3. 제휴 업체에 홍보하는 이유를 제시한다.
4. 슈퍼 제휴 업체가 될 수 있도록 교육한다.
5. 제휴 업체에 대한 보상

....

여러분이 지금까지 드림 100과 관련된 과정을 따라왔다면 여러분은 이미 잠재적인 제휴 업체 목록을 만들어 놓은 것이다. 목이 마르기 전에 우물을 파고 있다면 여러분은 제휴 업체들과 관계를 쌓아가고 있는 것이다. 그러지 않았다면 다시 뒤로 돌아가 가능하면 빨리 그 과정을 시작하기 바란다. 드림 100 회원들은 모두 자신만의 유통 채널이 있다. 어떤 사람은 이메일 리스트, 또 어떤 사람은 페이스북이나 인스타그램의 팔로워, 또 어떤 사람은 다수가 구독하는 팟캐스트를 가지고 있다. 그리고 어떤 사람은 하나 이상의 유통 채널을 가지고 있다.

우리는 그들의 청중에게 다가가기 위해 돈을 이용하는 방법과 노력을 통해 개척하는 방법에 관해 이야기했다. 드림 100에게 회원이 되어 달라고 부탁하는 것은 이 두 가지를 혼합하는 것이다. 관계를 형성하고 홍보 활동을 인정하게 하려면 노력을 통해 개척해야 하는 것은 물론이고 판매를 할 때마다 돈을 지불해주어야 한다. 하지만 누군가 회원이 된다는 것은 여러분에게서 위험을 덜어간다는 뜻이다. 여러분은 더 이상 광고를 사고 그 광고의 전환율이 높기를 바라지 않아도 된다. 대신 드림 100이 여러분을 홍보할 것이고, 여러분은 그들이 판매하고 난 뒤에 돈을 지불하기만 하면 된다.

그렇다면 어떻게 드림 100 구성원을 제휴 회원으로 끌어들일 수 있을까? 가장 먼저 해야 하는 일은, 비록 부탁하는 것이 가장 어려운 부분이긴 하지만, 제휴 회원이 되어 달라고 부탁하는 것이다. 드림 100을 상대로 우물을 잘 파놓았다면, 그래서 좋은 관계를 잘 유지하고 있다면 그들이 현재 하고 있는 일과 관련한 프로젝트와 개념에 대해 알 수 있을 것이다.

『4시간The 4-Hour Workweek』의 저자 팀 페리스는 책을 집필하는 동시에 세계에서 가장 영향력 있는 블로거들을 알게 되는 데 1년이 넘게 걸렸다. 그는 목이 마르기 전에 우물을 파기 시작했다. 사람들이 그에게 무엇을 하는지 물었을 때 그는 책을 쓰고 있다고 말했다. 집필을 마치고 출간할 준비를 마친 그는 1000권이 넘는 사전 출간본을 그가 만났던 블로거들에게 보내주었다. 또한 그들에게 출간 일에 그 책에 관한 리뷰를 써달라고 부탁했다. 대부분의 블로거들은 이 책을 좋아했기 때문에 상당수가 출간일에 블로그 포스트를 썼다. 팀의 제휴 집단은 그의 책이 하룻밤 사이에 베스트셀러의 반열에 오르는 데 일조했다.

대규모 출시가 다가올 때마다 우리는 어필리에이트(제휴 마케팅)에게 출시 일자를 알려주고 달력에 표시하게 한다. 일반적인 경우 100명에게 홍보를 부탁한다. 보통 30명이 좋다고 말하지만, 15명 정도만이 실제로 홍보활동을 한다. 이것은 단지 숫자 놀음일 뿐이며, 홍보 일정이 맞지 않는 경우가 많다. 이것을 개인적으로 받아들여서는 안 된다. 단지 많은 사람에게 부탁할수록 출시하는 데 필요한 사람들이 수락할 가능성이 높아진다는 사실만 알면 된다.

우리가 자주 사용하는 한 전략은 우리의 드림 100에게 홍보에 대한 이야기를 하는 패키지를 보내는 것이다. 각각의 패키지는 수천의 가치가 있을 수 있으며, 어떤 경우에는 한 번의 '예스'가 수백만의 가치가 있을 수도 있다. 그렇기 때문에 어필리에이트들을 모집하기 위해 우편으로 멋진 것을 보내는 데 많은 돈을 쓴다. 핵심은 사람들의 관심을 끌어 그들에게 홍보 활동을 할 이유를 제공하는 것이다.

제품을 팔기 위해 어필리에이트를 모집할 때 각자 서로 다른 동기를 가진 다양한 유형의 어필리에이트가 있다는 사실을 이해하는 것이 중요하다. 일부는 돈을 얼마나 버는 데만 관심이 있는 반면에, 제품이 그들의 고객에게 적합한지에 더 큰 관심을 보이는 사람들도 있다. 내 경우에는 그들이 어떤 동기를 가지고 있는지에 대해 신경 쓰지 않는다.

단지 고객에게 봉사하길 바랄 뿐이고, 무슨 일이 있어도 만족해야 한다. 고객 중에 한 명이라도 만족한다면 수백 명의 꿈의 고객을 부를 수 있기 때문에 이러한 관계를 구축하는 데 많은 노력을 할만한 가치가 있다.

2단계 어필리에이트로 만들기

드림 100이 어필리에이트가 되길 원한다고 말하고 나면 공식적으로 어필리에이트 프로그램에 가입하게 한다. 클릭퍼널스 내부에는 제휴 프로그램을 추가할 때 사용할 수 있는 백팩Backpack이라는 제휴 플랫폼이 있다. 그것을 켜기만 하면 드림 100이 어필리에이트가 되기 위해 회원 가입을 할 수 있는 페이지가 만들어진다. 소프트웨어 내에서 퍼널에 대한 추적 링크를 제공하고 판매 기록을 남겨 수수료를 지불하는 것이다. 우리는 클릭퍼널스 안에 제휴 프로그램에 관한 광범위한 교육과정을 만들었다. TrafficSecrets.com/resources를 방문하면 찾을 수 있다.

대개 최고의 어필리에이트는 고객이 될 것이다. 나는 항상 고객에게 친구를 추천하면 실제로 돈을 벌 수 있다는 것을 알려준다. 퍼널, 감사 페이지, 이메일에 어필리에이트 가입 페이지로 연결되는 링크를 넣을 수 있다. 그렇게 하면 친구들이 이미 좋아하는 제품에 대해 수수료를 받을 수 있고 메시지를 전파하는 데 도움을 줄 수 있다.

3단계 어필리에이트에게 홍보 활동을 하는 이유를 제공한다

누군가 어필리에이트가 되면 그들에게 홍보 활동을 하는 이유를 제공해야 한다. 어필리에이트는 수백만 개의 제품을 홍보할 수 있다. 따라서 왜 여러분이 제품을 홍보해야 하는지, 그리고 더 중요한 것은, 왜 지금 여러분을 홍보해야 하는지 이유를 설명해야 한다. 보통 우리는 세 가지 중 하나에 바탕을 두고 어필리에이트에게 홍보를 하게 한다.

- 신제품 출시
- 신제품의 점진적 시장 도입
- 특별하거나 새로운 것

○ **신제품 출시**: 새로운 제품을 론칭하는 것은 어필리에이트가 홍보 활동을 할 수 있게 하는 아주 쉬운 방법 중 하나다. 왜냐하면 여러분이 진행하는 프로젝트에 대해 알 수 있고, 우편으로 복제품을 보내줄 수 있으며, 여러분이 판매하려고 하는 것을 경험할 수 있기 때문이다. 우리는 대개 매년 2~3개의 새로운 시작 제품을 출시하여 어필리에이트가 홍보하도록 요청한다. 출시 일자를 정하고, 출시하기 60~90일 전부터 어필리에이트 모집을 시작한다. 우리는 드림 100 패키지를 보내고, 전화를 하고, 이메일을 보내는 등 그들의 일정표에서 우리의 출시일이 보이게 하려면 무슨 방법이든 동원한다. 그들의 일정에 우리 출시일이 일찍 올라갈수록, 그래서 다른 홍보 일정과 충돌이 일어나지 않게 하는 것이 좋다.

출시 일에 가까워질수록 우리는 일반적으로 홍보에 동의한 사람들을 모두 출시와 관련된 모든 것에 대해 소통할 수 있는 특정 페이스북 그룹에 오게 할 것이다. 이는 어필리에이트 커뮤니티를 구축하여, 선두를 달리고 있는 사람들의 성적을 공유하고, 홍보 활동의 다양한 이유를 제시하는 재미있는 경쟁 환경을 만드는 데 도움을 줄 것이다.

○ **점진적 시장 도입**: 점진적 출시는 신제품 출시와 유사하지만, 모든 사람이 단 하나의 론칭에만 홍보하는 대신 각자의 일정에 따라 론

칭하는 것을 허용한다. 이것은 클릭퍼널스가 처음에 론칭할 때 사용한 방법이다. 나의 웨비나에 변동 사항이 생기면, 모든 사람이 동시에 그것을 홍보하는 대신 각 어필리에이트를 위한 특별한 웨비나를 준비한다. 몇 달 동안 일주일에 두세 번씩 홍보한다. 이러한 순차적 론칭 덕분에 어필리에이트는 서로 협력하여 자체적인 프로모션 일정에서 효과적인 시간을 찾을 수 있었다.

순차적 출시의 수명은 상당히 길다. 일반적인 제품을 출시하는 경우, 오픈 일과 판매 마감 일이 있어, 이 기간 동안 홍보할 수 없는 어필리에이트는 기회를 놓치고 만다. 또한 대규모 출시로 인해 너무 많은 신규 고객이 순식간에 늘어나는 경우가 많아 고객 지원이 중단될 수도 있다. 순차적 출시는 신규 고객을 훨씬 여유 있는 속도로 고객을 온보딩(고객이 제품을 성공적으로 사용할 수 있도록 돕는 것) 할 수 있게 해준다.

○ **특별하거나 새로운 것**: 많은 경우 나는 제품 출시에 참여하고 싶어 하지 않는 어필리에이트를 모집한다. 그들은 SEO 마케터일 수도 있고, PPC를 정말 잘할 수도 있다. 또는 실력이 뛰어나 높은 수수료를 요구할 수도 있다. 수십 가지의 다양한 이유가 있을 수 있지만, 고객에게 서비스를 제공하는 것이기 때문에 개별적으로 그들과 협력하여 가장 적합한 것이 무엇인지 확인할 것이다. 특별한 랜딩 페이지, 다양한 제안, 높은 수수료 등 나를 위해 홍보할 충분한 이유를 제공할 필요가 있는 모든 것을 준비할 수 있다.

4단계 ▸ 슈퍼 어필리에이트가 될 수 있도록 교육하기

곧 알게 되겠지만 어필리에이트가 실력이 좋을수록 게을러지는 경우가 많고, 실력이 나쁠수록 더 많은 교육이 필요해진다. 두 가지 모두 우리에게는 문제가 되었다. 신참 어필리에이트는 무엇을 해야 하는지, 어떻게 홍보해야 하는지 몰랐다. 실력이 있는 어필리에이트는 어떻게 해야 하는지 알고 있었지만 프로세스를 더 단순히 해주지 않으면 홍보를 하지 않으려고 했다. 이 문제를 해결하기 위해서 우리는 어필리에이트 교육 센터를 만들었다. 교육 센터의 목표는 다음과 같다.

- 신참 어필리에이트에게 우리 제품을 홍보하는 법을 보여준다. 우리는 광고 운영법과 매출 추적법 등을 교육했다.
- 슈퍼 어필리에이트가 신속하게 편집할 수 있도록 복사하여 붙여 넣을 수 있는 광고를 제공한다. 우리는 이메일 광고, 배너 광고, 페이스북 포스트에 사용할 카피 등을 제공했다.

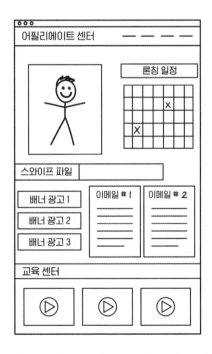

도표 18-2   어필리에이트 센터는 어필리에이트들이 성공할 수 있도록 최대한 많은 자산과 교육을 제공한다.

백팩을 이용하면 어필리에이트 센터를 만들 수 있다. 어필리에이트 센터는 각 유입 경로마다 손쉽게 만들 수 있기 때문에 우리가 사용할 수 있는 가장 강력한 무기다.

5단계 어필리에이트 보상하기

"어필리에이트에게 얼마나 줘야 하나요?" 이것은 내가 가장 많이 받는 질문이며, 사람들에게 내 철학에 대해 이야기할 때 가장 큰 저항에 부딪히는 질문이다. 대다수의 사람들은 언제나 어필리에이트에게 적게 지불하는 방법을 묻지만 나는 최대한 많이 주는 방법을 알아내고 싶어 하기 때문이다. 어필리에이트들에게 더 많은 돈을 지불할 수 있게 될수록 그들이 여러분을 홍보할 가능성이 더 커진다. 어필리에이트들은 수수료 기반의 영업팀이다. 실력이 뛰어난 어필리에이트들은 자신이 원하는 무엇이든 팔 기회가 무한하다. 그들은 여러분이 필요하지 않다. 여러분이 그들을 필요로 하는 것이다.

우리가 처음 클릭퍼널스를 출시했을 때 나는 대다수의 소프트웨어 기업들이 어필리에이트들에게 매출의 20~30퍼센트를 지불하고 있다는 사실을 알게 되었다. 우리는 즉시 어필리에이트들에게 40퍼센트의 수수료를 주기 시작했다. 그로 인해 우리는 최고의 어필리에이트 대부분을 모집할 수 있었다. 그들은 다른 소프트웨어의 제품 홍보를 중단하고 우리 소프트웨어를 홍보하기 시작했다.

당시 나는 얼마나 많은 최고의 네트워크 마케팅 프로그램에서 인사 책임자에게 차를 사주었는지 지켜보기 시작했다. 클릭퍼널스의 자체적인 어필리에이트 프로그램을 검토한 결과 우리 어필레에이트 한 명이 한 달에 100달러의 조건으로 100명의 클릭퍼널스 회원을 유치한다면, 수수료의 5퍼센트(500달러)면 드림카 한 대를 임대하는 비용을 충당하기에 충분하다. 따라서 우리는 어필리에이트 프로그램에 보너스를 추가했다. 100명 이상 가입했을 경우 드림카를 임대하는 비용 500달러를 매월 지불하며, 200명 이상 등록하면 매월 1000달러를 지불한다는 것이었다.

이 몇 가지 조건만으로도 세계 최고의 어필리에이트들이 우리를 홍보하게 하는 데 도움이 되었다. 하지만 나는 거기서 멈추지 않았다. 그들에게 더 많은 돈을 줄 방법을 찾고 싶었다. 클릭퍼널스 어필리에이트 프로그램을 시작한 지 얼마 지나지 않아서 우리 어필리에이트들이 홍보할 수 있는 새로운 시작 퍼널을 출시하기 시작했다. 첫 번째는 나의 저서 『마케팅 설계자』였다. 배송비 7.95달러를 지불하면 책 한 권을 받을 수 있었다. 그런 다음 오디오북을 비롯한 관련 강좌를 상향 판매했다. 우리는 어필리에이트가 그 퍼널에서 나오는 모든 매출의 50퍼센트를 가져가는 것으로 정했다. 그리고 나중에 클릭퍼널스로 업그레이드하면 해당 매출에 대한 반복 수수료 40퍼센트도 지불했다.

우리는 책을 출간하고 나서 3주 동안 이렇게 했다. 그런 다음 통계를 살펴보았다. 책을 구매한 사람의 경우 상향 판매를 통해 약 20달러의 매출을 올리고 있다는 사실을 알게 되었다. 또한 자체 페이스북 광고를 통해 무료로 책을 제공하는 데 약 20달러가 들었다.

그때 아이디어가 떠올랐다. 해당 도서 유입 경로에서 매출의 일부를 사람들에게 지불하는 대신 판매한 모든 책에 대해 고정 CPA 클릭퍼널로 적용하면 어떨까? 우리는 돈을 벌지 못할 테지만, 어떤 경우에는 손해를 볼 수도 있겠지만, 우리 어필리에이트들에게 더 열심히 홍보하게 할 인센티브가 될 것이다. 그래서 우리는 출간 마지막 주에 그렇게 적용했다. 무료로 보내준 책에 대해서 모두 20달러씩 지불했고, 우리의 어필리에이트 군단은 해당 책을 수만 권 팔았다! 우리는 손익분기점이었고, 우리의 어필리에이트는 돈을 받았고, 우리는 그 홍보 활동만으로 수천 명의 새로운 클릭퍼널스 회원을 무료로 얻게 되었다!

보다시피 어필리에이트에게 돈을 지불하는 핵심적인 방법은 두 가지가 있다. 첫 번째는 매출의 일정 부분을 지불하는 것이고, 두 번째는 해당 매출에 대해서 고정 CPA를 지불하는 것이다.

내 규칙은 유입 경로에서 얻은 이익의 50퍼센트를 지불하려고 노력한다는 것이다. 예를 들어 디지털 제품이나 강좌가 있을 경우 주문 처리 비용이 매출의 약 20퍼센트가 된다고 가정하여 나머지 80퍼센트를 매출을 발생시킨 어필리에이트와 나눈다. 만일 물리적인 제품을 판매하고 판매된 상품의 비용이 60퍼센트라면 나는 이익의 40퍼센트만 남게 되고, 그 수익을 어필리에이트와 절반으로 나눌 것이다. 시작 퍼널이 있다면 나는 보통 어필리에이트에게 100퍼센트(혹은 그 이상)를 주고 나의 가치 사다리의 전면을 나의 꿈의 고객으로 채울 수 있게 진정한 동기를 부여한다. 무료 책에 대해 80달러 이상을 지불한 적도 있다. 판매가 시작된 후 몇 주 안에 우리가 수익을 올릴 수 있다는 사실을 알기 때문이다.

우리는 성공적인 어필리에이트 프로그램을 구축하여 다른 어느 마케팅 기법보다 더 많은 트래픽, 리드, 매출을 얻을 수 있었다. 만일 회비를 드림 100으로 지불한다면, 어필리에이트가 되기 위해 그들을 모집한다면, 그들을 잘 대접한다면, 항상 그들이 돈을 벌 수 있게 할 더 많은 방법을 찾아낸다면, 그들은 퍼널을 꿈의 고객들로 채워줄 것이다. 만일 우리가 사용했던 다른 모든 트래픽 기법들 대신 이것만 사용한다면 여전히 많은 사람이 나 대신 페이스북 광고를 구매해서 이메일을 보내고 사이트 순위를 올리고 광고를 구매할 것이다. 이것을 우선순위로 삼으면 평생 도움이 될 것이다.

콜드 트래픽

지금까지 중점을 두었던 트래픽은 웜 트래픽(팬과 팔로워, 드림 100 리스트)과 핫 트래픽(내가 소유한 리스트)이다. 대부분의 기업에서 언제가 반드시 관심을 기울여야 하는 문제다. 나는 대부분의 기업이 웜 트래픽에 중점을 두었다가 이를 핫 트래픽으로 전환하는 것만으로도 연간 수천만 달러의 매출을 올릴 수 있다고 굳게 믿고 있다. 하지만 그 이상으로 성장하고 싶다면 그 외에 마스터해야 할 트래픽이 한 가지 더 있다. 바로 콜드 트래픽이다.

『마케팅 설계자』에서 나는 이것을 '트래픽의 온도'라고 불렀다. '트래픽의 온도'는 지금은 작고한 유진 슈워츠의 놀라운 인용문에서 처음 듣고 이해하기 시작한 개념이다.

잠재고객이 여러분의 제품을 알고 있고 그 제품이 자신의 욕망을 만족시킬 수 있다는 것을 깨달았다면 헤드라인은 그 제품으로 시작해야 한다.

잠재고객이 여러분의 제품을 모르고 욕망만 있다면 헤드라인은 욕망으로 시작해야 한다.

잠재고객이 자신이 찾고 있는 것이 무엇인지 모르지만, 일반적인 문제에 관심이 있다면 헤드라인은 그 문제에서 시작해야 하고 욕구를 구체화해야 한다.

부지unaware → 문제 인지 → 해결책 인지 → 제품 인지 → 대다수가 인지

콜드 ⇒ 웜 ⇒ 핫

도표 19-1 잠재고객은 트래픽의 온도에 따라 문제 및 해결, 제품의 인지에서 다양한 단계에 위치한다.

내게 이 말은 콜드 트래픽은 웜 트래픽이나 핫 트래픽과는 다르게 말해야 한다는 것을 의미했다. 콜드 트래픽은 문제를 해결해줄 제품은 커녕 해결책 자체가 있는지조차 모르기 때문이다.

지금까지 여러분이 만들었던 대부분의 랜딩 페이지, 제안, 광고는 해결책이나 제품을 인지하고 있는 사람들을 위한 것이었다. 그들은 문제가 있다는 것을 알고 있고, 많은 해결책을 시도했으며, 여러분은 그들에게 원하는 결과를 가져다줄 새로운 기회를 제공하고 있다. 그들은 이미 잠재적인 해결책을 알고 있고, 몇 차례 조사도 수행했고, 다수의 경쟁자들을 시험해보았을 것이기 때문에, 여러분에게 그들을 사로잡아 자신의 이야기를 해줄 기회가 생겼을 때 이미 그들은 여러분이 해결하려고 하는 문제에 대한 전후 맥락을 알 것이다.

예를 들어 내가 활동하는 시장에는 다수의 고객이 다음과 같은 문제를 안고 있다. 돈을 벌고 싶어 한다는 것이다. 그 문제를 해결하기 위해 전자 상거래 상점을 준비하거나, 이베이에서 물건을 팔거나, SEO를 배우거나, 페이스북 광고를 마스터하거나, 그 외 약 100여 가지의 다른 일을 하는 등, 다수의 해결책을 시험해볼 수 있다. 그들은 가능한 해결책을 모두 알고 있기 때문에 내가 가진 해결책(퍼널)이 다른 해결책을 모두 능가하는 새로운 기회라는 것을 보여주어야 한다. 그들이 우리 제품에 대해 알고 있다면 경쟁자의 제품에 대해서도 모두 들어보았을 것이다. 따라서 우리 제품이 더 좋다는 것을 설득해야 한다. 그러면 내게서 그 제품을 구입할 것이다.

반면 콜드 트래픽은 대개 그들에게 문제가 있다는 것조차 인지하지 못한다. 세 가지 핵심 시장을 기억하는가? 콜드 트래픽은 세 가지 핵심 욕망 수준에 있는 사람들의 집단이다. 그들이 아는 것은 건강과 부, 관계가 좋지 않다는 사실뿐이다. 그들은 아직 그 이상에 대해서는 알지 못한다. 그들은 아직 집단으로 모인 것은 아니기 때문에 누구도 그들을 돕지 않는다. 그들이 자신에게 문제가 있다는 것을 알고 있다면 그들은 여전히 여정의 시작 단계에 있으며 무엇을 해야 하는지 또는 어디를 향해 가야 하는지 알지 못한다. 이 시점에서 그들에게 제시되는 모든 것은 여러분이 제안하는 것에 대비하기 위해 많은 교육으로 채워져야 한다.

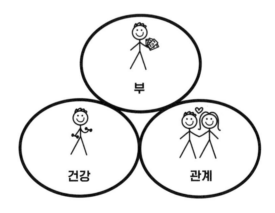

도표 19-2 콜드 트래픽은 대개 그들의 핵심적인 욕망(건강, 부, 관계 등)이 좋지 않다는 것만 알고 있다.

콜드 트래픽에서 무언가를 작동하게 하는 것은 쉽지 않아 보이지만, 실제로는 언어 패턴을 바꾸는 것만큼 간단하다. 이것을 설명하기 위해서 나는 무언가가 슈퍼 콜드 트래픽에서도 잘 작동하는지 확인할 때 사용하는 한 가지 테스트를 공유할 것이다.

내가 쇼핑몰에 있는 푸드 코트에 들어가서 300명이 테이블에 앉아 제 할 일에만 신경을 쓴 채 점심을 먹고 있는 모습을 보며 내가 무엇을 하고 있는지에 대해서는 전혀 알지 못한다고 상상해보자. 만일 내가 의자 위로 올라간 다음 큰소리로 "안녕하세요! 이 자리에 판매 퍼널을 이용해서 회사를 성장시키고 싶은 분 있나요?"라고 말한다면 무슨 일이 일어날 거라 생각하나? 아마도 사람들은 미친 사람이 식사하러 왔다고 추측할지 모른다. 거의 모든 사람이 손을 들지 않았을 것이다. 하지만 똑같은 의자를 가져다 놓고 큰소리로 외쳤던 말을 다음과 같이 바꾼다면 어떻게 됐을까? "여기 돈 버는 웹사이트 알고 싶은 분 있나요?" 아마 푸드 코트에 있는 사람 중 절반이 손을 들 것이다.

흥미로운 것은 이들 두 문제의 해결책은 퍼널이 필요하다는 것이지만, 잘 모르는 사람에게는 내가 하는 말이 이해가 가지 않는다는 점이다. 핫 트래픽, 웜 트래픽, 콜드 트래픽에 대해 이야기할 때 차이점은 사용하는 언어다. '퍼널'이라는 말은 대중이 이해할 수 없는 말이다. 그래서 나는 사람들이 이해할 수 있는 '돈 버는 웹사이트'라는 말로 바꾼 것이다. 사람들의 손을 들게 하면, 퍼널이라는 특정 유형의 웹사이트에 대해 가르치거나, 사람들이 해결책을 알 수 있도록 도와줄 수 있다. 끝으로, 슈퍼 콜드 트래픽에서 어느 정도 열이 오르게 되면 구매 결정을 할 가능성이 커질 것이다.

웜 트래픽(드림 100의 팔로워들)과 핫 트래픽(여러분이 소유한 리스트)으로 전환이 정말 잘 되는 퍼널을 만든다면 콜드 트래픽으로 전환되지 않을 수도 있다. 여러분은 사람들의 위치가 어디인지 파악하고 온도를 높여주는 다른 유형의 퍼널을 만들어야 한다. 어떻게 작동하는지 알아보기로 하자.

1단계　**'콜드 트래픽 고객 아바타' 만들기**

이 프로세스의 첫 번째 단계는 새로운 '콜드 트래픽 고객 아바타'를 만드는 것이다. 이 아바타는 현재 꿈의 고객 아바타와 유사할 것이다. 하지만 콜드 트래픽이 여러분의 여정에서 훨씬 초반부에 나타날 것이다. 콜드 트래픽은 꿈의 고객이 되기 6개월에서 1년 전(혹은 더 일찍)에 나타난다. 그들은 여러분이 제공하는 세 가지 핵심 욕망(건강, 부, 관계)에서 고통을 겪고 있지만, 아직까지 그 어떠한 해결책에도 가까이 다가가지 못하고 있다. 이 사람들은 꿈의 고객이 될 수 있지만, 바로 지금은 문제만 인식하고 있을 뿐이다. 그들이 불행한 이유는, 문제가 있지만 아직까지 해결책이 없고, 그들의 문제를 해결해줄 제품도 없기 때문이다. 다만 그 문제가 무엇이고 그들이 원하는 결과만 알고 있을 뿐이다.

이러한 콜드 트래픽 고객 아바타를 식별하기 위해서 나는 과거를 깊이 들여다보아야 했다. 대부분의 경우에 전통적인 기업가의 여정을 따라왔다면 이 아바타는 5년에서 10년 전의 여러분일 것이다. 생각해보자. 대부분의 기업가는 건강과 부, 관계에 대한 욕망과 씨름하다가 고통에서 벗어나기 위한 여정을 떠났다. 이 여정에서 기업가들은 자신을 변화시키는 프로세스에 빠지게 되고, 사람들이 자신이 겪었던 고통에서 벗어날 수 있도록 도와주는 데 집착하게 된다. 대부분의 기업가들은 이렇게 해서 자신의 사명을 찾게 된다.

만일 여러분도 그러하다면 시간을 되돌려 현재 콜드 트래픽 시장의 고객들이 똑같은 문제로 고통을 겪던 때를 떠올려보아야 한다. 나는 거의 30년 전 열두 살의 러스티(맞다, 러스티는 부모님과 친구들이 부르던 이름이다)를 떠올려야 했다. 어떤 이유에선지 열두 살의 나는 한 가지 욕망이 있었다. 그것은 돈이었다. 이유는 기억이 나지 않는다. 나는 남

부럽지 않은 어린 시절을 보냈고 부족한 것 없이 살았지만 어떤 이유에선지 나는 부를 욕망하고 있었다.

이러한 욕망 때문에 문제가 발생했다. 나는 돈이 없었던 것이다. 나는 이 문제를 어떤 방법으로 해결하려고 했었을까? 음, 그것은 '심야 정보 광고'에 나온 안내 광고classified ads(잡지나 신문 등의 지면에 짧게 올리는 분야별 광고—옮긴이)에 관한 돈 라프레의 강좌를 주문하면서 시작했다(나는 『마케팅 설계자』에서 이 이야기를 상세하게 공유했다). 그것은 내가 처음으로 배운 수단(서브마켓)이었고, 나는 거기에 푹 빠졌다. 나는 안내 광고를 구매해보려고 돈을 절약했다.

서브 마켓의 한 곳을 알게 된 지 얼마 지나지 않아서(안내 광고를 이용해서 돈 벌기) 나는 많은 서브 마켓을 알아가기 시작했다. 하루는 식료품점에서《소규모 사업 기회Small Business Opportunities》라는 잡지를 보게 되었고, 엄마를 졸라 한 권 구입할 수 있었다.

잡지에는 돈을 벌 수 있는 수십 가지 방법이 소개되어 있었고(수많은 서브 마켓), 방법마다 더 알고 싶으면 자료를 요청할 수 있는 방법이 나와 있었다. 나는 1~800번 번호에 모두 전화를 걸어 자료를 요청했고, 몇 주 지나지 않아 수백 통의 편지와 소포를 받기 시작했다. 모두 내가 원하는 결과를 얻을 수 있는 새로운 방법을 제시하고 있었다.

어떤 자료에서는 쇼핑몰에서 금 사슬을 팔아 부자가 되는 법을 설명하고 있었다. 또 다른 자료는 천장에 반짝이는 별을 그리는 방법을 설명해주었다. 또 다른 곳에서는 부동산, 주식, 무역 등으로 부자가 되는 법을 보여주었다. 나는 내 문제만 알고 있었기에, 각각의 메시지는 내 문제에 대한 잠재적인 해결책을 제시해 주었다(즉, 돈을 벌기 위한 다양한 방법들).

날마다 내가 학교에서 돌아오면 부모님은 '러스티의 광고 우편'을 한 다발 갖고 있었다. 나는 그것을 들고 방으로 가져갔다. 나는 편지를

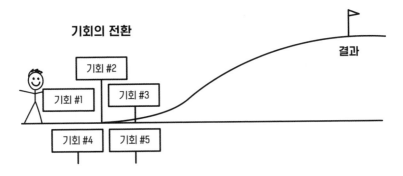

도표 19-3 모두 같은 결과(돈 벌기)를 향해 달려가는 수많은 다양한 기회가 존재한다.

모두 열어보며 모든 판매 문구를 읽었다. 그리고 어떤 것이 내가 원하는 결과를 가져다줄지 알아내려고 했다. 판매 문구 중에는 그냥 버리는 것도 있었고, 어떤 것은 밤이 될 때까지 잠을 자지 않고 어떻게 하면 부모님을 설득해서 그들에게 기회를 줄 돈을 받아낼 수 있는지 알아내려고 애를 썼다. 또 다른 것들은 너무 좋아서 잔디 깎이나 집안일을 하면서 그들의 정보를 사기 위해 온갖 일을 했다.

나중에 인생에서 그 모든 판매 문구를 읽을 때 느꼈던 기분을 기억하는 데 시간이 걸리겠지만, 그 순간으로 돌아가고 난 후에는 내 열두 살의 자아는 콜드 트래픽에 대한 고객의 아바타가 된다. 이제 우리가 광고를 제작하고, 대상을 선정하고, 랜딩 페이지를 설계하고, 콜드 트래픽을 위한 제안을 할 때마다 나는 시간을 거슬러 올라가 열두 살 때의 관점으로 바라보려 한다.

이 광고를 보면 러스티가 클릭할까, 아니면 계속해서 스크롤할까? 이 제안을 러스티가 보면 부모님께 신용카드를 달라고 조를까, 아니면 결국 러스티가 돈을 벌게 될까? 아니면 러스티가 그냥 쓰레기통에 던져 버릴까?

여러분께 드리는 내 질문은 이것이다. 여러분의 열두 살짜리 러스티는 어떠한가? 여러분의 여정을 시작할 때 관심을 끌었던 것은 무엇인가? 지금 하고 있는 것을 설명하기 위해 그때는 어떤 단어와 문구를 사용했을까? 그때 만일 '퍼널'이나 '트래픽' 같은 단어를 보았더라면 잡지는 계속해서 획획 넘어갔을 것이다. 대신 사람들은 내가 가진 문제와 내가 이해하는 방식으로 얻으려는 결과를 설명하는 단어를 사용했고, 그것이 그들이 성공한 이유이다.

2단계 브리지 만들기

마케팅은 누군가의 필요 및 욕망과 그 해결책 사이에 다리를 놓는 것이다. 『마케팅 설계자』에서 퍼널의 7단계를 설명하는 다음과 같은 이미지를 공유했다. 여기에서 1단계는 트래픽의 온도고, 2단계는 프리프레임 브리지다.

보다시피 트래픽이 많아질수록 필요한 프리프레임 브리지의 크기는 작아진다. 청중이 나를 알고, 믿고, 사랑한다(가장 뜨거운 트래픽the hottest traffic)면, 여러분의 브리지는 사람들에게 반드시 사야하는 멋진 것을 가지고 왔다고 말하는 것만큼 단순해질 것이다. 지난 퍼널 해킹

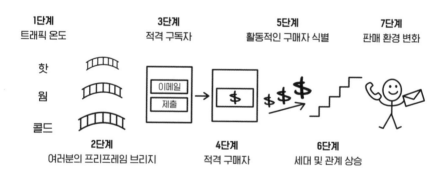

도표 19-4 트래픽이 많아질수록, 필요한 프리프레임 브리지의 크기는 작아진다.

라이브 이벤트에는 4500명의 퍼널 해커가 관객으로 참여했다. 나는 그들에게 물었다.

"내가 지금 여러분에게 무언가를 사라고 말한다면 그게 무엇인지도 묻지 않고 단지 나를 믿는다는 이유로 이 방의 뒤로 걸어가 물건을 살 사람이 몇 명이나 될까요?"

그 방에 있던 사람 중 60퍼센트가 넘게 손을 들었다.

이것이 핫 트래픽의 힘이며, 드림 100의 핫 트래픽(여러분의 웜 트래픽)을 이용하여 여러분의 트래픽으로 전환하는 데 집중하면 게임이 갈수록 쉬워지는 이유다. 여러분이 소유한 트래픽은 여러분의 핫 트래픽이 된다. 왜 내가 웜 트래픽을 자신이 소유한 트래픽으로 전환해야 한다고 강조했는지 이해가 가는가?

웜 트래픽 브리지를 따라가다보면 사람들이 이미 알고 믿고 있는 것과 여러분이 제안해야 하는 것 사이의 차이를 메꾸어주는 데 시간이 조금 더 걸린다. 때로 그 다리는 여러분을 지지하는 드림 100이 보낸 이메일이다. 어떤 때는 사람들이 페이스북이나 유튜브에서 사람들이 보는 프리셀 콘텐츠 영상이다. 여러분이 사람들을 퍼널로 인도하기 전에 가치를 제공한다. 또 어떤 때는 퍼널만이 사람들을 따뜻하게 해주는 실제 프리프레임 브리지로 구조화되어 있다.

마지막이자 가장 긴 다리는 콜드 트래픽 브리지다. 하지만 얼마나 길어야 하나? 그것은 타깃이 된 고객이 얼마나 차가운지에 달려있다. 처음으로 드림 100의 고객을 뛰어넘어 성장하여 콜드 트래픽에 대해 알아보려고 했을 때 나는 고객 명단의 일부를 가져와 우리의 기존 고객은 누구인지에 대한 강력한 데이터 분석을 했다.

데이터를 회수했을 때 우리는 다수의 흥미로운 경향을 발견했는데, 한 가지 눈에 띄는 것은 당시 우리 고객의 상당수가 보수적인 공화당 지지자들이었다는 점이다. 보고서에는 이들이 가장 많은 시간을 보낸 몇몇 웹사이트까지 언급되어 있다.

　나는 전혀 타기팅한 적이 없는 새로운 세그먼트를 발견하고 신이 나서 이들 웹사이트에 가보니 이메일 뉴스 레터는 물론이고 배너 광고를 구매할 수 있는 온라인 미디어 키트가 있다는 것을 발견했다. 나는 230만 명에게 이메일을 보내 퍼널로 인도하는 주문을 했다. 나는 속으로 계산을 하고 있었고, 당시 내가 아는 사실(그들의 리스트가 얼마나 큰지, 내가 얻을 수 있는 클릭의 수, 내 웹 트래픽의 유입 경로가 일반적으로 어떻게 전환되었는지)을 기반으로 이 이메일만으로 수십만 달러를 벌 수 있다는 것을 알아냈다.

　퍼블리셔가 이메일을 보내고 나서, 나는 수십만 클릭이 내 퍼널로 오는 모습을 지켜보았다. 하지만 그러한 흥분은 금세 공포로 바뀌었다. 이들은 거의 즉시 반응을 나타냈지만 구매하지는 않았던 것이다. 캠페인이 끝났을 때 우리는 십여 건의 판매를 성사시켰지만 광고에서 3만 달러가 넘게 손해를 보았다. 나는 패배했고, 다시는 콜드 트래픽을 쳐다보지 않겠다고 맹세했다.

　그때 흥미로운 일이 일어났다. 나는 광고비를 지불하기 전에 이들 이메일 리스트에 가입했다. 이메일을 열었을 때 내 이메일을 보고 싶었기 때문이었다. 그 후로 매일 이 리스트에서 마케팅을 하는 다른 사람들은 어떻게 하는지 보기 시작했다. 나는 그들의 광고를 클릭하기 시작했고, 천천히 광고들을 퍼널 해킹했다. 링크를 클릭하면 즉시 퍼널로 이동하지 않았다. 이해가 가지 않았다. 대신 방금 전에 갔던 사이트와 비슷하게 보이는 다른 사이트로 이동했다. 그곳은 퍼널이라기보다는 기사와 비슷한 모습이었다. 나는 기사를 읽었다. 그리고 몇 분 지나지 않아 한 번도 본 적이 없는 뭔가가 보였다. 이 기사는 내가 말하고 있는 언어와는 전혀 다른 언어를 말하고 있었다. 자신이 타기팅하고 있는 보수적인 공화당 지지자들을 향해 직접 말하고 있었다. 그들의 언어를 사용하여, 그들이 믿고 아끼는 것에 대한 이야기를 하고 있었다. 그런 다음 그 이야기들 안에서 보수적인 공화당 지지자들이 믿는 것과 그 광고주가 제안하는 것 사이의 간극을 메꾸기 시작했다.

이 기사의 끝에는 더 많은 정보를 제공하는 뉴스 레터에 가입할 수 있는 링크가 있었다. 나는 링크를 클릭해서 뉴스 레터에 가입했다. 대부분의 콜드 트래픽 브리지에서 한동안 나에게 아무것도 팔지 않았다는 것을 알아차렸다. 계속해서 이야기를 통해 개념과 믿음을 나와 이어주는 후속 퍼널에서 뉴스 레터 제1호를 받았다. 몇 개의 메시지를 통해 그들은 변신을 시작했고 나를 시작 퍼널에 넣었다. 이쯤 되면 나조차도 구입할 준비가 되었다.

그들은 사람들을 콜드 광고에서 웜 퍼널로 직접 데려가지 않았다. 대신 워밍업 프로세스를 통하여 웜 퍼널을 준비하게 해주었다. 그 모습을 보고 나서 나는 2라운드를 준비했다!

그래서 우리는 다음과 같은 것을 알아내기 위해 시간을 보냈다.

- 내가 사람들을 따뜻하게 해주려고 한다는 것을 설명하기 위해 어떤 언어 패턴을 사용해야 하는가?
- 사람들이 내 퍼널을 보고 구매하지 못하게 하는 잘못된 믿음은 무엇인가?
- 격차를 메꿔주고 잘못된 믿음을 타파하는 어떤 이야기가 있는가?
- 이러한 이야기를 하기 위해 어떤 콘텐츠를 만들어야 하는가?

그런 다음 우리는 콜드 트래픽 프리프레임 브리지가 될 기사를 작성했다. 우리가 리스트에 들어갈 단독 광고를 구입했을 때 기사 페이지에 모든 트래픽을 보냈다. 기사 페이지에서 우리는 사람들을 이메일 주소를 캡쳐한 리드 퍼널로 안내했다. 그리고 후속 퍼널을 구축하여 블로그의 서로 다른 포스트, 유튜브의 영상, 그리고 사람들을 따뜻하게 하기 위해서 전략적으로 콘텐츠를 배치한 곳으로 이끄는 후속 퍼널을 구축했다. 결국 우리는 워밍업을 하게 한 다음 시작 제안을 소개했다.

결과는? 우리는 마침내 콜드 트래픽을 작동할 수 있었다! 일반적으로 웜 트래픽의 경우 첫 번째 퍼널에서 즉시 손익분기점을 맞추려고 하지만 콜드 트래픽은 브리지가 훨씬 길기 때문에 시간이 더 오래 걸린다. 일부 자료에 의하면 일주일 안에 손익분기점을 맞출 수 있는 사람도 있지만 2~3달 혹은 그 이상이 걸리기도 한다. 그런 이유로 드림 100을 벗어나게 되면 후속 퍼널과 전환 시퀀스가 있는 견고한 가치 사다리를 미리 갖추는 것이 매우 중요하다. 제안을 콜드 트래픽으로 전환할 수 있다면, 콜드 이메일 리스트와 배너 광고 등 거의 어디서나 광고를 구입할 수 있다.

대부분의 회사가 연간 수억 달러 이상의 수익을 올리는 규모로 성장하기 위해서는 콜드 트래픽을 마스터해야 한다. 하지만 우선 나는 여전히 웜 트래픽과 드림 100에 모든 노력을 집중할 것이다. 나는 언제나 사람들에게 이렇게 말한다. 여러분 앞에 어마어마한 현금 다발이 기다리고 있다고. 다른 곳 어딘가에서 더 큰 현금 다발을 좇다가 간과하지 말라. 멈춰 서서 커다란 현금 다발(여러분의 핫 트래픽과 웜 트래픽)부터 집어들어 모든 것을 얻고 나면 콜드 트래픽 채널을 더 많이 볼 수 있다.

기타 성장 핵

끝으로 트래픽을 퍼널로 끌어들이는 몇 가지 재미있는 방법을 알려드리려고 한다. 많은 아이디어로 장을 더 추가할 수 있지만, 그러면 이 책은 너무 커져서 소화하지 못할 것이다. 대신 이 장을 통해서 더 재미있는 아이디어와 성장 핵을 자극하여 여러분과 여러분의 팀이 트래픽을 퍼널로 유입시킬 다른 방법을 브레인스토밍할 수 있도록 도와줄 것이다.

가까운 친구이자 동료인 초기 마케팅 개척자 마이크 필사임은 십여 년 전에 '나비 마케팅'이라고 불렀던 개념을 처음 생각해냈다. 기본적으로 그는 마케팅에서 일어난 작은 변화가 어마어마한 결과를 불러올 수 있다고 믿는다. 온라인 마케팅에 적용되는 인과관계다.

학교에 다니던 시절 나비효과에 대해 들은 적이 있다. 나는 아직도 선생님이 특정 장소에서 일어난 나비의 날갯짓처럼 작은 무언가가 어떻게 환경에 아주 작고 거의 감지할 수 없는 변화를 일으키고, 그것이 기후 시스템의 다른 변화와 결합하여 지구 반대편에 허리케인을 형성하는 데 간접적인 원인이 될 수 있는지에 대해 이야기했던 것을 기억한다. 하지만 나비는 어떻게 디지털 마케팅과 연관이 될까? 마이크는 판매 퍼널에서 할 수 있는 작은 일들이 많이 있어 겉보기에는 작고 무의미한 것처럼 보이지만 시간이 흐르면서 바이러스처럼 결합하여 강력한 타격을 줄 수 있다고 주장한다.

마이크는 어떤 것을 세일즈 퍼널에 연결해야 다른 사람을 무료로 추천할 수 있게 하는지 알아내는 데 많은 시간을 보냈다(구전 마케팅). 진정한 입소문을 타게 하려면 마크 조이너가 '결합 비율^{copulation rate}'이라고 부른 입소문 마케팅의 성장률을 넘어서야 한다.

바꿔 말하자면 100명을 퍼널에 추천하고 그때부터 100퍼센트 입소문 마케팅에 의존한다면, 그리고 이들 100명이 각자 1명 미만을 추천한다면 곧 성장을 멈추고 말 것이다. 정확히 1명을 추천한다면 입소문 마케팅의 성장률은 수평선이 될 것이다. 하지만 여러분이 추천한 사람들이 모두 1명을 초과해 데려온다면, 진정한 입소문, 즉 바이럴 효과가 나타날 것이다.

도표 20-1 입소문이 나려면 모두 1명을 초과해 추천해야 한다.

그런데, 진정한 결합 비율에 도달하는 것은 매우 어렵고, 그 비율이 영원히 유지되는 것은 불가능하다. 결국 이 세상에 있는 모든 사람이 참여하게 되기 때문이다. 결국 포화점에 도달하게 되어 입소문의 성장이 둔화되고 멈추게 될 것이다.

실제로 결합 비율이 1보다 큰 퍼널은 하나뿐이었다. 그것은 우리가 론칭을 도와주고 있던 새로운 네트워크 마케팅 회사에서 필요한 사람을 모집하기 위해 구축한 시작 퍼널이었다. 이 퍼널을 이용하려면 비공개 계약에 서명을 해야 했고, 다른 사람을 퍼널에 초대할 수 있는 5개의 초대 코드를 받았다. 5명을 추천하면 5개의 초대 코드가 추가로 주어졌다.

우리는 구글이 처음에 지메일을 론칭한 방법을 기반으로 모델링했다. 구글은 지메일 사용자에게 한정된 수만큼 사람들을 플랫폼에 초대할 수 있는 기능을 주었다. 초대장의 가치가 올라가자 사람들은 이베이에 한 장에 100달러가 넘는 가격으로 판매했다.

우리의 바이럴 시작 퍼널은 불과 6주 만에 160만 명이 넘는 사람들이 가입했다. 이 6주 동안 우리는 사이트에 가입한 사람 한 명당 평균 세 명이 신규로 가입했다. 그리고 진정한 바이럴 성장을 볼 기회가 있었다. 안타깝게도 이 퍼널이 홍보하고 있던 회사는 론칭에 대비해서 아무런 준비를 하지 않았다. 그래서 그들은 서너 차례 연기를 해야 했고, 그로 인해 출시가 9개월 이상 연기가 되었다. 사람들은 지루해했고 바이럴 성장은 멈추었다.

이제 우리들은 대부분 진정한 바이럴 성장을 하는 사이트를 볼 기회는 없을 것이다. 하지만 괜찮다. 트래픽을 더 많은 트래픽으로 전환할 수 있는 '친구 추천하기' 스타일의 성장을 촉진하기 위해 퍼널 안에서 할 수 있는 일이 여전히 많이 있다. 퍼널에 적용할 수 있는 아이디어를 제공할 수 있는 회사의 몇 가지 아이디어를 공유하도록 하겠다.

○ 드롭박스: 사용자들이 드롭박스에 계정을 만들기 위해 회원 가입을 하고 있을 때, 드롭박스는 신규 회원에게 트위터과 페이스북 계정을 링크해주고, 해당 드롭박스 계정에 관한 정보를 공유해준다면 더 많은 무료 저장 공간을 주겠다고 제안을 한다. 이는 드롭박스가 회원

5억 명이 넘는 기업으로 성장하는 데 도움이 되었다.

○ 페이스북: 사람들이 처음 페이스북 계정을 만들 때 페이스북은 연락처를 추가해서 이 사람들이 이미 모두 사이트에 있는지를 확인하고 여러분과 연결할 수 있도록 권유한다. 그런 다음 페이스북은 사이트에 없는 사람들에게 새로 가입한 사람이 초대하는 이메일을 보낸다.

○ 핫메일: 초창기 시절의 핫메일은 모든 이메일에 "추신: 사랑해. Hotmail.com에서 무료 이메일을."이라는 고유의 문구를 추가했다. 그 소소한 해킹 덕분에 핫메일은 18개월 만에 1200만 명을 확보할 수 있었다.

나는 몇 가지 유명한 그로스 해킹에 대해 들은 적이 있었다. 클릭퍼널스를 출시하면서 우리는 이러한 개념을 회원 가입 절차에 통합하기 시작했다. 다음은 성공적으로 테스트했던 몇 가지 사항들이다.

○ 클릭퍼널스＋드롭박스의 그로스 핵: 어떤 사람이 클릭퍼널스 계정을 만들고 나면, 우리는 그 사람에게 최대 20개의 퍼널을 만들 수 있는 제한적인 계정을 제공했다. 그런 다음 그들이 새로운 사용자를 추천하면, 퍼널을 20개에서 40개로 두 배로 늘릴 수 있는 제휴 링크를 보내주었다. 이것은 우리 회원들이 더 많은 회원을 데려오는 데 도움을 주었다.

○ 클릭퍼널스＋페이스북의 그로스 핵: 우리는 친구의 목록을 불러들여 이메일을 보내주는 능력을 갖추지 못했기 때문에 창의력을 발휘하여 이 그로스 핵을 본보기로 삼을 수 있을지 알아내야만 했다. 당시

우리는 클릭퍼널스를 가르치는 웨비나에 많은 트래픽을 보내고 있었다. 웨비나에서 우리는 사람들에게 14일 동안 무료로 사용할 수 있는 계정을 만들어주었다. 누군가가 웨비나에 등록하면, 우리는 그 페이지에 '친구에게 알리기'라는 스크립트를 삽입하는 아이디어가 있었다. 방금 등록한 웨비나에 다섯 명의 친구를 추천하면 베스트셀러 제품 중 하나를 무료로 받을 수 있었다. 우리는 방문객의 대다수가 무료 제품을 받을 수 있도록 친구를 추천한다는 것을 알 수 있었다. 일반적으로 등록자 추천으로 약 20퍼센트 이상이 추가로 등록을 한다. 추가적으로 발생한 20퍼센트는 우리가 비용을 지불할 필요도 없는 무료 트래픽이었다.

○ 클릭퍼널스＋핫메일 그로스 핵: 우리는 클릭퍼널스를 론칭하면서 사람들이 결국 온라인에서 수백만 페이지를 생성할 것이라는 사실을 알고 있었다. 이를 활용하기 위해 각 페이지 하단에 "이 페이지는 클릭퍼널스로 만들어졌습니다"라는 배지를 부착했다. 배지는 페이지 소유자의 제휴 링크로 코딩되어 시청자를 클릭퍼널스로 인도했다. 클릭퍼널스 회원이 가입할 때 우리가 모든 클릭퍼널스 회원을 어필리에이트로 만들었기 때문에, 모든 클릭퍼널스 사용자는 다른 사람들이 그 배지를 클릭하고 클릭퍼널스에 가입할 때 제휴 수수료를 받을 수 있었다. 우리는 사람들에게 배지를 끌 수 있게 해주었지만 기본적으로 배지는 켜져 있었다. 회원 페이지에 배지가 있는 지난 5년 동안 1만 명이 넘는 회원들이 늘어났고 현재 한 번의 그로스 핵으로 매월 반복해서 100만 달러 이상(연간 1200만 달러 이상)의 수익을 올리고 있다.

우리 퍼널에 구현한 이러한 그로스 해킹은 모두 작은 변화였지만 엄청난 결과를 초래했다. 우리가 테스트한 다른 것들은 여기서 보고할 만큼 큰 영향을 주지 않았다. 하지만 다른 사람의 판매 과정을 경험할 때 이러한 그로스 해킹을 알아볼 수 있도록 더 성공적인 이야기를 들려주고 싶었다. 퍼널 해커로서 여러분은 이 그로스 해킹이라는 렌즈를 통해 가입 과정을 주의 깊게 관찰해야 한다. 사람들이 여러분의 퍼널 내부에서 본보기로 삼을 만한 창의적인 활동을 살펴보고 마음에 드는 것을 테스트해보라.

이것은 숨겨진 보물을 찾는 마케팅 게임이다. 생각해보라. 원래는 생각하지도 않았다가 나중에 추가한 회원 페이지의 작은 배지 하나가 1200만 달러가 넘는 돈을 안겨주었다. 이처럼 작은 나비, 그로스 핵, 혹은 무엇이라 부르든 그 무언가가 회사의 지표를 영원히 바꿀 수도 있다. 마케팅과 트래픽을 하나의 게임으로 보라. 그리고 바로 내 눈앞의 백만 달러짜리 해킹을 놓치지 말라!

| 결론 |

모든 것을 하나로 묶기

이 책을 읽는 것이 그리 가볍지만은 않았을 것이다. 트래픽에 관한 대부분의 책들이 한 플랫폼이나 한 전략에 집중하는 것과는 달리, 나는 오늘만 유효하고 내일이 되면 쓸모가 없어질지도 모르는 전술을 전하고 싶지는 않았다. 나는 여러분에게 어느 플랫폼에서나, 오늘과 내일, 그리고 영원히 트래픽을 얻게 해주는 프레임워크를 주고 싶었다. 내 목표는 물고기를 주는 것이 아니라 물고기를 잡는 방법을 가르치는 것이었고, 내가 그대로 했기를 바란다.

이 책은 나의 '스타트업의 과학' 시리즈 중 세 번째 책이다. 여러분 중에는 이 책을 내 책 중 첫 번째로 읽는 사람도 있을 것이다. 트래픽은 회사에서 가장 간과하는 부분이기 때문이다. 하지만 트래픽은 방정식의 한 부분일 뿐이다. 이 책에 나온 전략에 따라 퍼널로 보낸 트래픽이 효과가 없다면 일반적으로 퍼널 전략에 문제가 있거나(『마케팅 설계자』에 나오는 정보를 이용해서 진단과 해법을 찾을 수 있다) 전환에 문제가 있는 것이다(『브랜드 설계자』에 나오는 개념을 마스터하여 해결할 수 있다). 이 세 책을 이용하면 온라인 디지털 마케팅 전략에 대해 전체적인 관점으로 접근하는 데 도움이 될 것이다.

이 책을 다 읽고 나면 여러분은 아마도 스스로에게 '다음에는 무엇을 해야 하지?'라고 질문할지도 모른다. 이 책은 한 번만 읽는 것이 아니라 계속해서 참고할 수 있는 플레이북처럼 만들어졌다. 모든 개념은 앞서 나온 개념을 기반으로 하며, 한 플랫폼에서 마스터하고 나면 다른 플랫폼의 기반이 되어 대화를 주도할 수 있게 한다.

하지만 바로 지금 이러한 아이디어와 개념이 마음 속에 있을 때 내가 권하고 싶은 것은 다음과 같다.

- 정말 도와주고 싶은 사람을 정한다. 꿈의 고객으로 퍼널을 채우고 싶다면 그들 자신보다 더 그들에 대해 잘 알고 이해해야 한다.
- 먼저 퍼블리시하고 싶은 플랫폼을 선택한다. 그것은 아마도 여러분이 개인적으로 가장 많은 시간을 보내는 플랫폼일 것이다. 왜냐하면 그 플랫폼의 고유한 언어로 소통하는 방법을 가장 잘 이해할 것이기 때문이다.
- 이 플랫폼에 있는 꿈의 고객들을 이미 모아놓은 사람들의 드림 100 리스트를 구축한다.
- 드림 100을 이용하여 우물을 파기 시작한다. 그들을 도와줄 방법

을 알아내고 그들에게 접근하는 방법을 개척한다.

· 그와 동시에 해당 플랫폼에서 유료로 접근하는 방법을 터득한다.

여기는 여러분의 퍼널이 적어도 100만 달러 이상 수익을 올려 '백만 장자 클럽'에 가입할 때까지 에너지를 100퍼센트 집중해야 하는 곳이다. 이때 두 번째 플랫폼과 세 번째 플랫폼에 적용한다. 온라인에서 돈을 벌 때마다 이익의 상당 부분을 광고에 재투자한다.

끝으로, 멈춰서는 안 된다. 트래픽은 모든 회사의 생명선이며, 꾸준히 리드가 유입되는 것이 건강한 비즈니스의 비결이다.

매일 자신에게 연봉 인상을 해줄 방법을 찾아보라.

이렇게 자신에게 물어보라. "어떻게 하면 트래픽을 더 많이 얻을 수 있을까?", "오늘 드림 100 중에서 내가 연결할 수 있는 사람은 누구일까?", "거기에 어떤 새로운 통합의 기회가 있을까?", "내 드림 100에 추가할 새로운 사람이 있을까?", "어떻게 하면 그들이 어필리에이트가 될 수 있을까?", "홍보 활동을 하도록 인센티브를 주기 위해 내가 무엇을 할 수 있을까?", "어떻게 더 자주 홍보하게 할 수 있을까?"

이 모든 질문이 "어떻게 나 자신에게 매일 연봉 인상을 해줄 수 있을까?"라는 기본 질문에서 나온 것이다.

그 질문을 한 다음 『마케팅 설계자』와 『브랜드 설계자』, 그리고 이 책을 훑어보면서 답을 찾아보라.

이 플레이북들은 아이디어에 바탕을 두고 쓰인 책이라기보다는 15년이 넘는 기간 동안 야전에서 겪은 경험 끝에 발견한, 실전 테스트를 거친 원칙에 바탕을 두고 있다. 이들은 지속적으로 꾸준히 효과가 있는 아이디어들이다.

나는 여러분이 이러한 비밀을 활용하여 여러분의 꿈의 고객에게 최상의 서비스를 제공하기 바란다. 여러분이 거기에 초점을 맞춘다면 여러분의 비즈니스는 사람들의 삶에서 변화의 촉매제가 될 것이며, 그것이야말로 이면에 감춰진 비즈니스의 진정한 목적이다.

이 책과 시리즈를 통해서 여러분에게 도움을 드리게 되어 감사하다. 정말 영광이었고, 여러분이 배운 프레임워크를 이용하여 어떤 일을 할 것인지 어서 보고 싶다.

소셜 미디어 플랫폼에서 나를 보게 되면 인사와 함께 이 비밀들이 여러분의 삶을 어떻게 바꾸었는지 알려주기 바란다.

러셀 브런슨

추신: 잊지 마세요, 단지 퍼널 하나 차이일 뿐입니다.

지은이 러셀 브런슨

...

1000억 원 규모의 마케팅 플랫폼 기업 '클릭퍼널스닷컴 ClickFunnels.com'의 설립자이자 대표다. 잠재고객이 구매하기까지 판매의 모든 순간을 치밀하게 설계한 퍼널 시스템을 내놓으며 100만 명이 넘는 기업가 추종자를 거느리고 있다. 덕분에 퍼널의 마스터로서 미국 마케팅 업계의 새로운 구루로 알려졌다.

열두 살 때 텔레비전 심야 광고에 매혹된 후로, 광고와 세일즈에 관한 모든 것에 중독적으로 빠져들었다. 대학 시절에는 감자총 만드는 DVD를 포함해 상상할 수 있는 모든 것을 판매하겠다는 야심으로 온라인 비즈니스에 도전했고, 졸업 전 10억 원의 매출을 올리기도 했다. 한 가지에 빠지면 끝을 보는 마케팅 너드인 그는 대학 시절 미국 주 대회에서 우승을 거머쥔 레슬링 선수이기도 했다.

옮긴이 홍경탁

...

카이스트 전기 및 전자공학과를 졸업하고 동 대학원에서 경영과학으로 석사 학위를 받았다. 기업 연구소와 벤처기업에서 일했으며 현재는 전문 번역가로 활동 중이다. 『콜드 스타트』, 『길 잃은 사피엔스를 위한 뇌과학』, 『디즈니 고객 경험의 마법』, 『공기의 연금술』 등 다수의 책을 우리말로 옮겼다.

트래픽 설계자

매출 성장률을 높이는 20가지 트래픽 과학

펴낸날 초판 1쇄 2024년 1월 25일
초판 3쇄 2024년 10월 3일
지은이 러셀 브런슨
옮긴이 홍경탁
펴낸이 이주애, 홍영완
편집장 최혜리
편집3팀 장종철, 강민우, 이소연
편집 양혜영, 박효주, 한수정, 문주영, 홍은비, 김하영, 김혜원, 이정미
디자인 기조숙, 김주연, 윤소정, 박정원, 박소현
마케팅 김태윤, 김민준
홍보 김철, 정혜인, 김준영
해외기획 정미현
경영지원 박소현
펴낸곳 (주)윌북 **출판등록** 제 2006-000017호
주소 10881 경기도 파주시 광인사길 217
전화 031-955-3777 **팩스** 031-955-3778
홈페이지 willbookspub.com
블로그 blog.naver.com/willbooks **포스트** post.naver.com/willbooks
트위터 @onwillbooks **인스타그램** @willbooks_pub
ISBN 979-11-5581-687-5 (03320)